川派中医药名家系列丛书

和中浚

主编 ◎ 王丽　周兴兰

西南交通大学出版社
·成都·

图书在版编目（CIP）数据

川派中医药名家系列丛书. 和中浚 / 王丽, 周兴兰主编. -- 成都：西南交通大学出版社, 2025.1
ISBN 978-7-5774-0004-4

Ⅰ. K826.2；R249.7

中国国家版本馆 CIP 数据核字第 202438YD50 号

Chuanpai Zhongyiyao Mingjia Xilie Congshu　　Hezhongjun
川派中医药名家系列丛书　　和中浚

主编 / 王　丽　周兴兰	策划编辑 / 李芳芳　黄淑文　张少华
	责任编辑 / 李芳芳
	助理编辑 / 王攀月
	封面设计 / 原谋书装

西南交通大学出版社出版发行
（四川省成都市金牛区二环路北一段 111 号西南交通大学创新大厦 21 楼　610031）
营销部电话：028-87600564　　028-87600533
网址：https://www.xnjdcbs.com
印刷：四川煤田地质制图印务有限责任公司

成品尺寸　170 mm×240 mm
印张　16.25　　插页　4
字数　250 千
版次　2025 年 1 月第 1 版　　印次　2025 年 1 月第 1 次
书号　ISBN 978-7-5774-0004-4
定价　78.00 元

图书如有印装质量问题　本社负责退换
版权所有　盗版必究　举报电话：028-87600562

和中浚研究员（2016年校庆60周年摄影）

和中浚与家人（2020年）

和中浚与王明杰教授于泸州桂园林合影（2014年）

熊大经教授赠送和中浚七言诗和书法（2017年）

和中浚与研究生范玉兰、杨鸿、王清华毕业合影（2007年）

梁繁荣校长与和中浚在汪剑、王丽、周兴兰博士毕业典礼合影（2013年）

和中浚与李继明、周兴兰在京都大学学术交流时
同梁永宣教授和武田时昌教授合影（2017年）

和中浚在京都大学学术交流（2017年）

和中浚与《百年中医史》主编朱建平研究员
和副主编郑洪教授一起为本书作者签名（2016年）

和中浚在"中医古籍保护与利用能力建设项目"四川组启动会上发言（2011年）

校领导与杨殿兴教授、张发荣教授、和中浚等在捐书座谈会后合影（2016年）

和中浚在北京参加《中华医藏》编纂出版工作推进会（2023年）

编 委 会

《川派中医药名家系列丛书》编委会

总 主 编：田兴军　　杨殿兴
副总主编：李道丕　　张　毅　　和中浚
总 编 委：尹　莉　　陈　莹
编写秘书：彭　鑫　　贺　飞　　邓　兰

《和中浚》编委会

主　编：王　丽　　周兴兰
副主编：汪　剑　　江　花
编　委：（按姓氏笔画为序）

　　　　王清华　　王　丽　　王　缙
　　　　江　玉　　江　花　　汪　剑
　　　　宋姗姗　　赵亚琼　　周兴兰
　　　　杨　鸿　　梁海涛
审　定：和中浚

总序——加强文化建设，唱响川派中医

四川，雄踞我国西南，古称巴蜀，成都平原自古就有天府之国的美誉，天府之土，沃野千里，物华天宝，人杰地灵。

四川号称"中医之乡、中药之库"，巴蜀自古出名医、产中药，据历史文献记载，从汉代至明清，见诸文献记载的四川医家有1000余人，川派中医药影响医坛2000多年，历久弥新；川产道地药材享誉国内外，业内素有"无川（药）不成方"的赞誉。

医派纷呈，源远流长

经过特殊的自然、社会、文化的长期浸润和积淀，四川历朝历代名医辈出，学术繁荣，医派纷呈，源远流长。

汉代以涪翁、程高、郭玉为代表的四川医家，奠定了古蜀针灸学派，郭玉为涪翁弟子，曾任汉代太医丞。涪翁为四川绵阳人，曾撰著《针经》，开巴蜀针灸先河，影响深远。1993年，在四川绵阳双包山汉墓出土了最早的汉代针灸经脉漆人；2012年冬，在成都老官山再次出土了汉代针灸漆人和920支医简，带有"心""肺"等线刻小字的人体经穴髹漆人像是我国考古史上首次发现，应是迄今我国发现的最早、最完整的经穴人体医学模型，其精美程度令人咋舌！又一次证明了针灸学派在巴蜀的渊源和影响。

四川山清水秀，名山大川遍布。道教的发祥地青城山、鹤鸣山就坐落在成都市。青城山、鹤鸣山是中国的道教名山，是中国道教的发源地之一，自东汉以来历经2000多年，不仅传授道家的思想，道医的学术思想也因此启蒙产生。道家注重炼丹和养生，历代蜀医多受其影响，一些道家也兼行医术，如晋代蜀医李常在、李八百，宋代皇甫坦，以及明代著名医家韩懋（号飞霞道人）等，可见丹道医学在四川影响深远。

川人好美食，以麻、辣、鲜、香为特色的川菜享誉国内外。川人性喜自在休闲，养生学派也因此产生。长寿之神——彭祖，号称活了800岁，相传他经历了尧舜夏商诸朝，据《华阳国志》载，"彭祖本生蜀""彭祖家其彭蒙"，由此推断，彭祖不但家在彭山，而且他晚年也落叶归根于此，死后葬于彭祖山。彭祖山坐落在眉山市彭山区，彭祖的长寿经验在于注意养生锻炼，他是我国气功的最早创始人，他的健身法被后人写成《彭祖引导法》；他善烹饪之术，创制的"雉羹之道"被誉为"天下第一羹"，屈原在《楚辞·天问》中写道："彭铿斟雉，帝何飨？受寿永多，夫何久长？"反映了彭祖在推动我国饮食养生方面所做出的贡献。五代、北宋初年，著名的道教学者陈希夷，是四川安岳人，著有《指玄篇》《胎息诀》《观空篇》《阴真君还丹歌注》等。他注重养生，强调内丹修炼法，将黄老的清静无为思想、道教修炼方术和儒家修养、佛教禅观汇归一流，被后世尊称为"睡仙""陈抟老祖"。现安岳县有保存完整的明代陈抟墓，有陈抟的《自赞铭》，这是全国独有的实物。

四川医家自古就重视中医脉学，成都老官山2012年冬出土的汉代医简中就有《逆顺五色脉臧验精神》一书，其余几部医简经整理定名为《脉书·上经》《脉书·下经》《刺数》《灸理》《治六十病和齐汤法》《疗马书》。学者经初步考证推断极可能为扁鹊学派已经亡佚的经典书籍。扁鹊是脉学的倡导者，而此次出土的医书中脉学内容占有重要地位，一起出土的还有用于经脉教学的人体模型。唐代杜光庭著有脉学专著《玉函经》三卷，以后王鸿骥的《脉诀采真》、廖平的《脉学辑要评》、许宗正的《脉学启蒙》、张骥的《三世脉法》等，均为脉诊的发展做出了贡献。

昝殷，唐代四川成都人。昝氏精通医理，通晓药物学，擅长妇产科。唐大中年间，他将前人有关经、带、胎、产及产后诸证的经验效方及自己临证验方共378首，编成《经效产宝》三卷，是我国最早的妇产学科专著。加之北宋时期的著名妇产科专家杨子建（四川青神县人）编著的《十产论》等一批妇产科专论，奠定了巴蜀妇产学派的基石。

宋代，以四川成都人唐慎微为代表撰著的《经史证类备急本草》，集宋代本草之大成，促进了本草学派的发展。宋代是巴蜀本草学派的繁荣发展时期，陈承的《补注神农本草并图经》，孟昶、韩保昇的《蜀本草》等，丰富、发展了本草学说，明代李时珍的《本草纲目》正是在此基础上产生的。

宋代也是巴蜀医家学术发展最活跃的时期。四川成都人、著名医家史崧献出了家藏的《灵枢》，并进行校正、音释后，定名为《黄帝素问灵枢经》并由朝廷刊印颁行，为中医学发展做出了不可估量的贡献，可以说，没有史崧的奉献就没有完整的《黄帝内经》。虞庶撰著的《难经注》、杨康侯的《难经续演》，为医经学派的发展奠定了基础。

史堪，四川眉山人，为宋代政和年间进士，官至郡守，是宋代士人而医的代表人物之一，与当时的名医许叔微齐名，其著作《史载之方》为宋代重要的名家方书之一。同为四川眉山人的宋代大文豪苏东坡，也有《苏沈内翰良方》（又名《苏沈良方》）传世，是宋人根据苏轼所撰《苏学士方》和沈括所撰《良方》合编而成的中医方书。加之明代韩懋的《韩氏医通》等方书，一起成为巴蜀医方学派的代表。

四川盛产中药，川产道地药材久负盛名，以回阳救逆、破阴除寒的附子为代表的川产道地药材，既为中医治病提供了优良的药材，也孕育了以附子温阳为大法的扶阳学派。清末四川邛崃人郑钦安提出了中医扶阳理论，他的《医理真传》《医法圆通》《伤寒恒论》为奠基之作，开创了以运用附、姜、桂为重点药物的温阳学派。

清代西学东渐，受西学影响，中西汇通学说开始萌芽，四川成都人唐宗海以敏锐的目光捕捉西学之长，融汇中西，撰著了《血证论》《医经精义》《本草问答》《金匮要略浅注补正》《伤寒论浅注补正》，后人汇为《中西汇通医书五种》，成为"中西汇通"的第一种著作，也是后来人们将主张中西医兼容思想的医家称为"中西医汇通派"的由来。

名医辈出，学术繁荣

新中国成立后，历经沧桑的中医药受到党和国家的高度重视，在教育、医疗、科研等方面齐头并进，一大批中医药大家焕发青春，在各自的领域里大显神通，中医药事业欣欣向荣。

四川中医教育的奠基人——李斯炽先生，在1936年创办的"中央国医馆四川分馆医学院"（简称"四川国医学院"）中，先后担任过副院长、院长，担当大任，艰难办学，为近现代中医药人才的培养立下了汗马功劳。该院为国家批准的办学机构，虽属民办但带有官方性质。四川国医学院也是成都中医学院（现成都中医药大学）的前身，当时汇集了一大批中医药的仁人志士，如内科专家李斯炽、伤寒专家邓绍先、中药专家凌一揆等，还有何伯勋、杨白鹿、易上达、王景虞、周禹锡、肖达因等一批蜀中名医，可谓群贤毕集，盛极一时。共招生13期，培养高等中医药人才1000余人，这些人后来大多数都成为新中国成立后的中医药领军人物，成了四川中医药发展的功臣。

1955年国家在北京成立了中医研究院，1956年在全国西、北、东、南各建立了一所中医学院，即成都、北京、上海、广州中医学院。成都中医学院第一任院长由周恩来总理亲自任命。李斯炽先生继担任四川国医学院院长之后又成为成都中医学院的第一任院长。成都中医学院成立后，在原国医学院的基础上，又汇集了一大批有造诣的专家学者，如内科专家彭履祥、冉品珍、彭宪章、傅灿冰、陆干甫，伤寒专家戴佛延，医经专家吴棹仙、李克光、郭仲夫，中药专家雷载权、徐楚江，妇科专家卓雨农、曾敬光、唐伯渊、王祚久、王渭川，温病专家宋鹭冰，外科专家文琢之，骨、外科专家罗禹田，眼科专家陈达夫、刘松元，方剂专家陈潮祖，医古文专家郑孝昌，儿科专家胡伯安、曾应台、肖正安、吴康衡，针灸专家余仲权、薛鉴明、李仲愚、蒲湘澄、关吉多、杨介宾，医史专家孔健民、李介民，中医发展战略专家侯占元等。真可谓人才济济，群星灿烂。

北京成立中医高等院校、科研院所后，为了充实首都中医药人才的力量，四川一大批中医名家进驻北京，为国家中医药的发展做出了巨大贡献，也展现了四川中医的风采！如蒲辅周、任应秋、王文鼎、王朴城、王伯岳、冉雪峰、杜自明、李重人、叶心清、龚志贤、方药中、沈仲圭等，各有专精，影响广泛，功勋卓著。

北京四大名医之首的萧龙友先生，为四川三台人，是中医界最早的学部委员（院士，1955年）、中央文史馆馆员（1951年），集医道、文史、书法、收藏等于一身，是中医界难得的全才！其厚重的人文功底、精湛的医术、精美的书法、高尚的品德，可谓"厚德载物"的典范。2010年9月9日，故宫博物院在北京为萧龙友先生诞辰140周年、逝世50周年，隆重举办了"萧龙友先生捐赠文物精品展"，以缅怀和表彰先生的收藏鉴赏水平和拳拳爱国情怀。萧龙友先生是一代举子、一代儒医，精通文史，书法绝伦，是中国近代史上中医界的泰斗、国学家、教育家、临床大家，是四川的骄傲，也是我辈的楷模！

▌追源溯流，振兴川派

时间飞转，掐指一算，我自1974年赤脚医生的"红医班"始，到1977年大学学习、留校任教、临床实践、跟师学习、中医管理，入中医医道已40年，真可谓弹指一挥间。俗曰：四十而不惑，在中医医道的学习、实践、历练、管理、推进中，我常常心怀感激，心存敬仰，常有激情冲动，其中最想做的一件事就是将这些中医药实践的伟大先驱者，用笔记录下来，为他们树碑立传、歌功颂德！缅怀中医先辈的丰功伟绩，分享他们的学术成果，继承不泥古，发扬不离宗，认祖归宗，又学有源头，师古不泥，薪火相传，使中医药源远流长，代代相传，永续发展。

今天，时机已经成熟，四川省中医药管理局组织专家学者，编著了大型中医专著《川派中医药源流与发展》，横跨2000年的历史，梳理中医药历史人物、著作，以四川籍（或主要在四川业医）有影响的历史医家和著作为线索，理清历史源流和传承脉络，突出地方中医药学术特点，认祖归宗，发扬传统，正本清源，继承创新，唱响川派中医药。其中，"医道溯源"是以"民国"前的川籍或在川行医的中医药历史人物为线索，介绍医家的医学成就和学术精华，作为各学科发展的学术源头。"医派医家"是以近现代著名医家为代表，重在学术流派的传承与发展，厘清流派源流，一脉相承，代代相传，源远流长。《川派中医药源流与发展》一书，填补了川派中医药发展整理的空白，集四川中医药文化历史和发展现状之大成，理清了川派学术源流，为后世川派的研究和发展奠定了坚实的基础。

我们在此基础上，还编著了"川派中医药名家系列丛书"，汇集了一大批近现代四川中医药名家，遴选他们的后人、学生等整理其临床经验、学术思想编辑成册。预计编著一百人，这是一批四川中医药的代表人物，也是难得的宝贵文化遗产，今天，经过大家的齐心努力终于得以付梓。在此，对为本系列书籍付出心血的各位作者、出版社编辑人员一并致谢！

由于历史久远，加之编撰者学识水平有限，书中罅、漏、舛、谬在所难免，敬望各位同仁、学者，提出宝贵意见，以便再版时修订提高。

中华中医药学会　　副会长
四川省中医药学会　　会长
四川省中医药管理局　　原局长
成都中医药大学教授　　博士导师

杨殿兴

2015年春初稿
2022年春修定于蓉城雅兴轩

杨殿兴 序

西蜀四川，天府之国，物华天宝，人杰地灵。素有"中医之乡，中药之库"的美誉，经过其自然、社会、文化的长期浸染和积淀，历朝历代名医辈出，学术繁荣，医派纷呈，源远流长。

自2012年开始，四川省启动了"川派中医药源流与发展"和"四川名中医药专家经验继承与整理"两项系统工程，作为两项工程的三人专家组，我与中浚老师、张毅老师一起为"川派中医"的研究、整理担负着专家组的策划、组织、审稿、编撰等工作，随着我们辛勤的付出，大型专著《川派中医药源流与发展》（2016年）、《川派中医》（2022年）已相继出版发行，"川派中医药名家系列丛书"已经整理出版了80多位名家，为振兴川派、唱响川派贡献了力量。也基于此，我与和老师有着较为密切的接触，对和老师的为人、处事、学问也有了进一步的了解。

和中浚老师是一位温文尔雅的谦谦君子，穷其一生努力学习、辛勤耕耘，知识涉猎面广，中医医史、文献方面是其重要特长，特别是在眼科和外科文献领域形成了自身的学术优势。他参与《续修四库全书·子部·医家类》眼科和外科文献提要的撰写；参加国家中医药管理局"中医古籍整理与保护能力建设"项目，承担中医眼科、外科、针灸30种古籍整理任务，任四川项目组组长；主编和参与编写了《中华大典·医学分典·眼科总部》《中国医学通史·文物图谱卷》《图说中医学史》《百年中医史》《中华医藏》等国家大型书目的编纂；参加了老官山汉墓《六十病方》医简整理研究工作；其编撰出版的中医著作达30余种，可谓著作等身。我们在整理川派中医的过程中，和老师也是我们在川派医史、人物、学派、学术方面的重要审定者和亲身编撰者，确保川派中医的研究整理工作始终沿着"尊重历史，客观评价，褒扬成就，激勉后学"的正确道路进行。2016年，和中浚老师荣获首届"四川省医疗卫生终身成就奖"，这一荣誉是对他精勤不倦、默默奉献的最好嘉奖。

和中浚老师亦是一位学者型的川派中医名家，数十年来坚持以学术研究引领临床，既注重经典，师法前贤，又注意从川派医家中博采众长。在临床工作中勤于思考，善于总结，其辨证治疗思路清晰，用药平和醇正，以擅长治疗咳嗽、失眠等病著称，提出了"咽喉为咳嗽的枢机"的学术观点，强调治疗咳嗽时要重视咽喉相关症状的处理；提出了"失眠从肝论治"的学术观点，临床之际擅用疏肝、养肝、清肝、平肝、镇肝之法治疗失眠，独具特色。和老师在临床常见病的治疗中独辟蹊径，于辨证准确中见功夫，于用药精到中取疗效，深受病者的喜爱。

《川派中医药名家系列丛书·和中浚》一书即将付梓，这是对和老师学术思想、临床经验的真实总结，这一书籍的出版发行，不仅为川派中医药的百花园增辉添彩，还必将会嘉惠于医道同仁。乐于推荐，并以上琐言，爰为之序。

杨殿兴

2023年夏至日

王明杰 序

欣闻《川派中医药名家系列丛书·和中浚》即将付梓，不胜忻悦。品读书稿，内容丰富，资料翔实，全方位展示了这位学者型川派中医名家的从医经历、学术成果、独到见解与独特经验。作为与其相识相知近60年的老朋友，读来如饮醇醪，如沐春风，抚今追昔，感慨系之。遵嘱写下此刻感言，聊以为序。

人生漫漫，相识是缘。我与中浚兄于20世纪60年代中期在成都中医学院医疗系先后同学，有幸受教于李斯炽老院长等众多大师，为一生的从医生涯筑牢基础。毕业后俱分配边远山区基层历练，川西川东，天各一方。70年代后期我有幸回母校攻读硕士研究生，在校与他不期而遇，一道学习达夫先师精湛深邃的眼科学术。学贵得师，亦贵得友。从基层到高校的机缘巧合，由内科而攻眼科的志同道合，让我们有着许多共同的切身感悟，惺惺相惜，意气相投。《礼记·学记》云："独学而无友，则孤陋而寡闻。"尤其是对于陈氏眼科六经与河间玄府之说这样高深的学问，除了个人的刻苦钻研、冥思苦索、反复体悟外，学友间切磋交流、寻疑解惑、互相启发，尤为重要。与中浚兄的金兰之交，在此后数十年的岁月洗礼与治学旅途中，让我获益匪浅。

相知无远近，万里尚为邻。多年来我植根于泸州忠山，到成都与他促膝长谈的机会不多，但通过书信、电话及微信等方式随时沟通，联系也十分密切。我们进行过多种形式的学术交流与科研合作，如联名发表论文，协同校注古籍，联合开展讲座，甚至弟子间也交互培养（如江花、江玉）。作为国内少有的熟悉河间玄府理论与眼科开通玄府治法的资深学者，中浚兄对我长期以来主攻的玄府学说发掘及相关著作的编写工作，一直热忱关注与支持，提出过不少切中肯綮的建议，给予了许多难能可贵的帮助。《玄府学说》成书，中浚兄既先为之作序，后又撰写书评，对是书的研究背景与学术价值进行了客观的介绍、准确的评价、热忱的推荐。特别是对我带领学术团队的研究成果，在其《以中医理论创新探索为特色的名老中医经验总结——评〈王明杰黄淑芬学术经验传承集〉》书评中特意指出：按照构成学术流派的要素衡量，独特鲜明的学术思想、代表人物及其传承团队、代表著作等基本条件已粗具规模，有望出现一个远溯《内经》，近宗河间，融汇李杲、叶桂用药经验，由眼科扩展至内外各科的新学派（试称之为"玄府派"或"治风派"）。正是有了这一番金玉良言的提示，才有了今天薪火不息的川南玄府学术流派的创立。如此深情厚谊，怎不令人感叹：人生得一知己足矣！

中浚兄于20世纪80年代后期由眼科进入医史文献领域，这是其人生事业上的一大转折。人到中年，离开熟悉而热门的眼科临床，创办生疏而冷僻的医史博物馆，难免让人觉得意外。但功夫不负有心人。在他废寝忘食、呕心沥血的辛勤努力下，克服种种困难，几年间白手起家建立了西南地区首家中医药博物馆，为天府之国源远流长的中医药发展历史构筑起一座丰碑。此后，在中医文献研究最为困难的时期，中浚兄不畏艰辛，寝馈其中，积极投身中医古籍文献整理工作。古籍整理意义重大，但对研究者的知识结构与能力有着特殊的要求，是一项非常挑战耐性与定力的工作。我也曾参与过几本中医古籍的整理，深知此中甘苦，浅尝辄止。中浚兄却是义无反顾，知难而进，担任四川省中医药学会医史文献专业委员会主任委员15年，积极加强与国内同道的合作，团结相关专业人员共同努力，耕耘不息，求索不止，开展了一系列卓有成效的工作，推动我省医史文献工作高质量发展。他先后承担了《中华大典·医药卫生典·医学分典·眼科总部》、"中医药古籍整理与保护能力建设"四川项目、"《中华医藏》眼科、咽喉口齿科医籍调研、复制和内容提要编撰"等众多国家级研究项目,发表相关研究论文180余篇,整理和撰写出版学术著作30余种,堪称硕果累累,著作等身。在眼科、外科文献及出土文献整理等领域形成自己的学术优势,实现了从普通眼科医生到著名医史文献专家的华丽转身。其间所肩负的责任,承担的压力,付出的辛劳,耗费的心血,应非常人所能想见,令人敬佩不已!2016年获评首届四川省医疗卫生终身成就奖,正是社会对其卓越贡献的充分肯定。

临床实践是中医学的源泉。中浚兄在教学、科研之余,一直没有脱离临床,在内外妇儿五官各科积累了不少宝贵经验,本书中均有收集与整理。所选医案,多为常见病症,看似平淡无奇,实则大有学问。观其每例患者处置,辨证准确,选方精当,切中病机,用药丝丝入扣,活泼泼一片生机,故能收桴鼓之效。不论经方、时方、自拟方,均有匠心独运的运用和灵活化裁,非率尔操觚者可比。中浚兄在数十年实践探索、砥砺前行中所形成的寒温并举、醇正平和、注重枢机等学术特色,在当代川派医家中自成一格,值得师法。

书中"医论医话"是本书的一大亮点,整理的14篇心得均为他在多年实践中潜心思考、认真总结的经验之谈。如"问而知之可谓工"一文,一改中医历来首重脉诊与望诊的传统,响亮提出"对中医诊断而言,问诊自有其独特优势,病者自身的感受和痛苦,往往是提示医家临床诊断和辨证的基础,有时甚至直指诊疗的方向,是临床诊断中迅速获取辨证资料最为简便的方法,它往往事半而功倍,是临床不可或缺的有效诊断方法",明确指出善问和巧问同样考验医家的诊断水平。这是强调问诊在临床重要性的真知灼见,振聋发聩,发人深省!再如"辨证论治的多重性与复杂性""中年重肝""清阳出上窍与五官疾病的治疗"等等亦皆为其独到的临床心得体会,对临床诊疗思路颇多启迪,可供后学学习参考。

本书另一个重要特点是彰显了中浚兄"潜心学术,兼攻临床"的治学特色,中浚兄能做到恰如分际,彼此兼顾,以学术研究引领临床,临床实践验证理论,知行合一,相得益彰。他的学术研究成果在本书中有较好的展示,其代表性著作

7种，代表性论文30篇。其中不少成果阐前人之所未发，述今人之所未言，学术内涵十分厚重。

　　光阴荏苒，岁月如流。转眼我同中浚兄俱已进入桑榆之年，老骥伏枥，渐感力不从心。庆幸的是一批后起之秀正在成长。本书编者均为其分布各地的得意门生，书中师生学术传承脉络清晰，一些弟子青出于蓝，更胜于蓝，已在若干领域取得不菲成就。此次在中浚兄的指导下，齐心协力完成编纂工作，为我们奉献了一本风格独具的佳作，值得点赞与祝贺！薪火相传，弦歌不辍，履践致远。相信通过他们今后的继续努力，定能将中浚兄学术思想发扬光大，谱写中医传承发展新篇章。

王明杰
癸卯仲夏于酒城泸州

自序

欣悉《川派中医药名家系列丛书·和中浚》列入出版计划，不胜荣幸。有机会对自己的临床和学术经验进行系统回顾总结，首先要感谢四川省中医药管理局的立项和杨殿兴教授、张毅主任医师的推荐。项目启动后，先是从自己在临床上感受较深的话题中拟出 10 余个条目，采取医论医话的形式着手撰写，然后录入手机中保存有临床疗效的处方和 2019 年春节后网诊的有效病案。网诊虽不能诊脉，但微信联系方便，患者的症状叙述清晰细致，疗效能够连续观察，也有其优势。

衷心感谢王明杰教授对书稿中一些要点提出了切中肯綮的修改建议，江花、王缙副教授对医论医话等初稿提出的一些很有价值的修改意见。本书能够顺利完成，自然要感谢主编王丽、周兴兰和全体编委的辛勤努力和热情贡献，同时更要感谢西南交通大学出版社编辑对本书精心细致的审校，这是本书得以顺利完成的重要原因。

从医几十年来，多少能够取得一些成绩，主要是得益于中医学面临的时代发展机遇和成都中医药大学的学术平台，是师友的指导帮助等多种因素成就了我。因此，首先感谢学校原副院长侯占元先生和眼科池秀云主任、曾樨良等老师的推荐，得以留校工作。感谢杨殿兴教授、王振国教授、朱建平研究员的认可，得以先后参加"川派中医"系列研究、"中医药古籍文献的保护与利用能力建设项目"

"百年中医史"《中华医藏》等多个重大项目的研究。感谢傅维康教授早年推荐参加《中国医学通史·文物图谱卷》编撰。特别是60多年来与王明杰教授相识相交，经常交流切磋，学术上得其指导不断提高。感谢郑洪教授在《中华医学文物图集》《图说中医学史》及"古代中医药的发明创造"等著作和项目研究上多次密切合作和大力支持。多年来得本校王家葵教授、杨宇教授相知和帮助，师友焦振廉研究员在中医古籍文献整理上的指导和帮助，彭坚教授在临床学术上的启发，赵世安先生在篆刻文化上的赐教，张大庆教授在《中外医学史》教材的合作，温长路教授在眼科研究成果出版提供的机遇和支持，蒋力生教授的友情和支持，何景熙教授的友谊和帮助，刘时觉教授学术成果的激励，与王兴伊教授经常的交流鼓励，成都金牛区尚益堂中医诊所叶品良教授提供的临床条件。妻子向子淑女士数十年来承担全部家务，让我得以全身心地投入学术研究和工作之中。在此，向以上诸位师友和亲人表示深深的谢意！

掩卷沉思，平生的努力就自身而言，或与勤于思索、笔耕不辍、以勤补拙的品性有关。我感觉最大的成功不在于个人取得了哪些成绩，而在于自己的学术得到同行的认可和学术的传承，学生弟子之中，汪剑、袁开惠、王缙等天资聪颖，也最为努力，年纪虽轻，已成就斐然，青盛于蓝。书中传承篇中他们对老师说了不少褒奖的话，但我知道，他们的成绩主要是通过自身的奋斗取得的，我或在其间助过一臂之力，或各有所长，相得益彰，我为他们感到骄傲！其他各位弟子与学生，各有所长，有的偏于临床，有的长于教学，有的善于管理，每个人的处境与机遇不同，结果自然是各有千秋，不必互论短长，大家能够结识交往，能经常一起互动交流，亦是此生有缘。

此书如能给读者一些临床上的启发，或对他们的学术研究有所裨益，自足以告慰平生。

和中浚
癸卯年仲秋于成都西郊补拙斋

编写说明

本书是在和中浚先生 50 余年临床工作经验和学术研究成果基础上编撰，并收录其近年陆续写有的一些医论医话初稿，2022 年由主编王丽申报四川省中医药管理局科研课题，主编周兴兰立项成都中医药大学"杏林学者"学科人才科研项目后着手进一步整理，2023 年四川省中医药管理局立项后加快了研究进度。全书由先生提供原始资料，由主编王丽和周兴兰主持，负责全书的总结整理、分类编辑、核查原文、编制目录等。其中，"生平简介"由王丽整理，"临床经验"主要由江花整理，"医论医话"由王丽、王缙参与整理，"学术思想"由汪剑提炼总结撰写，"论著提要"由王丽、周兴兰分工撰写，论著目录及学术年谱由赵亚琼、宋珊珊收集整理和分类编排，先生学生和弟子分别提供"学术传承"的个人简介，全书最后由先生审定、修改和定稿。

本书"生平简介""临床经验""学术思想""学术传承""论著提要""学术年谱"六个部分严格按照"川派中医药名家系列丛书"的统一格式和要求进行编辑。其中，"临床经验"和"论著提要"是全书的重点，充分体现先生多年来"潜心学术，兼攻临床"的两大特点；"学术思想"部分先生提出主要是遵循丛书体例，认为个人理论水平尚未完全达到学术思想的高度，要求略写。书中"临床经验"内容的先后安排与他书或稍有调整，如为了让读者更好地领略先生的学术见解和学术风格，为阅读临床医案和理解其常用方在病案中的运用提供便利，故将"医论医话"和"临床常用方"置于"医案"之前。"学术传承"的内容不仅是学生弟子的个人介绍，而且将注意力更多地放在他们与先生在学术研究和传承的合作上。这部分文稿出自多人，内容多寡及文笔风格各异，与其受教时间长短，参与研究课题的深度等多种因素都有着一定的关系。

编撰中感到遗憾的是先生早年的医案未能留存，故收录的医案以近年临床效案为主，因为身体等原因先生近年停诊较多，故书中收载先生近年网上就诊的医案不在少数，主要原因是这部分资料很多在手机应用程序中得以保存。

先生署名论文和著作较多，经与先生商议，决定选取其中 7 种著作和 30 篇论文作为代表，列入"论著提要"中进行介绍。

附录第一部分为主要论文分类目录。署有先生姓名发表的论文共 180 余篇，列入目录者以独撰和第一作者为主，同时少量收录虽排名第二但先生投入精力较多的论文。第二部分为著作分类目录，署有先生姓名的著作共有 40 余种，列入目录者以主编和排名第一的校注者为主，同时纳入少数副主编或排名第二者。第三部分系先生为友人、弟子著作所题 7 篇序言。第四部分选入先生在《中国中医药报》发表的 2 篇文章，以及 2024 年撰写的关于成都老官山汉墓《六十病方》书名的比较研究文章。以期更全面地展示先生的业绩。

本书是第一次对和中浚先生的学术研究和临床经验进行全面系统的总结，一些未公开发表的论文，如原在成都中医学院附院眼科"资料汇编"、"指南针计划"网站上的科普论文、参加早期学术会议的部分论文未能收录。

衷心感谢杨殿兴教授和王明杰教授在百忙之中为本书题序，介绍先生的学术历程，评价其学术特点和成就。

鉴于编撰时间紧张和编者水平，本书疏漏之处难免，还望读者不吝赐教。

编　者
2023 年 9 月 5 日

目 录

001　　生平简介

003　　一、年少淳朴好读
003　　二、青年砥砺临床
004　　三、中年潜心学术
005　　四、晚年学验俱丰

009　　临床经验

011　　一、医论医话
038　　二、常用经验方
046　　三、医　案

101　　学术思想

103　　一、咽喉枢机论
105　　二、清阳升发论
108　　三、养肝重在养肝血论

111　学术传承

113　一、研究生
129　二、入室弟子

141　论著提要

144　一、专著及古籍整理著作提要
158　二、论文提要

197　学术年谱

205　附　录

生平简介

川派中医药名家系列丛书

和中浚

一、年少淳朴好读

先生祖籍河北省曲阳县，1946 年生于其母家乡扬州，1948 年随父母定居重庆市万州。自幼性格内向，寡言少语，偏爱读书看报，初中时阅读了大量小说，小说中的一些人物命运和情景世界，让他常常沉浸其中，因此作文时轻松自如，常帮邻座同学作文开篇。高一时学校举办作文竞赛，他的作文是班上写得最好的一篇，但屈居全年级第二。老师向云鹄在全班评讲时不无遗憾地说"白璧微瑕"。高二时因其弟中浩未能升学，便无心学业，幸值高三时彭真"可以教育好的子女"的讲话让他重新振作，终于在 1965 年考取成都中医学院。

大学成为先生人生的第一个重要节点，他格外珍惜这难得的学习机会，大一时就用自己微薄的生活费买了好几本中医书籍。1965 年给他们授课的老师多是学校名师，如邓绍先、凌一揆、李克光、邱明扬等。1967 年春季学期多次去四川医学院同学廖常敏班上听课。1967 年秋季先生随学校在温江和盛镇复课一年半，随后去重庆第一中医院临床实习，该院大量的肾炎和肾盂肾炎病人给先生留下了深刻的印象；并有幸跟随熊寥笙等一代名医，这对其如何掌握运用经方和成方的加减变化深有帮助。

二、青年砥砺临床

先生 1971 年毕业分配回万县地区，然后到城口县修齐区医院工作，经历了三年多艰难岁月，先后两次因上消化道出血在城口县医院住院，1974 年春调回万县工作，在分水区医院和万县卫生进修学校两者之间辗转。1976 年回母校进修眼科，在一年多的时间里跟随邓亚萍、池秀云、罗国芬等老师学习，掌握了眼科疾病的检查诊断方法，学会了白内障手术和多种外眼手术，既感受到了西医检查诊断的清晰准确和手术立竿见影的效果，也见识了陈达夫先生由内科而攻眼科，对伤寒六经的经方和眼科名方出神入化地临床运用。进修期间，先生曾得到同学何洪阳、黄世成等的真诚帮助。1978 年参加学校"1968—1971级毕业生进修班"，聆听陈潮祖、郭子光、李明富、张之文、张发荣等教授授课，结业后幸运地留在眼科。能回到母校工作，先生格外珍惜这难得的机遇，这成为其人生的又一个重要节点。

先生回校临床工作一年后，1981 年去四川医学院附院眼科进修，主要在病房师从连金贤教授做视网膜脱离手术，结业时考试名列第一。回校以后以临床为主，并很快参加教学工作。1983 年开始撰写论文，开始时不得要领，摸索长达数月，当读到王明杰教授在《中医杂志》上的数篇论文以后，深受启发，其后与其经常交流切磋，学术上受益颇多，结为挚友。

三、中年潜心学术

时至 1989 年，先生不觉已在眼科平静度过 10 年，人到中年，颇感职称晋升的压力，刚好基础部要筹建医史陈列室，同学孔祥序邀其参加，因素喜文史，欣然应允。

1989 年 11 月，先生离开眼科到学院基础部，先是外出调研，然后多方争取建馆经费，以一个知识分子的赤诚和执着感动了教育厅等有关部门领导，获得支持。在谭红兵等老师的协助下，走访了四川省大部分地区，在极其困难的条件下，白手起家，创建医史博物馆。建馆时得到了成都市文物考古队调拨文物和四川名医亲属的大力支持，如巫山王锡国捐赠冉雪峰系列史料，叶心清之子叶成亮、萧龙友孙女萧承惊、王伯岳、吴棹仙与任应秋等名医亲属无私捐赠川派名医文物史料，并得到凉山州卫生局同学罗显福等的帮助。仅用两年时间、10 万元经费，即于 1991 年顺利开馆展出。该医史博物馆成为西南地区首家中医药博物馆，其地方医史和川派名医陈列系全国首创。先生先后担任医史博物馆办公室主任、副馆长、馆长。

此期，先生在学术上得赵立勋先生指导帮助，发表《晚清四川普及类医著的产生和影响》等中医论文。在参加《中国医学通史·文物图谱卷》编写过程中，发现医史界对中医药文物的研究较为薄弱，遂积 10 年功夫，对中医药代表性文物进行收集研究，其间得到王家葵教授等多方支持。先生联合全国中医院校博物馆，与吴鸿洲教授合作主编出版《中华医学文物图集》，该书获中华中医药学会 1992—2012 年学术著作二等奖、教育部人文社科著作三等奖。先生先后发表《药用杵臼考——兼谈药用杵臼与乳钵的关系》等中医医史文献、文物、文化、养生类论文，其中《孔子修身养德与中医养生》获《中医药文化》杂志改刊 10 年优秀论文二等奖，对医史教材的编撰提出了应"有论有述"的看法；申报第七版《中国医学史》教材主编时在全国同行评议中名列第一；后与北京大学张大庆教授合作主编《中外医学史》。

1994 年先生晋升副研究员，担任四川省中医药学会医史文献专业委员会主任委员 15 年，长期担任中华医学会医史分会、中国博物馆学会高校博物馆专业委员会及中华中医药学会医史文献分会、中华中医药学会中医文化分会、世界中医药学会联合会中医药文献与流派研究专业委员会常委。1999 年晋升研究员，2004 年增列为博士生导师，先后指导培养了杨鸿、江玉、汪剑等 6 名博士，易守菊、陈雪莲、王缙等 10 名硕士。2002 年在廖品正、王明芳老师推荐下，主编《中华大典·医药卫生典·医学分典·眼科总部》，其后到全国各大图书馆查阅眼科古籍文献，并发表了一系列眼科学术论文，对《审视瑶函》的成书和刊刻时间，眼科同书异名、眼科古籍文献目录学、眼科学术源流等有不少新的学术见解。先生还主持了教育部人文社科课题"眼科古籍文献的目录学研究"。2006 年到北京参加世界中医药学会联合会"名老中医学术思想总结"，申报和开展国家文物局"指南针计划"项目，承担科技部支撑计划"民间方药的挖掘整理及评价研究"子课题。此后侧重中医外科文献研究数年，主持教育部人文社科课题"基于古籍文献的中医外科发明创造研究"，对中医外科文献、外科三大学术流派、中医外科与道家的文化联系等提出了一些新的认识。先生逐渐在中医眼科和外科文献研究上造诣日深。

四、晚年学验俱丰

2010 年先生先是参加国家中医药管理局"中医古籍保护与利用能力建

设"项目，承担中医眼科、外科、针灸等 30 种古籍整理任务，任四川项目组组长。2012 年参加《续修四库全书·子部·医家类》眼科外科文献 14 种提要的撰写，同年起，先生参加《百年中医史》《川派中医药学术源流与发展》"川派中医药名家系列丛书"等大型著作的编撰，任副主编，同年 9 月退休。先生曾任成都市博物馆协会副会长、成都中医药大学社科联副主席、《中医文献杂志》编委、《中医药文化》杂志常务编委。2014 年参加老官山汉墓《六十病方》医简整理研究，先后发表相关论文 10 余篇。2015 年承担《中医古籍名家点评》丛书中五官科文献研究任务。以上数项重要研究，使其晚年学术研究不辍。2016 年底获首届"四川省医疗卫生终身成就奖"这一人生的最高荣誉。《百年中医史》《川派中医药学术源流与发展》于 2016 年出版并分别获得 2019 年中华中医药学会学术著作一等奖和三等奖。《百年来中医理论的发展特点和启示》和《老官山汉简的书法特点及在隶变分期中的早晚》分别获《中医药文化》杂志 2019 年和 2020 年年度优秀论文二等奖和一等奖。其点评的中医古籍《审视瑶函》《目科捷径》《原机启微》先后出版。2019 年参加《中华医藏》项目，与汪剑负责"眼科咽喉口齿科医籍调研、复制和内容提要编撰（类目 1）"研究任务。2021 年受中山眼科医院、亚非眼科学会主席吴乐正教授之邀，完成《中华眼科史》中"中华眼科古代史"的编写；主审的《巴蜀名老中医处方手迹荟萃》出版。先生同年被聘为中国中医科学院中国医史文献研究所中医史学学科第一届专家委员会委员、成都大学附属医院中医传承工作客座教授。2022 年参加编撰的《中医学术流派传承丛书·川派中医》（第二主编）出版，完成国家中医药博物馆"秦汉渊薮"陈列大纲的撰写工作并结题。2023 年受聘为"冉雪峰陈列馆"高级顾问，筹划陈列设计初稿。2024 完成《中华医藏》眼喉科 20 余种文献提要的撰写工作。同年，被天津中医药大学聘为《医藏》丛书临床各科部眼科类主编和郭霭春医史文献研究所客座教授。

先生在长期潜心学术研究的基础上，先后就中医史、中医药文化与文物、眼科、外科文献、中医养生等研究领域撰写和发表论文 180 余篇。同时兼攻临床，主要在金牛区"尚益堂"中医诊所（原成都中医药大学北巷子门诊部）长期坐诊，数十年来以学术研究引领临床，既注重经典，师法前贤，又特别注意从川派医家中博采众长。如冉雪峰的学验俱丰，蒲辅周治法的"八毋"，师友王明杰教授擅长宣发开通、善用风药，铁杆中医彭坚勤学诸家、化裁出新的特色，皆为其兼收并蓄。先生在临床工作中勤于思考，逐渐积累心得体会，其辨证用药思路清晰、平和醇正，以擅长治疗咳嗽、失眠等病著称；在临床常见病的治疗中独辟蹊径，于辨证准确中见功夫，于用药精到中取疗效，从大量复诊的病人中总结经验，受到患者的爱戴，不少病人从小到大，甚至祖孙三代都在先生处就诊。

观先生一生，大器晚成，勤于笔耕，兼擅临床。迄今古稀之年仍研究不息，整理和撰写学术著作30余种，获省部级成果奖6项，是一位学者型的川派中医药名家。

临床经验

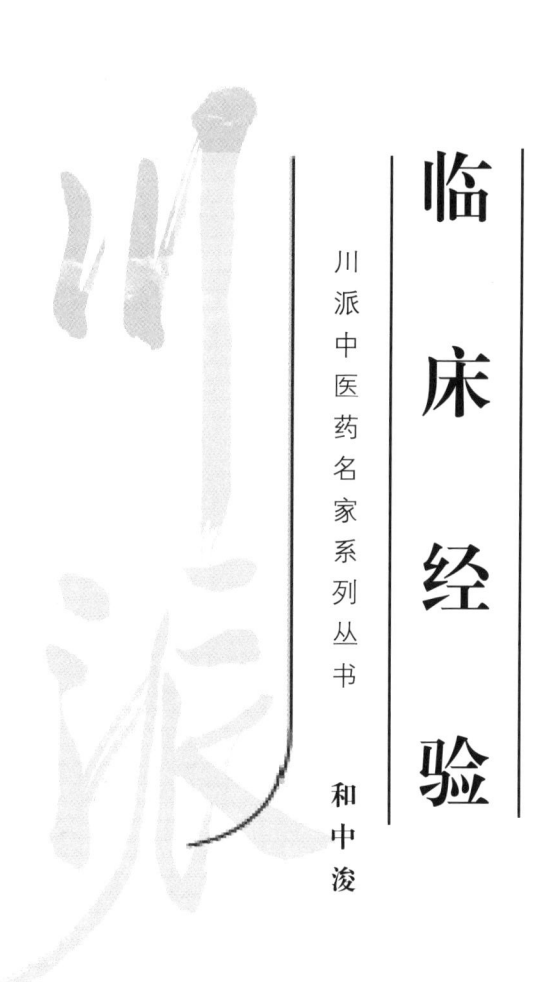

川派中医药名家系列丛书

和中浚

一、医论医话

（一）问而知之可谓工

先生曰：问诊是中医四诊之一，在了解病人的就诊目的、发病部位、发病过程、自觉症状、服药治疗的效果等方面有着重要价值。早在《素问•征四失论篇》就强调"诊病不问其始，忧患饮食之失节，起居之过度，或伤于毒，不先言此，卒持寸口，何病能中，妄言作名，为粗所穷，此治之四失也"。但这一现象在临床上长期没有得到根本改变，问诊在很长一段历史时期中不太为临床医家所重视，故而与问诊相关的论述较为零散。古代医家首重脉诊，其次是望诊，两者都有多种专著，尤其是以脉诊为主的文献成为古代诊法的主流和大宗，甚至将"脉诊"用作中医诊法的代称，故虽称《察病指南》《诊家枢要》《诊宗三昧》《诊家直诀》，实则通篇专论脉学。或虽仅称脉学，但也兼及望、闻、问三诊，如《脉诀汇辨》等。

随着中医学术的繁荣及临床的不断深入发展，明清之后问诊的重要性逐渐提高，特别是张景岳响亮地提出问诊是"诊病之要领，临证之首务"，并撰写了询问病史的常用方法"十问歌"；韩懋在《韩氏医通》列出八项具体的问诊内容；喻昌在《医门法律》中撰"问病论"专篇；随后林之翰在《四诊抉微》中列"问诊"专论；蒋仲芳、周学海等继之（高文铸《医经病源诊法名著集成》序），使问诊的方法和内容较前代更加清晰明确和丰富，问诊在临床诊断上的作用越来越得以充分发挥。故先生在《明清医家对中医四诊全面发展的贡献》文章中提出"明清医家对问诊的重视是《内经》之后最为集中，成效也最为显著者"。

但多年以来，中医问诊的地位仍难以超越脉诊和望诊，恰如林之翰《四诊抉微》"凡例"中一针见血指出的"问为审查病机之关键。病家皆讳疾忌医而不告，医者避嫌耻问而缄默，均失之矣"。现代一些医家仍视问诊为四诊的枝叶末技，似不屑于论述，好像问诊不足以反映其学术水平一样。现代名老中医系统论及问诊经验者不多，如"十五"国家科技攻关计划课题"名老中医学术思想与临证思辨特点研究"报告 108 位名老中医资料中，论述问诊内容较多的医家仅有查玉明先生，而涉及望诊和脉诊经验的医家明显较多，内容也更为丰富。这与脉诊传统上就是四诊的重点，并且现代临床上西医检查诊断方法发展迅猛，促进了中医望诊的进一步深入有关，如中医眼科对内眼辨证的新发展等局部望诊，特别是影像技术丰富和促进中医望诊内容的例证很多。但对中医诊断而言，问诊自有其独特优势。病者自身的感受和痛苦，往往是提示医家临床诊断和辨证的基础，有时甚至直指诊疗的方向，故问诊是临床诊断中迅速获取辨证资料最为简便的方法，它往往事半而功倍，是临床不可或缺的有效诊断方法。问诊获取的许多临床资料往往是医家难以通过其他诊断方法轻易获得者，善问和巧问同样考验医家的诊断水平。其地位应与脉诊与望诊并驾齐驱，鼎足而三。

近现代名医中，萧龙友先生特别强调把问诊放在重要地位，其嫡孙萧承惊说他"临诊之时，专心致志，全神贯注，两耳倾听病家主诉，从不分心。不仅详问病人之主、兼症，局部变化及全身情况，乃至患者禀赋强弱、习惯性情、籍贯嗜好等，均要问到，以洞察病情之新旧、浅深、隐显变化，再参照望、闻、切诊作出正确诊断，故奏效者居多，误诊者甚少"（《名老中医之路续编·第三辑》）。重庆名医王辉武在《老医真言》的"诊余杂谈"中亦论及"认真对待患者的主诉"的问题，他认为："要想获得准确无误的主诉，可不是一件容易的事。研究主诉是每一位医者，特别是中医的必修课，这是一项临床基本功。"这正是一位中医名家的由衷真言。患者的主诉是问诊的要点，从病人的叙述中迅速提炼和明确主诉颇考验医家临床功力。伤寒名家刘渡舟先生说："在临床辨证时，应先抓主证。"（《刘渡舟医论医话100则》）而问诊通常就是医家明确主证的常用手段。

医家在临床上怎样问，问些什么，如何层层深入、抽丝剥茧地了解病情的症结，如何快速而准确地抓住病情的要点，很有讲究，需要长期积累的学术涵养和临床经验。正如国画家作画时要胸有成竹一样，问诊的针对性、方法和技巧性都很强，并不是如一些医家所想象的那样简单。从医家问诊时是否心中有数、针对的要点是否明确，问话的方法和语言是否准确到位，能否抓住病症的要害等方面来看，往往几句话就可以反映出医者水平，特别是在问诊与望诊等其他诊法的结合与运用中，问诊的学术价值较高。如见病人面色苍白，于是考虑其贫血或失血，需要询问相应的起病过程和自觉症状，从而证实病情。一些病因和患者的主观感受，不问则无以得知。特别是如果能从问诊中了解到一些疾病的早期症状，对于准确地了解和掌握患者发病的要害部位所在非常重要。它可以提示疾病诊断的方向，如肠道疾病的大便次数和性状、是否伴有腹痛等都需要通过问诊得以了解。再如失眠，病人就诊时往往偏重于叙述失眠的表现和痛苦，而较少言及造成失眠的原因，需要医生有目的地了解其情绪等状况。又如斑秃、脱发等，也常与情绪紧张、失眠有关。妇科的月经、带下等情况，也主要是通过问而知之，如月经紊乱，有的与病人的情绪、生活状态及环境等因素有关，有的与病人曾服用紧急避孕药有关，还有的与更年期有关。这些通过问诊明确之后，治疗的方向马上豁然开朗，不问则难以得知详情，难以帮助辨证决断，特别是是否做过现代医学的一些检查，检查的结果如何等，不问则难以了解。又如临床常见的咳嗽，与患病时间的长短，咽喉是否痒痛，有痰或无痰，是清痰或是黄痰，咳嗽的声音及程度如何，是早上（多痰）或是晚上（多阴虚）为重等都有关系。恰当的问诊，结合望诊、脉诊以及闻诊，四诊合参，辨证的基础就能很快形成。而有些医家不屑于多问，只是偏重于望诊和脉诊，造成主诉难以迅速形成，或四诊资料不全，就有可能造成辨证失误，把治疗引向歧途。这方面古人已有论述，如："病，藏于中者也；证，形于外者也。工于问者，非徒问其证，殆欲即其证见，以求其病因耳！……种种详诘，就其见证，审其病因，方得轩岐治病求本之旨。岂徒见痰治痰，见血治血而已哉！"（清·石芾南《医原》）其认识值得重视，临床必须重视问诊，问诊的水平与辨证的效果息息相关。

（二）舌苔观病邪，脉诊察气血

先生认为，中医四诊之中，望诊的舌诊，以及脉诊和问诊无疑是临床运用最多和最具特色的三种诊断方法了。它是每个医家临床必备的基本功，最能体现中医诊断的特色。看病过程无论怎样仓促，望舌和诊脉必不敢省。舌诊和脉诊诊察的内容博大而精深，从外邪到脏腑的盛衰，从"阴阳表里寒热虚实"八纲到气血痰湿，都需要通过舌诊和脉诊来详细地了解和分析判断，帮助医家最后判断病情。

舌苔秉胃气而生，在反应病邪的变化上较具优势，如现存最早的舌诊专著《敖氏伤寒金镜录》主要记载的就是外感疾病的舌形、舌色尤其是舌苔变化。清代温病学家对舌诊的观察论述使舌诊得到了更大的发展，到了近代陈微尘著有《舌苔新决》。舌部的表现直观清晰，正如张登的《伤寒舌鉴》所言："邪气入里，其虚实寒热之机必现于舌，非若脉法之隐而不显也。"特别是舌苔可重点观察寒、热、痰湿、燥、食积等病邪的性质、程度变化和胃气状态。

切脉可察脏腑气血的变化，早在《素问·经脉别论篇》就有"脉气流经，经气归于肺，肺朝百脉"之说，《素问·脉要精微论篇》有脉诊可"观五脏有余不足，六腑强弱，形之盛衰"的记载。可见脉诊主要反映脏腑气血的强弱，外邪的变化是通过对气血盛衰的影响而出现相应脉象。在了解病人的体质和病机的状态上，脉诊或更有优势。故《崔氏脉诀》谓"人身之脉，本乎荣卫，荣者阴血，卫者阳气"。

舌和脉两者对外邪的反应各有偏胜早晚，故临床主张舌脉合参。其深层次的原因或在于外邪在表而早期轻浅，脉象的早期反应或时有局限。舌诊的神色形态表现清晰直观，易于认识和判断，医家可以立竿见影地认识和掌握。而脉诊要靠医家的主观感觉体悟，不同医家的认识难免会有一定出入，同时脉象的变化玄微幽深，有的病理脉象早期不尽清晰，掌握较为困难，需要医家长期下功夫摸索，比较体验，特别是在重症时对脉象的真假判断。

就脉象观察脏腑气血的病机变化而言，其中脉象的虚实变化较为重要，如反应外邪实证的滑、弦、紧、长、大较为显著，先生认为数、疾、洪、劲脉应该包括在内；反应气血虚实的有细、微、代、短，先生认为濡、散、芤、弱脉应该包括在内。其中，在寒热虚弱和瘀滞等外邪和气血的变化上脉象往往较为迅速敏捷，如脉象出现迟、缓、涩、结、代和数、疾、促、动、滑等。

舌苔的变化中，寒邪见白苔，热邪出现黄苔，湿邪见腻苔，燥邪舌苔薄而干燥、舌质红而光剥或出现裂纹等，都属临床常见表现，当病邪稍有变化就可及时反映出来，状态和颜色都明确而清晰。同时，与脾胃相关的一些病理问题，如长期嗜酒者舌苔黄厚滑腻，小儿积食者舌苔白厚或变黄厚腻，伤阴者舌质光剥少苔等舌象也同样较为典型。舌苔由白变黄，舌质由淡红变红赤，都能迅速地表现出外邪的性质或人体内部的寒热症候，因此有"苔主六腑，（以）舌质主五脏"（清·周学海《形色外诊简摩·舌质舌苔辨》）和"苔察气病，舌候血疾"（清·吴坤安《伤寒指掌》）之说。舌质的形色变化或同时或稍晚于舌苔，偏重于反映脏腑的复杂状况，在反映病人体质和寒热虚实病机时比较敏感，舌质淡嫩者多阳虚有寒，舌质红赤者有热，红紫者热入营血，而舌形歪斜等提示更复杂的脏腑气血及病情的变化，需要合舌脉症象进一步深入观察分析判断。

中医学上常讲感冒受外邪侵袭后脉浮，但先生在临床上观察发现相当多的外感病人脉象并不呈现为浮脉，主要出现的仍是平素固有的脉象，甚至感冒后脉沉者亦大有人在，当然，这不是指《伤寒论》中少阴阳虚麻黄附子细辛汤证的表证脉沉这种特殊情况。总之，脉象跟外邪的种类、邪气的侵袭范围或病情的轻重等都有关系，不能一概而论。在病情危急或是严重情况下出现的疾、数、促、结、代等脉象较为典型，对病情判断的意义重大。而气虚者脉弱，血虚者脉细，血瘀者脉涩，男性及年老者脉弦，形体丰满及女性者脉滑，这些反映气血通常状态的脉象特点则较有规律。一般情况下，一个人早期或轻浅的外邪侵袭对脉象的起伏变化影响不会太大，在相当长的时间里，不同个体的脉象都较为稳定。这跟"血难以骤生""气行则血行"等理论都有着很密切的关系。而舌苔的反应往往较为迅速，当病邪消退后舌苔常较快恢复正常。如有条件能够在长期观察病人平素舌象和脉象的基础上比较其发病后脉象的变化，就会具有更为重要的诊断价值。

（三）外感看咽喉

外感是一年四季中时常发生的多见病症，特别是冬春二季，更为普遍而频繁。外感的主要症状不但医家了如指掌，病人也非常熟悉。但先生认为，不能因为这是简单的常见病症，就只停留在满足于听取病人叙述症状，然后看舌切脉，似乎完成了这样的程序就可以心安理得地处方，而将察看咽喉置于可有可无的地位。殊不知外感和鼻咽部及上呼吸道疾病关系密切，咽喉的状态不但耳鼻喉科医生需要检查，内儿科医生也应该关注，这是医家深入观察外感疾病中的一个要点所在。中医检查手段本来就不多，外感疾病如果漏掉了观察咽喉的情况，在临床诊断时就很有可能难于全面收集症状资料和具体深入地了解病情，难于准确地判断外感病变的主要部位、程度和性质，让潜伏在外感症状下的一些要害问题成漏网之鱼而不能及时得到充分暴露，失于片面，更谈不上有的放矢地去选方用药。

喉属肺系，在外感病的早期，在有的患者还没有出现喷嚏和清涕等其他感冒症状时，就有可能先出现咽喉痒痛，一些较重的鼻病持久不愈时往往影响咽喉，咽喉痒痛有时甚至伴随于外感病的全过程。特别是小儿的腺样体肥大、扁桃体肿大等经常发病者，或有慢性咽炎的成人，在受到外邪再次侵袭时，咽喉会因原有的慢性病灶导致其急性发病。在外感咳嗽或发热的病人中，也常常并发咽喉痒痛甚至剧痛。因此，在遇到感冒、鼻塞、咳嗽、发热、咽喉疼痛甚至急性肾炎的患者时，都需要注意养成观察咽喉的习惯。因为咽喉的问题很有可能是造成咳嗽、发热、急性肾炎等的主要原因，需要通过同时观察咽喉以便准确深入地认识外感发病所导致的具体病位、病性，判断其病机后再处方用药。咽喉上通口鼻，下连气道，跟整个呼吸道的病症都有着一定关系，有时甚至是其中的主要矛盾，切不可轻视而造成疏忽。

中医很早就注意到咽喉病症的发生，如《素问》中多次记载喉痹及其病因病机；《伤寒论》少阴病中论及咽痛及其治疗，列有5方。但集中记载查看咽喉的方法主要出现在清代的喉科文献，这跟清代白喉和烂喉丹痧等大量咽喉类流行性疾病的出现有关，如张宗良《喉科指掌》卷之一为"咽喉看治法总要"，已注意到夜间看咽喉时要增加辅助光源照射及使用压舌板："凡夜深看症，须得细照，再三推详。""凡看症，若病者以舌叠起，则不见喉间矣。必须以物压之，则舌不叠起矣。或骨或牙或角皆可，压舌之具。"其后《喉科心法·临症要诀》进一步详细记载了察看咽喉的方法及其具体要求，以及咽喉病症的形色变化等多种具体症状表现："临症看喉之诀，最要轻手快眼，切莫心粗气浮。无论富贵贫贱，老幼男女，必令患者朝亮处而坐，使人托其头，夜则燃大纸捻照看，医者以箸按其舌根，着意看其喉中左右上下，形色自不同常。或红甚肿甚痛甚；或微红微肿微疼；或红甚痛甚而不肿；或不红不肿而只疼；或不惟不红肿，且色白而疼痛；或有形，或无形；或来势急，发于顷刻；或从容缓，发于数朝；或喉里喉外皆红肿；或头项腮颐并红肿；或因瘟疫壮热大渴；或感风寒，发热恶寒；或已灌脓不速溃；或溃后余肿不消；或破烂；或误针。"咽喉部的种种表现，由此一览无遗，从而可据其红肿疼痛等不同情况辨证论治。

现在看咽喉的方法既简便，又一目了然。让患者把嘴张大，下颌上抬，大声地叫"啊"，医者用小手电直射或采用喉镜等，就可以看到咽喉的情况。小儿尽量不用压舌板，以免其紧张，不配合。用压舌板时，着力点不要过于靠后，以免引起病人恶心欲呕等不适的感觉。整个动作要求干净利落，在短时间内迅速观察完成。

外感时咽喉常见的问题是咽喉红赤，有的小儿伴有扁桃体肿大甚至化脓，或者咽后壁滤泡增生。咽喉淡红者多属风寒，红赤者多为风热或实热，暗红者多为阴虚火旺或血瘀。扁桃体肿大甚至化脓者初为风热，热邪可很快进入气分，甚者深入营血，常伴有高热。咽后壁颗粒（滤泡增生）多为火热痰结或痰瘀。不同的咽喉表现有着不同的处理方法，在解表祛邪的基础上可结合咽喉的不同症状或解表清热，或化痰散结，或养阴利咽，或温肺利咽，治疗各有侧重。

对咽喉情况的观察不能只是五官科医生的责任，治疗外感病症时注意观察咽喉也应当成为现代中医内儿科医生的基本功。

（四）咽喉为咳嗽的枢机

咳嗽是临床常见病症，引起咳嗽的病因非常复杂，但最主要的原因之一是伤风感冒，其特点是起病较急、病程较短，与气候变化的关系密切。中医治疗咳嗽时常按风、寒、燥、火等六淫外邪及其兼夹的情况分别处理。外邪侵袭人体，首先犯肺，病变位于呼吸道，肺之外窍鼻腔首当其冲，其下的咽喉也势所难免。咽喉上连口鼻，下接气管，为上呼吸道的末端，是上下呼吸道连接转枢的关口，是人体呼吸时气息上下升降出入的要冲。《医贯》卷之四说"盖咽喉司呼吸，主升降，此一身之紧关橐籥也"，咽属胃系，脾胃是肺气肃降的枢机；喉本为肺之门，关系到气息出入升降，两者都位于肺气出入升降转输的关隘要地。咽喉同时是人体经脉交会之处，十二经脉之中，除手少阴心包经和足太阳膀胱经间接通于咽喉外，其余10条经脉都直接通达咽喉。故咽喉的生理结构和位置决定了其为呼吸道气息上下的"枢机"所在。

临床上，咳嗽时也常常会出现一些咽喉的症状，如咳嗽初期每觉咽痒，有些患者咳嗽时伴有咽痛，或久咳后感觉咽喉肿痛，或每觉咽喉有痰，或喜欢清嗓，出现短促声咳嗽，也有很多患者咳嗽时觉得痰卡在咽喉处不容易咳出，需要费很大的力或花较长的时间把痰液咳出来之后才感到轻松，或经常出现咽喉部有异物感等。这些症状都清楚地表明咽喉和咳嗽在病理上有着千丝万缕的联系，治疗咳嗽时应该充分重视咽喉相关症状的处理，需要把咽喉作为治疗咳嗽的枢机来认识和对待。

咳嗽与痰涎壅滞关系密切，早年咳嗽以细菌性感染为多，故多痰，病人每觉痰液位于咽喉，故化痰利咽是治疗咳嗽的一项传统的重要措施。肺主呼吸肃降，出现咳嗽，肺气上逆，肺的宣发肃降功能出现障碍，需要疏表宣肺、行气化痰，同时运用理气药使气机上下宣畅，解表、宣肺、化痰、理气的诸种治疗措施，都与发挥咽喉的枢机作用有关，所以先生认为在治疗咳嗽时通过利咽喉以达发挥咽喉的枢机作用非常重要。1989年干祖望先生在其著作《中医喉科学》中首先提出"喉源性咳嗽"，可以认为是对这一认识某种程度的呼应和深化。医家治疗咳嗽的处方中常用一些利咽喉的方药，如名方升降散加减，或者小柴胡汤等，也有很多医家喜用桔梗与枳壳等一升一降的对药，用后对咳嗽合并的多种症状会发挥良好的作用。先生临床治咳时喜用利咽散结的牛蒡子和桔梗作为对药。桔梗是利咽、止咳化痰的常用中药，特别是在外感咽喉痒痛的咳嗽等病症治疗中多用，具有宣肺利咽、化痰排脓的作用，兼升提诸药。外感名方中，多用有桔梗，如荆防败毒散、参苏丸、桑菊饮、银翘散、柴葛解肌汤、藿香正气散等，说明其作用不可或缺。牛蒡子虽不如桔梗那样广泛使用，但在银翘散、喉科六味汤、补肺阿胶散等方中均有记载。当咽喉红赤时先生每用板蓝根和银花作为对药，当咽喉有痰结时用僵蚕和浙贝作为对药，用后对咽喉枢机的条畅有明显的因势利导作用，可显著提高止咳的效果，说明咽喉为咳嗽治疗的"枢机"是不容忽视的客观事实。此外，咽喉热毒偏盛时可加马勃、黄芩，咽肿痰结时可再加射干、法半夏，行气化痰可加全瓜蒌、陈皮。

因此，先生治疗咳嗽时比较留意咽喉的症状，在急性咳嗽时特别注意对于咽喉情况的观察治疗，如咽喉是否红赤，扁桃体是否肿大有脓点，咽后壁是否有滤泡等，注意主动采取措施解决咽喉的相关问题以缓解咳嗽，这是先生治疗咳嗽时的一大法门。通过改善咽喉的症状和发挥咽喉的"枢机"作用，使肺的肃降功能得以充分发挥，上下气息得以顺畅，从而提高治疗咳嗽的效果，这是对既往咳嗽理气治疗新的发展。

需要注意的是，咽喉的问题有时多与其上方的鼻病有关，鼻与咽喉上下连接，鼻腔有病，有可能往下影响到咽喉，如腺样体肥大就非常典型，因此治疗感冒鼻塞时也要注意咽喉有无红赤肿大等问题。此外，临床很容易误诊鼻后滴漏引起的慢性咳嗽，这种咳嗽每有清嗓子样的咳嗽和清咽的动作，以白天起床时咳嗽为主，干咳或有痰不易咳出。这种咳嗽在治疗鼻病的同时需要宣肺化痰，通过清利咽喉以提高疗效，其中宣肺排脓、利咽散结的牛蒡子和桔梗有着重要作用，有时还可增加法半夏、僵蚕、浙贝母等药以加强其利咽散结化痰的力量。小儿的腺样体肥大也有可能引起咳嗽，与咽喉也有一定关系，也同样需要利咽散结化痰。再如，反流性食管炎也可能引起咳嗽，它是胃液刺激到咽喉造成发病，需要在治疗胃气上逆时兼顾咽喉。因此，在咽喉的诊断治疗时视野应注意适当向其上下两个方向的鼻部和胃部分别观察拓展，充分注意处于二者之间的咽喉这一要害所在。

由此可见，多种疾病特别是咳嗽与咽喉有着千丝万缕的联系，在治疗咳嗽时需要充分注意发挥咽喉的"枢机"作用。

（五）外感发热重疏散

先生常说，急性发热多与外感有关，人所共知，发热起病时间短，又多伴有外感症状。但在临床上，也有外感症状不突出，单纯以发热为主症的情况，这类症状多见于小儿。此时家长特别着急紧张，希望很快把过高的体温降下来，医家有时也沉不住气，忘记了外邪仍然是导致发热的主因，舍本逐末，在方剂中使用大剂量的清热解毒药。特别是一些由病毒引起急性发热的病人，外感症状往往轻微甚或没有明显的外感症状，这时有的医家自然将清热解毒药作为退热的主要手段，将注意力集中在怎样清热以退热上，其治疗的思路和方法不免有些重点偏移甚至主次颠倒了。

不但有些医家在处方中有堆砌清热解毒药物的倾向，市面上不少著名的退热中成药，也多以一派清热解毒药为主，将中医清热解毒等同于西医的抗生素，把中医的退热方法简单化了。中医退热本有解表疏散、芳香化湿、化痰散积、通便清利等多种祛除病因以达到退热的方法，简而言之就是采取在上疏散、中部化解、下方通利的多种办法，不少名老中医医案中都有很多疗效非常显著的精彩案例。

急性发热病程短，小儿多见，疏风清热自不用说，温病学卫气营血的辨证治疗方法亦不可少。但就发热的早期治疗来说，疏散外邪兼以清热是最基本的方法。解表法是中医治法中居于首位的方法，不论是辛温解表或是辛凉解表法及其方药，医家临床应用都较多，需要强调的是解表不仅是解决喷嚏、清涕、头痛等外感症状，恶寒发热也应包括在内，在以发热为主的情况下仍然要把解表疏散放在第一位，使外邪有出路，同时除邪务尽。不能只顾清热而忘记散邪，此时一味清热很有可能引邪深入，须知祛除外邪比清热更应该置于优先考虑的位置。

不论是辛温还是辛凉解表法，都具有发散外邪的作用，故《内经》上有"体若燔炭，汗出而散"的论述。并不是只靠清热才能退热，解表是疏散外邪的重要方法，也是退热的主要手段，邪去才能正安，邪正交织是发热的主要原因。辛温解表的麻黄汤，辛凉解表的桑菊饮、银翘散等主治症状中都有发热，只不过发热的程度和兼症表现不同。麻黄汤、荆防败毒散中几乎没有一味清热药，一样可以达到退热的效果，这些解表方中的君药就是解表疏散药，如麻黄汤中的麻黄、桂枝，荆防败毒散中的荆芥、防风、羌活，银翘散中的银花、连翘等。外邪不除，发热多难于解除，或暂时缓解，但时隔不久又死灰复燃。不论是 2003 年严重急性呼吸综合征（SARS）还是 2019 年以来的新型冠状病毒侵袭，中医的治疗方案中发散外邪始终是早期治疗的主要方法。

秦伯未在《谦斋医学讲稿》中专门讲过"种种退热治法"，将中医的退热法归纳为 14 种，认为其不但能退慢性发热，对急性发热也同样有效。其中，第一种方法就是"发汗退热法"，也即上文中的疏散退热法，可将其主要分为辛温发汗和辛凉发汗法。同时他还提出有因湿邪、暑邪及秋燥引起的发热，认为同属表热，分别用神术散、加味香薷饮、桑杏汤退热。

解表疏散与清热解毒两法合并使用，对于热象较高、温热病邪发展迅猛者是必须考虑和选择的方法，辛凉解表的银翘散中已经寓涵了这种用法，表里同治的柴葛解肌汤、防风通圣散中亦有经典的配伍运用。这是金元和明代伤寒学家的诊疗特色，它对于既有表症又有里热者尤其适合。表里双解是他们在《伤寒论》解表清热法基础上的进一步发展，它解决了辛温解表药在治疗热病上的某些局限，是中医临床时不可忽视的治法。

同理，对于温病特别是湿温引起的发热，需要宣肺化湿利湿与清凉透邪兼行，也就是仍然要高度注意向体外宣透温邪湿邪，只是用药以宣透芳化为法，更加轻清灵巧。总之，中医不能见热只顾清热，要分析引起发热的原因，要特别注意解表疏散与宣透外邪，使邪有出路，外出而散，从而达到退热的最佳效果。

（六）过敏性鼻炎从外邪论治

过敏性鼻炎是临床常见病之一，近年来发病率不断增加，中医治疗具有一定优势。2022年第二批中医治未病诊疗"鼻鼽"（过敏性鼻炎）诊疗方案以及中医耳鼻喉科教材，将其分为肺气虚寒型、肺脾气虚型、肾阳不足型、肺经郁热型四型辨证。先生认为，这四型辨证主要是以补益肺脾肾三脏虚损的治本辨证为主。肺经郁热型为寒邪郁久化热或内有积热时的主要证型，该证型与本病表现的主症存在一定程度的出入。这一诊疗方案主要立足于增强患者体质辨证用药，或对改善病变根本有一定帮助，但似乎在外来致病因素的影响方面考虑偏少，与发生这一病症的发病季节、发病年龄、病变症状与趋势以及鼻部的生理病理等诸种特点有悖，尚有可商榷和补充完善的地方。

首先从发病时间特点而论，过敏性鼻炎每于春秋两季发病较多，有着明显的季节性发病特点，特别是在冬春季节转换之时，或春秋两季中气温波动较大时容易导致病情突然发生，或是在春暖花开花粉等过敏原弥漫时更易多发。这明显是受到气候和自然环境因素的影响。致有外邪侵袭的原因，虽不免与体质虚弱易于感受外邪有关，但体质虚弱并不一定是主要的发病因素。一般体弱者往往多在天寒地冻的冬天易于发病，且发病过程偏缓，鼻鼽发病在寒热交替的季节以及突然发病的特点都不能主要归咎于体质虚弱，应该充分考虑春秋两季花粉等外邪活跃，特别是风寒这一标证因素的重要影响，而不能只将注意力完全集中在体质虚弱的内因之上。

其次从过敏性鼻炎的发病症状分析，突然眼痒鼻痒，喷嚏连续不断、清涕稀薄如水、连绵不止，或同时出现鼻塞，发病突然而起，来势急骤，主要表现出风寒外邪突然侵犯眼和鼻部的早期症状，如《景岳全书》所言："凡由风寒而鼻塞者，以塞闭腠理，则经络壅塞而多鼽嚏。"因为肺本清肃之脏，一遇风寒外袭，喷嚏与清涕接连不断，反应强烈。风胜则痒，喷嚏连连为外感风寒侵袭人体，邪正相争，清涕长流为风寒侵袭鼻部，鼻部受损，肺开窍于鼻，涕为肺液，肺受风寒的表现，正如《证治要诀》所谓："清涕者，脑冷肺寒所致。"这里肺寒实为肺受外寒所侵，诸症的特点都提示本病早期是感受风寒等外邪的影响。只有在发病时久不愈，或天气炎热，或本有内热的情况下才会出现肺经郁热型。

再次是本病患者的发病年龄特点与诊疗方案中体质虚弱的辨证结果也不尽符合。过敏性鼻炎发病多见于小孩或一些青壮年，这个年龄段恰恰是人体阳气偏旺，肺脾肾三脏正气充足、功能强盛的阶段，发病患者体虚的表现多不明显。与此形成明显反差的是，本属体虚的年高体弱患者发生本病的情况偏少，这就与诊疗方案中的临床辨证结果不相吻合，因此，如果仅从年龄角度辨证，也很难主要从本虚论治。

从次是鼻恶寒而喜暖，鼻为肺窍，内属于肺，肺为娇脏，主清肃宁静，对风寒外邪的侵袭特别敏感，往往一受到外邪侵犯后局部反应强烈，很快就出现种种不适，而非体虚者反应较迟钝、全身症状突出、发病过程缓慢、症状过程偏长的特点。

最后是从治疗效果来说，过敏性鼻炎虽往往长年发作，每年发病症状有重有轻，但通常每次发作用药后可以很快让病情得以控制，而不像体虚者的扶正治疗往往需要较长时间用药之后始能见效，补益药用药取效多数需要一定过程。因此从急则治标、缓则治本的原则考虑也不能把体质虚弱主要作为此病最关键的因素，而完全不考虑风寒外邪致病的影响。

基于从外邪特别是从风寒论治鼻鼽和急则治标的理念，先生在临床上每用八味大发散治疗本病。原方出自《眼科奇书》，由四味大发散（麻黄、藁本、细辛、蔓荆子）加羌活、防风、白芷、川芎而成，主要治疗由陈寒引起的外障眼病，有发散风寒外邪的作用。原方用量很重，辛温发散之力很强。用麻黄、羌活、防风、白芷驱风发散，以藁本、细辛、川芎、蔓荆子散寒开窍。实际上此方远不限于治疗眼病，凡是因风寒外邪引起的早期疾病，如感冒、发热、头痛、鼻病、身痒等多种疾病皆可运用。如重庆补晓岚以八味大发散为基础，加温补化痰除湿利浊药成其温补主方"补一大药汤"，寓补于宣散通利之中，攻补结合，相得益彰，闻名渝城。其开窍之功，为王明杰先生所重，王明杰先生从玄府论八味大发散，将其广泛用于眼睑红肿、睑缘赤烂、黑睛生翳等属风寒外束，或郁火内蕴，郁重热轻者等多种眼病，指出该方辛散之力极强，具发散开窍之功，可开通玄府发越郁火，使气津畅行。

先生常用此方治疗鼻鼽，以病变初期，感受风寒外邪、体质较好者为主，如晨起受寒即发，或春秋之际感受风寒外邪，突然眼鼻发痒，喷嚏不止，清涕如水、连绵不绝，或同时出现鼻塞不通等，以及人体头部的眼、鼻等官窍因风寒外袭而闭郁不通的感冒、头痛、发热、咳嗽等早期病症，需发散风寒者皆可使用本方。方中麻黄、白芷、藁本、细辛、川芎都是主要作用于眼鼻部散寒开窍的要药，对眼鼻部初期疾病的治疗恰到好处。先生也常将此方用于因外邪所致其他头面部疾病的治疗，每获奇效。

鼻受寒则闭塞，得热则通畅。遇见冬天受寒清涕不止或鼻塞不通的病人，先生用药之外，常常让病人戴上口罩，在鼻部外围形成一个温暖的环境，有利于减少冷空气直接进入鼻腔，让鼻部症状尽快得到改善，帮助病人减轻痛苦。这也是受大发散用温药治疗鼻病的启示。

（七）清阳出上窍与五官疾病的治疗

眼、耳、鼻俱居于头部，为人体空窍，亦为清窍。其中肺开窍于鼻，通于天气，鼻为肺之外窍，位居阳中之阳的面部中央，深受肺为娇脏特点的影响，以通为用。前贤对其清窍特点有清晰的论述，如明李梴《医学入门》外集卷四说"鼻乃清气出入之道"。明代方隅《医林绳墨》卷七对鼻窍的清浊之气与其发病的原理论述得更为明确，即："鼻者肺之清窍，喜清而恶浊也。盖浊气出于下，清气升于上。然而清浊之不分，则窍隙有闭塞者焉，为痈、为痔、为衄、为涕，诸症之所由也。"《灵枢·本神》对鼻病与肺气虚衰之间的关系有深刻揭示："肺气虚则鼻塞不利，少气。"鼻病之本在肺，肺脾清阳之气不升，鼻窍失养，则易于感受外邪，外感风寒则鼻病，轻者清涕频流，重则鼻塞不通，久则涕变黄浊，头昏脑胀；或清涕停止后继之鼻窍长久阻塞不通。二者皆宜温通开窍，但用药有先后不同。早期受寒是主因，辛温解表散寒是基本治法，稍久鼻塞不通，因寒主收引闭塞，故在解表散寒基础上增加温通开窍，或辅以活血散结之药，同时必须宣发肺脾之气。但所言温通之温不仅是辛温发散，还包括温阳散寒，先生多用八味大发散，其中麻黄、羌活、藁本、川芎等属辛温发散的解表开窍药，细辛为温热药。虽然医家传统上认为火热也是导致鼻塞的重要因素，但据先生在临床上观察，早期鼻塞除受寒邪外袭之外，其病亦与鼻本为清窍，本身喜热畏冷有关，故一般而言，风热者鼻部症状较少或偏轻,而风寒者鼻部症状较重而常见。火热壅盛出现鼻塞则主要出现在病情发展的中后期,寒邪郁久而化热。

鼻塞是外感流涕之后缠绵难愈的主要问题,早期除用辛温解表散寒之外,常需配合温肺散寒之药,如八味大发散加桂枝等温热药;后期需要从肺气着手治本,运用益气升阳药物和通窍化瘀类药,如黄芪、川芎、路路通、葛根、桔梗、辛夷等,或配伍炙柴胡、炙升麻等升提上扬之药,以助清阳之气上升,以解肺气虚弱、气血瘀阻不畅之势。其中黄芪特别重要,不仅补气升提,而且走表,对此王明杰教授很有体会,在《顽症从风论治》一书中专门有过讨论。这与《素问·阴阳应象大论》的"清阳出上窍"理论有着密切的关系,2006年先生的研究生范玉兰发表的论文《〈银海精微〉与东垣学说的关系》中已注意到上窍与脾之清阳之间的关系,提出了《银海精微》中频繁用李东垣的助阳活血汤等16方,"根据《内经》'清阳出上窍'之旨,东垣在治疗眼病时极为重视阴阳的升降,指出'耳、目、口、鼻为清气所奉于天',认为清阳之气的上升是头面耳目诸窍维持正常功能的重要保证",确属很有见地的认识。由此可知清窍除鼻之外,眼与耳俱同为清窍,受清阳之气的养护,如《临证指南医案》中就有"耳为清空之窍"之说。

东垣先生对补气升阳有专门论述,仅其标有"升阳"二字治疗多种不同病症的方剂就有17首,广泛用于治疗阴火、发热、下血、胃气不足、腹胀、泄泻、脱肛、瘰疬、血崩、青白翳等多种因于脾胃内伤造成的病症。其本意是针对脾胃内伤,通过补中升阳的治法从根本上进行治疗。曾有学者对其用药配伍进行了统计(王炜、戴永生《李东垣升阳十七方用药配伍初探》),发现其中升麻、柴胡使用频率最高,其次是黄芪、当归,再次是风药羌活、独活,然后是人参、甘草、苍术。其理论机制是"唯以辛甘温之剂,补其中而升其阳",提示其升阳之气为元气,用升麻、柴胡升提之力,羌活、独活向上向外发散之势,补肺脾的黄芪、人参升清阳之气,其气以脾胃中气为主,向上必然兼涉肺之清阳之气,因肺主一身之气。《素问·五脏生成篇》谓"诸气者,皆属于肺",脾肺之气,既是轻清向上之气,又属阳气,带有温热的生发蓬勃朝气。眼科方剂中羌活、防风等发散药比比皆是,很多情况下并不是完全用于祛风,而是用作发散升阳,其奥妙之处值得体味。先生临床上除前述药物之外,每用葛根、桔梗等升清阳之药,气虚甚者用补中益气汤。

（八）中年重肝

人生的少年、中年、老年是生命过程中的三个不同阶段，各有不同生理病理特点。以脏腑而论，少儿时期与肺、脾的关系最为密切，中年时期与肝的关系最为密切，老年与肾的关系最为密切，这是对人体生命过程特点和生理病理规律的普遍认识总结。小儿脏腑娇嫩，形气未充，易感受外邪和饮食不节，前者影响肺卫，多见感冒、发热、咳嗽、鼻塞、咽痛等，后者关系到脾，多见消化不良、厌食、呕吐、腹泻等症状。人至老年，脏腑亏虚，病久及肾，动作缓慢，精力不济，腰膝酸软无力，夜尿频多，头晕眼花，故需补肾益精。先生认为，少年和老年与肺脾肾的密切关系易于认识，论述也多，而中年与肝的关系除女性之外论述较少，有必要进一步强调和讨论。

中年时期生理有两个显著特点：一是"大盛"，身体健全，气血充足，精力旺盛，正如《灵枢·天年》所说"四十岁，五脏六腑十二经脉，皆大盛以平定"，其脏腑之盛主要就是五脏尤其是肺脾肾三脏功能旺盛，肺脾气足，心肝血盛，肾精充盈。二是生命活动由旺盛而开始转向衰弱，脏腑功能由此期的极盛而逐渐下降出现"衰"减，五脏尤其是心与肝肾的功能逐渐衰蔽，精力开始不济，慢性病逐渐增加。即《素问·阴阳应象大论篇》所说"年四十，而阴气自半也，起居衰也"。五脏之中，肺居于上而通天气，肾居于下而潜藏，而肝脾居于其中，承上启下而为枢机，多气多血，与人体阴阳气血的流通变化关系密切，恰与人体中年时期的生理状态相似。

人到中年，上有老，下有小，生活和工作的负担格外沉重，家庭和事业的压力很大，诸事集于一身，整日紧张忙碌，不免心绪焦灼烦躁。再加上少有时间运动，体重不断增加，男性多抽烟喝酒，时有应酬，生活不规律，以致肝失疏泄、肝阳上亢、肝脾不和、脾失运化、痰饮蓄积、气血紊乱，或肝血失藏，以致心神失养、心血瘀滞、痰瘀互结，出现失眠、疲惫、胸闷、胃痛、体胖、头晕、"三高""四高"等肝与心脾诸多失调的病症。其病理与肝主疏泄和肝藏血的关系最为密切，治疗时既要调节平衡肝脏本身的强弱盛衰，也要注意肝与心脾的关系。肝虚则血不养心，肝旺则木克土，肝脾不和，需要充分重视由肝出发调整三脏之间的关系。治则为疏肝健脾、养心调肝、平肝潜阳、活血化瘀、化痰散结，以调肝为主，兼调心脾两脏。

金元时期，刘河间《素问病机气宜保命集》从妇科治疗的角度提出了少女重肾、中年妇女重肝、老年妇女重脾的认识。实际上，中年时期，不仅女性要重肝，男性同样要重肝。妇科重肝，是从肝为女子先天，肝主冲任，与女性生殖关系密切的角度提出来的，因为女性月经胎孕的生理特点，情绪波动变化较大，敏感而又多郁，容易发生肝郁气滞。女性的月经、生育等都决定其以血为本，以肝为用，故而容易发生与肝脏功能失调相关的月经不调、乳房肿块、情绪抑郁暴躁、失眠等疾病。中年男性重肝，是基于肝脏属阳，肝为刚脏，体阴而用阳，男性性格刚强，与肝的生理特点有关。同时中年男性在工作、家庭社会责任的阳性角色，与肝脏属阳的生理特点相吻合。故在临床上，不少男性疾病的阳痿、早泄、前列腺炎及前列腺增生、失眠等，都需要首先从肝辨治，方能收到理想的效果。

人到中年，需要充分注意从肝的脏腑功能特点出发进行调养和治疗，让肝气得以抒发，肝血得养，肝与心脾肾诸脏平衡协调，使其能够顺利地承受中年时期的诸种社会家庭责任和人生的考验，平安地过渡到老年阶段。

（九）不寐从肝论治

失眠是临床常见病症，属中医"不寐"。既往在年龄偏大者中多见，现在中青年患者比例有大量增加的趋势，与现代社会的工作生活环境发生了许多新的变化有关。年轻人进入社会后需自立自强，压力增大，兼之手机等电子产品使用频繁，晚睡成为常态，长此以往不免造成失眠。失眠与五脏六腑都有关系，中医多将其病因病机归于心，因心藏神，与人的神志活动有关，如《实用中医内科学》等就将其归类在心系病症内，认为不寐与心神不安有关，在调节脏腑阴阳气血的基础上宁心以安神，在辨证基础上选用安神药。

先生在临床上长期观察，失眠多与情绪紧张，或兴奋，或焦虑抑郁的不同状态有关。有的病人平日自觉情绪正常，但在临睡前，受到某种干扰刺激，思绪会不由自主地异常活跃、难以平静，多年的往事纷纷扰扰涌入脑中，难以控制，不能排解。这些问题不仅属于心藏神，更与肝胆所主管的情志关系密切。肝藏魂，主疏泄，喜调达而恶抑郁；肝藏血，胆主决断，秉性刚烈，胆藏魄，都密切关系到睡眠的脏腑机理。故失眠除养心之外需要考虑从肝着手，从肝论治，用养肝平肝、镇肝潜阳之法以调节人体脏腑阴阳动静，从而达到从阳入阴、安神定魂魄的目的。

《素问·五脏生成篇》早有"故人卧血归于肝"之说,提示睡眠与肝血的关系。《普济本事方》又说"故卧则魂归于肝,神静而得寐",《灵枢·本神》有"肝藏血,血舍魂"的认识,《素问·刺热篇》亦说"肝热病者……手足躁,不得安卧",进一步阐发了睡眠与魂魄动静以及肝血之间的密切生理关系和睡眠的机制。到清代,黄元御、傅山都对肝易动而难静的特点有过论述。医家李冠仙在《知医必辨》中说"人之五脏,惟肝易动而难静"。此语从脏腑与动静的关系上一针见血地点出了肝易动而难静的生理特点,确为不同凡响的高见,肝易动难静与肝主生发的特点有密切联系。如何使肝不妄动,情绪自然平和是静以入寐的关键,很显然,情绪焦躁会导致血不归肝,是出现失眠的重要原因,因此,使肝不妄动,充分发挥肝为心肾水火之间升降的枢机作用,以及肝内寓水火,为阴阳之枢,使阳能入于阴,是从肝治疗失眠的主要方法。

据临床观察,女性失眠的发病比例偏多,这与女性情绪易于急躁或抑郁有关。因女子以血为本,青中年女性肝气郁结者比较常见,遇事不顺或受到刺激后,气盛者或化热者表现为心情烦躁易怒,气弱者表现为抑郁难解、情绪消沉、寡言少语,均表明女性情绪与肝脏有着密不可分的关系,故青中年女性失眠的治疗应重在调肝。男性的工作和社会压力大,如事业或人生的发展受挫,同样会肝气郁结,甚则肝郁化火,或肝阳上亢,故调肝疏肝养肝成为治疗失眠的要务。同时,心藏神,心主血,肝木与心火,母子相生,若母病及子,则心神失养。此外,肝与心肾关系密切,养肝血兼养心血,养肝阴亦养肾阴。所以,养肝调肝还可同时兼顾心肾,更全面地调养脏腑功能,有助于睡眠的治疗。

从肝治疗失眠,可疏肝、养肝、清肝、平肝、镇肝。情绪抑郁者宜疏解,用逍遥散加减;多梦易醒,肝血不足者用《医学六要》补肝汤;心情烦躁、肝经有热者须清肝,用丹栀逍遥散;头脑亢奋,思绪难以平静者须镇肝平肝,用天麻钩藤饮加减。中医教材和著作的不寐辨证证型中多列有心脾两虚,但先生临床感觉现代因心脾两虚等虚弱不足引起失眠者已越来越少,主要见于年龄偏大或体质衰弱或贫血者。单就气血不足而言,这种情况多偏于血虚而少气虚,补气或可能更增加心神亢奋。养心养肝药如白芍、生地、百合、丹参,主要着力于养心血养肝阴,对于情绪的平静更为有效,特别是养肝敛阴的白芍,可以重用。历代安神用炒酸枣仁打破,重用至 40~50 g,先生觉得很有道理，正如清代医家陈士铎和现代医家仝小林强调用药量大力专，对于失眠这种病症，主药如果轻描淡写，药效肯定不会令人满意，病机判断准确以后，用药在不产生副作用的情况下，君药用量的使用一定要有魄力。

（十）对病情的发展要有预见

在临床工作中，不时遇到病人上午才看过感冒，下午或晚上就发来消息，说小孩又开始发热或咳嗽了，或者是下午才看过病，当天晚上或第二天上午又发来消息，说服药后出现了腹泻的症状，希望在处方中增加相应的药物。对于这些要求，医生应有定见，该加则加，不该变动则不轻易变动。对于外感发热等病情和症状变化较快的疾病，特别是对寒热虚实易于转换的小儿来说，随时都可能在外感早期的头身疼痛、喷嚏、清涕的基础上发生发热、咳嗽、咽喉疼痛等一些新的病情变化，尤其是一些容易过敏、体质较弱、偏于阴虚或内热素盛等体质的小儿，更容易发生这些问题。

鼻与咽喉关系密切，一些急性鼻炎患者，特别是小儿，很容易进一步发生咽喉炎或者扁桃体红肿化脓，或继发中耳炎，或逐渐发展为腺样体肥大，对于本来就有扁桃体炎或腺样体肥大的小儿来说，发生相关病症的概率更大。小孩发育尚未完善，容易造成鼻、咽、耳三者病症相互影响，严重的鼻炎、咽炎也会诱发中耳炎。另外，现在一些患者服药后容易发生胃部不适和腹泻等症状，每每多见于素来脾胃虚弱者，或者用药较为生猛，服药后导致引发胃痛、呕吐，特别是出现腹泻等不适。在发生以上相关病情变化的情况下，医生处方时就不能完全对症治标，用药需要从全身或整体病情考虑，具有一定的预见性，要适当先安将受邪之地。既要尽力控制病情的发展，也要事先对病情可能出现变化的用药作出一定的"排兵布阵"，预先使用少量的药物对有可能出现的病变进行"埋伏阻截"，有一定的前瞻性。如《清代名医医案大全·黄醴泉诊案》张姓湿温案再诊时提出"……入夜颇有谵语，红疹遍身，邪热渐入营分……最防内陷神昏之变"即有此意，故清热利湿之外，用枳实、竹茹、郁金、菖蒲化痰开窍，兼治谵语。

它与《金匮要略》中"见肝之病，知肝传脾，当先实脾"既有联系，也有一定区别，这一理论源于《难经·七十七难》："经言上工治未病，中工治已病者，何谓也？然：所谓治未病者，见肝之病，则知肝当传之于脾，故先实其脾气，无令得受肝之邪"，是指如肝病发展加重，病邪会侵犯脾脏，治疗时应当先实脾气，使脾气旺而不受邪，以阻断病邪的传变。这是医家对复杂病情的深谋远虑，要求医家对患者病变整体上有大局观，能够预见到病情的发展变化，考虑从脏腑之间的生克制化关系治疗用药。此既有《素问·四气调神大论篇》中"圣人不治已病治未病"，即未病先防的观点；也有《素问·玉机真脏论篇》所言"肝受气于心，传之于脾"已病防传的处理。反映医家在某些情况下事先料知病情的必然发展，在处方上先行落子安排，免得临时措手不及。当然，这种用药需要掌握一定分寸，不能喧宾夺主，临床多针对的是病情发展变化较快的外感类急性病症，其处理只是处方用药艺术中的一环，是急则治标用药中的一部分，不完全属于围绕治病求本和长期整体用药的复杂方法，后者会更为系统周密一些。

此外，比治疗用药更为重要的前提是疾病的诊断和辨证一定要准确，病情的判断需要确凿无误，如胰腺癌临床常常表现为胃病的假象，对病情不断加重者需要警惕。一些大便习惯出现变化，腹泻与便秘交替，一日多次腹泻，又出现坠胀者，医者需要提醒病人尽快作肠镜检查。这样处方用药的预见性才能真正发挥其作用和疗效。

（十一）古代医案的价值

医案是中医的一种特殊文献形式，在传承中医学术理论和临床经验上有着举足轻重的价值，在记录名医的独到学术经验，反映中医学术流派的特色上具有重要意义。正如章太炎先生所说："中医之成绩，医案最著。欲求前人之经验心得，医案最有心得可循，循此钻研，事半功倍。"海上名医夏应堂将读书与临证两者之间的关系和利弊得失进行比较之后说："不读书不足以明理，徒读书不足以成用，不读书不知规模，不临证不知变化。"最后还一针见血地提出"读书不如读案"。这句话虽然有些偏激，但也非常精辟地道出了医案的优势和特点。湖南名医赵守真在其医案自序中将其意义和作用阐发得更为透彻："医案乃临床经验之纪实，非借以逞才华尚浮夸也。盖病情变化，隐微曲折，错综复杂，全资医者慎思、明辨、审问之精详，曲体其情，洞悉病服何药而剧，更何药而轻，终以何方而获安全，叙之方案，揆合法度。俾读之者俨然身临其证，可以启灵机、资参症，融化以为己用，如是始谓医案之良。"因此，名医医案不仅是医家治病的原始记录，其中更有很多值得我们学习领悟的名医临证辨证选方用药思路等深层次的理论内容，有着独特的临床实战优势。譬如，名医辨证的独特切入点和理性思考，其厚重的中医理论修养与临床病症之间水乳交融的关系，其独具特色的个人处方用药艺术等。

要从医案获得启发和经验，首先就要充分了解名医医案的特点。古代医案不似现代医案格式这样规范标准，其体裁灵活，极具个性。或先出辨证结论，或先写主症，或先论病因病机，或先引经据典，由理论而及病症，或寓病症于论理之中。有时用倒叙法、插叙法，有的属于回顾性医案，一些内容难免有所省略，四诊资料多不尽完整和系统。内容短小精干、重点突出、文笔优雅、生动真实、夹叙夹议、说理透彻等是其主要特点。医案文字惜墨如金，以主症兼及舌象、脉象。所记录的病案多是经过他人久治不效的难症、重症，故内容重在讨论病情的要点、病变关键症结之所在、辨证的原理和根据。每喜将理论恰如其分地融入对病症的分析和辨证治疗之中，如《清代名医医案精华·薛生白医案》(哮喘)、《近代中医流派经验选集》王仲奇陈某失眠案等；或对病症要点疑点的剖析丝丝入扣，别开生面，如《冉雪峰医案·伍秀章案》；同时层层深入地阐明辨证的步骤和用药意旨，引人入胜，如《清代名医医案精华·陈连舫医案》(肝风)。

古人医案多有后人撰写的评注或按语，揭示其辨证用药思路的来龙去脉，在医家心得要旨讨论上画龙点睛；或进一步深入揭示阐发其经验，对于读者学习理解和充分掌握医案精髓，提高学术修养大有裨益。好的医案按语让医案的内容更加清晰明确，其理论内涵由此更上一层楼，读后每有醍醐灌顶、豁然开朗、令人拍案叫绝的感觉，实不可或缺。

如《临证指南医案》虽有文字简略、案例选辑不精的不足，但叶氏用药轻巧灵透的风格，在温病治疗上辨卫气营血的方法，治内科顽疾久痛入络的认识，擅长养胃阴，善用血肉有情之品，妇科重调整冲任等特色都有充分体现。何廉臣选编的《全国名医验案类编》，将征集的全国名医张锡纯、丁甘仁、周小农、曹炳章等80余位医案悉心选辑300案，按照以病类案的统一模式整理编辑。每一医案内容完整，首先以真实可靠和治疗效果的明确记载取胜。案后何廉臣亲加按语评述，多从理论及辨证上点评提示医案的独到妙处，或画龙点睛地评价和揭示其深层次内涵，或引经据典、或引前贤卓见及治验详加论证，或间抒己见，补充论述何氏本人的辨证治疗经验、分析误治原因等，成为中医治疗急性外感热病的重要参考著作。惜病例主要集中于外感，仅间涉杂病病例。黄煌认为该书为诸家医案中最具近代特色者。余听鸿的《诊余集》所载医案以其生平治疗的"关格""上下脱""阴脱""戴阳""厥""痹痿"等濒临死亡的疑难重危病症为主，虽病情变化莫测，余氏都能直中肯綮，重症敢用重剂，擅用经方，令人叫绝。

现代医家医案中《施今墨医案》向来受到推崇，其治病必求其本，重视脾肾的调理，论外感病主张内外兼治，根据邪气轻重，注意调整药物用量比例；治慢性病强调胸有成竹，不急于求成。其组方用药善用复方，组方严谨，巧用古方之法。在用药上特别善用对药，往往寒热并用，表里同治，升降兼顾。充分显示施今墨辨证详明，法度谨严，用药灵活，具有熔伤寒、温病于一炉，集各家之长而加以灵活运用的独特风格。

其他如《石山医案》擅用参芪补气，《孙文垣医案》辨证精到，《寓意草》的问答体裁，《印机草》重气机升降，《洄溪医案》独出机杼，《吴鞠通医案》的大病重剂，《王孟英医案》对病机的透彻分析阐发等名医医案都各具特色，足资效法。

名医医案通过在现代社会的大量出版发行，已成为人们学习和传承古代名医临床经验最为便利的重要途径。尽管书中四诊等资料或有不全，文字简略，但古代名医入木三分的病因病机剖析，绵密精辟的理论阐述，不同凡响的选方用药经验，无不体现医家长期积累的深厚理论修养和临床造诣，对读者有着极大的帮助。对于难以躬身侍诊名医，又想领略名医风采者更具有特别的吸引力。

但既往医案也存在以成功的经验为主，失败的经验记录偏少，个案的病症代表性较狭隘，以及篇幅短小等不足，需要辩证地认识和对待。在孙光荣等老师多年的倡导努力下，近年来名老中医经验总结的医案格式正不断规范完善，它在中医学术传承上的作用一定会得到更大的发挥。

（十二）学术思想总结重在理论创新

近年来，在名老中医经验总结中，常常列有学术思想的内容，先生在参加"十五"国家科技攻关计划课题"名老中医学术思想、经验传承研究"总课题组的"名老中医学术思想与临床思辨特点研究"报告的总结过程中，读到周仲瑛的"瘀热论"、干祖望的"耳鼻喉科脾胃论"等就感觉很有特点。在《川派中医药名家系列丛书》审稿时，看到有的医家学术思想总结颇觉精彩，如《川派中医药名家系列丛书·王明杰 黄淑芬》的"玄府论""风药论"等。但也有一些名医的学术思想总结不尽如人意，表现在学术思想凝练不到位，内容平淡，有的仅看标题就能明显地发现理论水平不足，与学术思想的要求有距离；或表现在其内容总是在通行的认识上徘徊，或者其观点早已在他人的著述中有过类似论述，特色不够，观点不鲜明；或过于笼统，没有新的发展和突破。其中最重要的问题是缺乏新意，如仅仅停留在"辨证论治，异病同治"之类的标题和主张上，而未进一步深入。再一个比较突出的问题是容易将其见解混同于临床经验，或混同于学术成就或临床特色，停留在具体描述辨证方法和治疗用药经验的层面上，学术思想的理论认识提炼升华不够，达不到学术思想要求的理论层次，需要进一步思考和提高。总而言之，学术思想的总结没有把研究思路提高到理论创新性认识上，没有表现出医家独特学术思想的理论见解和观点，还是停留在对临床经验认识的角度上。甚至一些很有影响力的医家，其学术思想的认识高度仍然不足，学术思想的论述显得空泛，学术内涵的拓展不够，缺乏创新性的学术见解。这很大程度上与总结者的学术视野过分集中于临床，编者自身的理论修养和学术水平有关，需要我们进行更深入地分析和思考。

在一些学术流派的总结中，其学派宗师、奠基人或代表人物，因为多种原因未能凝练出学术的独特观点和缺乏代表性著作，尽管他们在社会上影响很大，门庭若市，弟子众多，其流派也难以成立。因此，正确认识和掌握学术思想的理论高度和内容要求，不仅是关系到中医学术总结传承的大事，也是中医理论不断创新发展的根本，需要我们认真对待。临床医生不能只把自己的注意力完全集中和局限在临床经验的总结上，需要在中医理论特别是中医经典的学习中不断提高理论水平。对于临床医生特别是基层医生来说，需要在其长期积累的临床经验基础上从中医理论的角度进一步加强和提高。

学术指专门的系统知识及其研究工作，只有对事物的本质和规律的认识才能称为思想。由此看来，学术思想的要求很高，要具有一定理论水平的学术见解才能称为学术思想。它具有广泛的理论指导作用，是能够产生推动临床发展的学术成果,临床上的一般感性认识体会不能作为学术思想。它多见于学术成就、学术地位、文化和理论修养较高的医家。因此,是否每一位名老中医都需要总结学术思想需要中医管理层考虑,如果是一些长期从事临床工作的医生,是否实事求是只总结其临床经验就达到效果了,不一定要求每位名老中医都能达到具有学术思想的理论高度。中医是一门实践性很强的学科,临床经验能够基本反映名老中医的学术经验,只有最为出色的大师级医家才有可能达到学术思想的高度,对此我们应该有清醒的认识。

临床经验是总结提炼学术思想的基础,学术思想需要在临床经验基础上进一步进行理论总结和升华。如王明杰教授数十年来潜心玄府学说的理论和临床应用研究,先是总结形成"论病首重玄府,百病治风为先"的临床诊疗特点,进而提出"风药开玄论""风药增效论"等创新性的理论见解,最后完善为"玄府郁闭为百病之根""开通玄府为治病之纲"的学术思想,有着鲜明的理论特色和思想高度,有其与众不同的独到见解。它既有对刘完素玄府学说的继承,但更多的是在其学术理论上的发展创新。它将玄府概念、生理、病症、治法的理论体系,开通玄府的药物和方剂,各科临床运用等,从学术理论到临床应用,开展了全方位的创新性研究和临床各科应用的系统总结,并在温病、内科、外科、妇科、五官科等学科的临床应用上取得了突出疗效。有着这样丰厚的学术积累,学术思想的表达自然清晰明确,水到渠成。

古代有成就的医家学术思想多较突出,中医各家学说就是主要研究古代医家学术思想的一门学科,其中金元医家和温病学家的学术创新尤为突出,如刘完素"火热论"的"六气皆从火化",李杲"脾胃论"的"内伤脾胃,百病由生"等学术思想都需要我们下功夫认真学习领悟。现代的出版物中,古代医家学术思想研究总结较好者如《明清名医全书大成》,书中在对医家"医学学术思想研究"总结中每有切中肯綮的精彩内容。其中李中梓、薛立斋、尤在泾的学术思想研究较为清晰,孙一奎学术思想的形成很有说服力。论文方面,柴中元《从〈医医病书〉看吴瑭晚年的学术思想》(《上海中医药杂志》,1988)、王明杰《李东垣眼科学术思想探讨》(《中医杂志》,1982)都值得参考借鉴。当代名医学术思想研究论著中,邱德文等编撰的《中国名老中医药专家学术经验集》(贵州科技出版社,1994—1998 分卷出版)出版较早,共五卷,涉及 86 位老中医,列有编者按、引语、小传、学术精华、临证特色、名案评析、医案医话、经验方等几个部分，重点反映医家的学术观点、临床思路，以及对病证的独特见解和诊疗绝招。其中学术精华主要介绍的是名医的学术思想。夏翔、王庆其《上海市名老中医学术经验集》（人民卫生出版社，2006）从"成才之路""学术思想"和"临证思辨"等方面展开，其中"学术思想"内容较丰富，足资参考。

（十三）辨证论治的多重性与复杂性

自从任应秋先生 20 世纪 50 年代将辨证论治作为中医的特色明确提出来之后，辨证分型的模式就逐渐成为了中医教材和临床著作的格式和规范。在辨证治疗时先将每一病症划分成几个不同的证型，主要根据病因（六淫七情等）、病机（八纲、气血痰湿等）或六经、卫气营血等确定证型模式，成为了中医最重要的理论特色和治疗方法。辨证论治有其自身的优势和特点，首先是它抓住了病症在病因病机病位和病症特点上的主要矛盾，其次是充分体现了个体在同一病症的不同时期、不同体质、不同病情程度下有区别的治疗，故成为中医临床治疗方法的主流，具有一定的普适性。其中有按病程的阶段划分的，如早期以风寒湿热等外邪侵袭为主，中期以生热凝痰、气郁血瘀等为多，后期则出现脏腑虚损、气血津液不足等。

不同病症的辨证治疗本各有特点，但现有辨证分型的同样证型中症状往往存在类似的表现，如哮病和虚劳在气虚等证型上除主症外其他症状往往难以区别。不同疾病的气血不足或脾肾阳虚往往具有彼此类同的症状，有时难以分辨出显著的不同特点，使疾病的个性特征不突出，辨证的症状差异性过小，在治疗时选方用药的区别也就不大，存在较多重复，而没有针对不同疾病本身具有个性化的治疗方药。辨证分型既要考虑疾病病因病机本身的特点，又要考虑病情的先后变化，还要兼顾不同人群，但分型又不能过多、过于繁杂，难免会顾此失彼，就可能在体现病情的多重性和复杂性上存在着一些不足。临床的病变，有简单明了者，如风寒、风热、湿热、脾虚、肝肾阴虚等易于判断者。对这种情况，常规的辨证分型足以驾驭，但对于错综复杂的病症，辨证分型有时就显得有些困难，如表邪未解，气血已虚，湿热、痰饮与瘀血错综交织，病涉多脏等症候复杂难以判断者，疑难病辨证需要考虑的多重复杂因素往往难以全面概括。如防风通圣散针对的"风寒湿暑，饥饱劳役，内外诸邪所伤，气血怫郁，表里三焦俱实"这种表里上下虚实并存、寒热气血郁遏瘀滞同在的复杂病症，往往难以措手。如刘惠民治侬某梦游案，辨证为：心肾不足，肝虚火盛，脾胃失和，痰热内阻，其病涉四脏，虚实夹杂；赵锡武治邓某水肿案辨证为：心肾阳虚，水饮内停，痰湿阻遏，肺气壅塞，其病涉三脏，脏腑虚实并存，痰湿水饮兼挟。这种复杂病症就很难用教科书中的辨证分型来归纳。这时就需要考虑在通常的辨证分型基础上另外进行特殊的分析处理。有时可能需要将二个甚至三个证型结合起来综合考虑，有更加明确针对疾病个性特点的辨证分型和治疗方药。

在现代辨证分型基础上产生的治疗方案，自然毫无疑问是依从辨证的结果，如此一来选方用药的方向虽然明确但有时也会失于单调，治疗疑难病症时或力有不逮，或不够全面，或不够系统。需要医家在此基础上有更深入地认识和安排，有着手疾病全局的更全面考量，以及相应的训练和更好的对策。医家选方用药时，除了要考虑药物治疗功效的针对性和覆盖面之外，更要思考不同阶段用药的先后协调，从总体上有综合安排，克敌于机先，棋先多着，而不是过于机械地按辨证分型的结果进行孤立地对证治疗，需要充分注意邪正之间、脏腑之间、选方用药之间的彼此关联照应。这在前贤的医案中，有许多精彩的范例，在点出辨证结果后，紧接着就将病症的来龙去脉、病情与脏腑的盛衰以及病因病机之间的关系运用中医经典理论进行剖析，治疗也就因此环环相扣，十分周密。在准确判断的基础上，先抓住主要矛盾，然后进行分析讨论，帮助读者透彻地认识病症的复杂性，而不是只知其一不知其二，狭隘单纯地认识临床病症当时的表现。

辨证的结果如偏重于刻板的分型，处方用药时也容易出现药物使用较为单调和呆滞的局面，有的医生处方解表则一派解表发散药，清热则一派清热解毒药，再加上几味对症用药，见子打子，或者是杂乱无章地堆砌用药，造成现代一些中医处方中缺乏治法原则指导下的处方灵魂。中医注重整体调节，方随法出，复方中君臣佐使的配伍必须在治法的统率下才能得到充分发挥。现在临床上有的医生处方，与经方的精妙配伍，与古代名医匠心独运的名方相比差之千里。这里面既有水平高低和功力深厚不同的因素，也有源于辨证分型的某些局限性。另外，它与中药教材中药物的功效分类给学生形成某些固定的认识方法也有关系。医生根据辨证的分型结果选方用药，用药时所想的就是热则寒之，虚则补之的对症用药思路，而缺乏考虑与病症相应的复杂关系，自拟方的配伍暴露出来的问题就显得单调而枯燥。取法乎上得乎其中，处方的配伍需要不断地向经典中的经方和名方学习，不断提高医家的学术修养，同时也要注意克服辨证论治在分型上存在的简单化、概念化的某些不足。

辨病施治古已有之，最著名者如《金匮要略》。一些名老中医如施今墨、岳美中、姜春华、郭子光等也同时强调辨病施治，将其与辨证施治并行不悖。今有学者如史大卓、陈可冀提出"辨病是着眼于疾病病理变化基本规律的认识""辨证则是侧重于疾病某阶段病情状态的整体认识"。郭子光老师在《现代中医治疗学》中既按辨证分型治疗，又有针对特定疾病的固定方加减，或按病程的分期分阶段治疗，以及方证相对治疗，在较大程度上打破了教材中主要按辨证分型的固定模式，显示了中医临床治疗方法的多元化倾向。

（十四）服用中药后的常见不适

先生从医 50 年来，除在中医附院眼科的 10 年于病房较多外，其余临床时间主要是在社区的中医诊所中出诊。因为复诊的病人多，现代信息沟通方便，经常能够获知患者治疗后效果的反馈和评价。每当有病人告知用药后症状明显减轻或者病情痊愈等方面的信息时，成就感油然而生，体会到中医在临床上大有用武之地。但有时候也有个别患者反馈服用中药后出现不适的症状或效果不满意的情况，会让自己检讨总结。其中最为常见和最早出现的问题往往是服药后出现的腹泻反应，这种现象近年有逐渐增加的趋势，这与目前临床药物的饮片中生药比例越来越大，很多中药没有按照规定进行炮制有很大的关系。有的也可能跟药材出现的新品种有关，现在一些中药使用的品种与传统的用药有所变化，如马勃，传统是用黑色的灰马勃，现在临床上普遍变成了白马勃。

先生遇到患者服药后出现的不适中最常见的表现是腹泻，也就是大便次数的增加和大便稀溏，偶尔伴有轻度腹痛。这时如果让病人暂时停药，腹泻大多会消失，这就证明是服用中药后引起的问题。让病人发回处方后发现，绝大多数情况下处方用药平和，明显与处方配伍无关。但有时感觉或有可能与处方中使用的两类药有关，一种是处方中用有玄参、知母、生地等养阴清热药，特别是这些药物用量偏大的时候，如知母超过 15 g，或其他超过 20 g 时，有些患者就有可能发生腹泻。因为这些中药兼有润肠的功效，用量偏大就有可能造成腹泻。因此，先生现在用大黄、知母等有泻下和润肠作用的药物时就特别小心。其次是清热解毒药。临床经常遇见外感后咽喉红赤者，用板蓝根和玄参的时候较多，或者肺热胃热时用有黄芩、栀子等其他苦寒清热药，当这些药物用量偏大时，有的病人就有可能发生腹泻。先生刚开始临床那几年，初生牛犊不怕虎，遇到阴虚病人，生地多用至 20 g（或者 30 g），难免会发生腹泻，后来处方用量就逐渐减少。此外，腹泻的发生跟病人的脾胃功能也有着很大关系。同样的药物和用量，有的人会出现腹泻，而有的人完全没有，很明显脾胃虚弱者出现胃肠反应的概率更大，有的可能还伴有欲呕的症状。遇到服药后出现腹泻时，先生让病人减少服药量后多数症状能获得缓解和消失，有的开始时腹泻症状比较突出，但过几天适应后会有缓解。先生后来再用以上药物时，就越加小心，同时注意病人的脾胃情况，药物的用量留意中病即止。

服用中药后的常见不适其次是呕吐。这多见于小儿。小儿肠胃功能薄弱，服药时如果对中药的味道敏感，或药物用量偏大，或喂药时过猛，就很容易出现呕吐。先生常常让家长分次、缓慢地说服小儿服用，或在药中加几片生姜，或大点的小孩口中含姜片，也有缓解的效果。在小儿处方中加 1 g 甜叶菊也有矫味的作用。

四川"火神派"盛行，先生临床时曾遇见过服用附子干姜后出现口干舌燥、流鼻血、全身燥热的患者，有时先生自己的处方中温阳燥火药用量偏大时，或者病人本身就属于阴虚火旺者，副作用就更为显著。先生曾经遇见一例老年女性，身形瘦弱，舌红苔薄，显系阴虚，但老人一再述说怕冷，处方就用了桂枝汤加味，其中桂枝只用了 6 g，生姜 8 g，比平时桂枝汤中这二味药的用量明显偏轻，白芍重用至 15 g，方中还佐有生地，但事后老人告诉先生服药后感觉口干舌燥上火。

另外先生发现好几次使用山豆根后，患者反映出现腹痛、恶心、呕吐、腹泻等不适症状。先生一般只在咽喉特别红赤、咽喉疼痛的症状突出时才用此药，用量多为 10 g，但有的病人仍会出现反应，可能跟山豆根本身的毒副作用、药物的品种和质量、病人的体质等有关，因为也有很出现多人服用后并没有不适的情况。

　　动物药易于导致过敏。蝉蜕不大为人所熟知，因为蝉蜕本身就是治疗荨麻疹等风邪侵袭出现发痒症状的常用药。但先生有一位病人，每次开药时都提醒先生不能用蝉蜕，她对蝉蜕过敏，这或许与蝉蜕含高蛋白有关。蚕沙也属于动物药，有次先生治疗一个风寒感冒兼湿的病人，用有蚕沙，该病人刚吃第二次，皮肤上就出现风团，其他药都是主要用于感冒的常用植物药，只有蚕沙最可疑。乌梢蛇也是可能导致过敏的动物药，一次病人晚上就诊时见遍身红赤肿胀痒痛，原来是服用了祛风湿中药后引起的，处方中就用有乌梢蛇，先生怀疑与此有关。

　　临床中偶尔可看见其他中医的处方中一些有毒的药物用量特别大，如细辛有的用 50 g（先煎），苍耳用 30 g，令人咋舌；或者普通处方中用药每多达 30 种左右，甚至 40 种，以致写满整整一张处方纸。先生就在想，有没有必要？是病情需要或是出于其他目的？是学术流派特色或是粗制滥造？中药的一些副作用是不是这样造成的？重庆籍"全国名中医"王辉武教授多年临床之余，一直关注与中医禁忌有关的问题，从撰写《病家禁忌》起步，到出版《疾病禁忌》，再到《药物与饮食禁忌》，不断充实完备，进而写成《实用中医禁忌学》，先后历经 50 年，最后完成《中医禁忌学》，全面系统地论述了中医禁忌的理论和临床养生实践，特别是在"化忌为宜"上下足了功夫，提示启发读者更全面地利用发挥药物的性能和功效，值得参考。

二、常用经验方

（一）祛风宣肺方

荆芥 15 g　　　防风 15 g　　　白芷 15 g　　　薄荷 12 g
牛蒡子 10 g　　桔梗 12 g　　　杏仁 12 g　　　生甘草 8 g

　　适应症：主要适用于四季感冒早期，出现头痛、头昏、鼻塞、清涕、咽喉痒痛，兼有轻微咳嗽者，其他季节感冒也可在此方基础上加减运用。

功效：疏表宣肺利咽。

方义分析：

一些普通感冒，尤其是春秋二季感冒症状较轻，用麻黄汤等辛温解表剂觉解表发汗之力偏重；用桂枝汤觉解表宣肺之力不足，药偏温热；用银翘散嫌稍偏辛凉，解表力弱。故选药性温和的辛温解表药荆芥、防风、白芷，辛凉解表药薄荷，加利咽宣肺的牛蒡子、桔梗、杏仁配合，针对外感初期常见的头部及鼻腔咽喉等上呼吸道症状组方用药，以祛风宣肺为主，兼攻头痛、头昏、鼻塞、清涕、咽喉痒痛、咳嗽等外感早期诸症，亦可在此基础上根据不同季节的寒热和病情进退加减变化。

临症加减：

冬季风寒：鼻塞、清涕不止，加麻黄 12 g、藁本 12 g、细辛 7 g，与四味大发散合用；身痛而重者加羌活、苍术各 18 g；头痛偏重者，加川芎、蔓荆子各 15 g。

春夏风热：发热、汗出，加桑叶 12 g、银花 15 g、连翘 15 g；无汗、身重者，加香薷 12 g、藿香 15 g、厚朴 18 g。

感冒兼见咽喉痒痛、咳嗽者，加蝉蜕 8 g、玄参 12 g、板蓝根 18 g、前胡 15 g。

咳嗽有痰者，加生紫菀 15 g、法半夏、浙贝母、全瓜蒌各 12 g。

感冒发热者，加黄芩 15 g、板蓝根 18 g、石膏 30 g。

（二）宣肺利咽止咳方

荆芥 15 g	薄荷 12 g	牛蒡子 10 g	桔梗 12 g
蝉蜕 8 g	僵蚕 12 g	法半夏 12 g	浙贝母 12 g
杏仁 12 g	前胡 15 g	生紫菀 15 g	全瓜蒌 20 g
枳壳 12 g	生甘草 10 g		

适应症：主要针对感冒症状较轻，咽喉痒痛，咳嗽有痰者。

功效：解表宣肺，利咽化痰，行气止咳。

方义分析：

此方将咽喉作为呼吸道疾病治疗的枢机，承上启下。全方为银翘散与杏苏散二方合方加减变化，荆芥、薄荷、牛蒡子、桔梗、甘草出自银翘散，解表宣肺利咽喉。杏仁、前胡、半夏、枳壳出自《温病条辨》杏苏散，止咳化痰，同时融入了《咽喉秘集》六味汤中的荆芥、薄荷、桔梗、僵蚕，只是其前3味与银翘散中药物重复，仅化痰散结的僵蚕为新增。方中将咽喉治疗居于突出位置，一是因为感冒往往伴随咽喉问题，二是因为咽喉在治疗咳嗽中承上启下，处于枢机位置，故在此基础上另加蝉蜕利咽散结，生紫菀止咳，瓜蒌、浙贝母行气化痰，从相关侧面加强配合方中治疗咳嗽的力量。此方药物彼此配伍组合，可形成多组药对。如荆芥、薄荷为解表药对，特别适合于同时伴有咽喉不适者；牛蒡子、桔梗和蝉蜕、僵蚕均为利咽散结药对；桔梗、甘草为利咽化痰药对；半夏、浙贝母为化痰散结药对；半夏、僵蚕为化痰利咽散结药对；杏仁、前胡为止咳药对；杏仁与桔梗升降相配，为化痰止咳药对；枳壳、瓜蒌为行气化痰药对；杏仁与紫菀为止咳药对，全方共9个药对。药对之间彼此配合，协力共奏解表宣肺，利咽化痰，行气止咳的功效，特别适合早期咽喉不适，外感咳嗽等症。

临症加减：

冬季风寒感冒、清涕不止者，酌加麻黄 12 g、紫苏叶 15 g、白芷 15 g、细辛 8 g，去薄荷。

咳嗽兼喘促者，去荆芥、薄荷，加麻黄 12 g、紫苏子 15 g、葶苈子 20 g、厚朴 18 g。

风热感冒者，加桑叶 12 g、金银花 15 g。

咽喉疼痛、扁桃肿大，或发热者，加板蓝根 18 g、黄芩 15 g、金银花 20 g、玄参 12 g、马勃 10 g，去紫菀、枳壳。

干咳者，去半夏、浙贝母，加北沙参 15 g、麦冬 15 g、百合 30 g、五味子 10 g。

痰清而多，怕冷舌淡者，去浙贝母，加橘红 10 g、茯苓 15 g、干姜 8 g。

痰黄而稠者，去半夏，加胆南星 12 g、竹茹 10 g、冬瓜仁 12 g。

久咳不止或剧烈咳喘者，去薄荷、前胡，生紫菀改为蜜紫菀 15 g，加蜜款冬花 15 g、厚朴 18 g、地龙 20 g、乌梅 12 g、五味子 10 g。

(三)养血清热止痒方

荆芥 15 g	防风 15 g	白芷 15 g	刺蒺藜 15 g
黄柏 15 g	金银花 18 g	连翘 18 g	生地 12 g
当归 15 g	牡丹皮 12 g	赤白芍各 15 g	紫草 12 g
乌梅 12 g	生甘草 10 g		

适应症:荨麻疹,皮肤红赤,散在红疹、风团疙瘩、瘙痒。

功效:养血清热止痒。

方义分析:

本方在《重订严氏济生方》当归饮子基础上变化而来,去原方中黄芪、何首乌、川芎,加祛风止痒的白芷、乌梅,以及清热凉血的黄柏、金银花、连翘、牡丹皮、紫草而成,将原方从养血祛风变为以祛风清热为主的新方。因皮肤瘙痒多见皮肤红赤,晚上受热加剧,偏热者为多,不用清热药则难以凉血止痒。方中药物分为三组,荆芥、防风、白芷、刺蒺藜祛风止痒;黄柏、金银花、连翘清热;生地、当归、牡丹皮、赤芍、紫草、乌梅养血凉血,甘草调和诸药。

临症加减:

大片红赤,热象显著者,加水牛角粉 20 g(先煎半小时)、玄参 12 g、板蓝根 18 g、石膏 25 g。

痒重者,加僵蚕 12 g、蝉蜕 8 g、木槿皮 20 g、乌梢蛇 12 g。

病久不愈或皮肤出现划痕者,加制首乌 12 g、丹参 20 g、鸡血藤 30 g。

以下肢为主,反复发作,或皮疹色白糜烂渗出者,加白鲜皮 20 g、地肤子 15 g、薏苡仁 30 g、赤小豆 20 g。

遇冷发病,或多白色风团者,去清热凉血的黄柏、金银花、连翘、生地、牡丹皮、紫草,加麻黄 12 g、桂枝 10 g、细辛 8 g、黄芪 30 g。

(四)养肝安神汤

当归 15 g	生地 12 g	白芍 20 g	百合 30 g
莲子 15 g	丹参 20 g	刺蒺藜 15 g	磁石 30 g
酸枣仁 40 g	夜交藤 30 g	五味子 10 g	生甘草 8 g

适应症：常用于失眠多梦，思绪难以平静，入睡困难，或夜半易醒者。

功效：养肝宁心安神。

方义分析：

失眠不仅与心有关，也关系到肝。肝主疏泄，喜调达而恶抑郁，肝藏血，体阴而用阳，胆主决断，秉性刚烈。凡与情绪有关者，如激动、亢奋、肝阳亢盛者，或抑郁不疏者、肝失疏泻者，都需要从肝着手，通过养肝平肝或疏肝，配合养心安神使亢盛之阳入于阴。故以当归、生地、白芍、刺蒺藜养肝血为君，百合、莲子、丹参清心养心安神为臣，磁石、酸枣仁、夜交藤、五味子镇静安神为佐，生甘草调和诸药为使。原方中未用阿胶，主要考虑药价太贵，本来从药物疗效而言，应该纳入其中，因其正符合本方旨意。

临症加减：

情绪激动，难以平静，思绪万千者，酌加石决明30 g、生龙牡各30 g、夏枯草20 g、琥珀5 g（冲服）。

心烦意乱，口苦尿黄，舌红苔黄，脉数者，加黄连12 g、连翘18 g、莲子心3 g、茯苓15 g。

情绪抑郁，月经紊乱，长期失眠者，加柴胡12 g、炒香附12 g、玫瑰花10 g、合欢皮20 g。

入睡尚可，但晚上多梦易醒，醒后难以再睡者，加阿胶12 g、麦冬15 g。

心肾不交者，加肉桂2 g、黄连12 g、阿胶12 g、巴戟天15 g。

（五）李东垣羌活胜湿汤加减方

羌活18 g	独活18 g	防风18 g	藁本12 g
川芎12 g	苍白术各18 g	厚朴18 g	木瓜15 g
蚕沙12 g	薏苡仁30 g	甘草8 g	

适应症：风寒挟湿，感冒身重，关节疼痛，肤痒皮疹。

功效：驱风散寒除湿。

方义分析：

羌活胜湿汤是临床常用于治疗外湿的名方，出自李东垣《内外伤辨惑论》。但原方既以除湿为主，又偏重于上肢，与湿邪多居于下肢有一定出入，故去蔓荆子，且祛湿之力主要靠羌活、独活支撑，感药力不免偏弱，故加苍白术、厚朴；湿邪多下注，再加木瓜、蚕沙以助其力。使其不仅适用于冬季，在其他三季，以及腿部湿邪致病诸症也可以运用。

临症加减：

冬季寒重，可加麻黄 12 g、桂枝 10 g、白芷 18 g、细辛 7 g。

夏季湿重，可加藿香 15 g、半夏 12 g、滑石 20 g、佩兰 12 g。

头重身重者，加藿香 15 g、白芷 15 g。

下肢肤痒、皮疹者，加白芷 15 g、白鲜皮 20 g、地肤子 12 g。

呕吐，不思饮食者，加生姜 10 g、半夏 12 g、神曲 15 g。

（六）《和剂局方》逍遥散加减方

柴胡 12 g	当归 15 g	白芍 12 g	茯苓 15 g
白术 20 g	生姜 10 g	薄荷 10 g	刺蒺藜 15 g
炒香附 12 g	玫瑰花 10 g		

适应症：常用于中医各科肝郁气滞，尤其是妇科肝郁血虚，肝强脾弱，女性肝气郁结，气血不和者。

功效：疏肝解郁，理气和血。

方义分析：

方中前 7 味为《局方》原方药物，为肝郁血虚，脾失健运而设，有疏肝解郁，健脾和胃的功效，肝脾并调，气血兼治。原方加丹皮、栀子为加味逍遥散（丹栀逍遥散），主治肝经郁热偏重者，加地黄为黑逍遥散，主治肝郁血虚者。临床上很多医家对逍遥散的运用都很有心得，如彭坚提出《傅青主女科》的多首方剂均从此方化出，并详细列举了在经期前出现不同症状情况下运用的 10 种加减法。先生在临床运用该方时感觉到，原方本以疏肝为主，而疏肝药偏少且力弱，需加强针对主证的疏肝解郁之力，故在原方基础上加刺蒺藜、炒香附、玫瑰花 3 味疏肝行气调经药而增强其作用。

临症加减：

血虚者，加枸杞 15 g、阿胶 12 g、鸡血藤 30 g。

兼有血瘀者，加合欢皮 20 g、丹参 20 g、红花 10 g。

脾虚者，加炒谷麦芽各 20 g、陈皮 12 g、党参 25 g。

肝经热盛者，加牡丹皮 12 g、黄芩 15 g、车前子 12 g。

(七)《傅青主女科》两地汤加减方

地骨皮 15 g　　生地黄 20 g　　玄参 12 g　　牡丹皮 12 g
枸杞 15 g　　　当归 15 g　　　女贞子 15 g　　旱莲草 30 g
阿胶 12 g

适应症：女性消瘦，月经先期或后期、量少，盗汗，手足心热，舌红脉细。

功效：滋养肝肾，清虚热。

方义分析：

《傅青主女科》两地汤原方为地骨皮、生地黄、玄参、白芍、麦冬、阿胶，傅氏谓"此方之用地骨、生地，能清骨中之热，骨中之热，由于肾经之热"，解释其机理说"先期而来少者，火热而水不足也""治之之法不必泄火，只专补水，水既足而火自消矣，亦既济之道也。方用两地汤"。傅氏强调此方立意不专在清热，清虚热与滋肾水并行，但原方中麦冬偏于养阴生津，滋肾水之力稍弱，同时也并不入肾。虽然其方立意不专在清热，但不清热则无以去病之本，肾水不足始终难以矫正，故去原方中麦冬，改为牡丹皮、枸杞、女贞子、墨旱莲，用牡丹皮加强清虚热力量，后三者加强养肾阴之力。彭坚在谈运用此方体会时说到"或减去此方中的玄参、阿胶，加女贞子、旱莲草、枸杞、山萸肉"，先生与其认识大同而小异，不同之处为主张去麦冬而不宜再去阿胶，因原方本为血少而立，阿胶养血滋阴自可不去，而且是全方中最重要的养血药，再去似有不当。同时再加养血活血的当归，使全方不致过于阴柔滋腻，而更活泼灵动。

以地骨皮、生地黄、玄参、牡丹皮清骨中虚热为君，以女贞子、旱莲草养肝肾为臣，以枸杞、当归、阿胶养血为佐使。此方虽为妇女月经量少而设，临床中亦可广泛运用于体型消瘦、肝肾阴虚火旺者。与常用于肝肾阴虚的一贯煎所不同的是，一贯煎以滋养肝肾为主，兼疏肝理气，本方在清肝肾虚热的基础上兼顾养血，清热之力平缓温和，未用苦寒的知柏，更适用于女性月经量少提前者。月经量少和提前在临床常见，除多因于虚寒和血虚之外，体型消瘦者与肝肾阴虚关系密切，适用本方。

临症加减：

火热重者，加黄柏 15 g、炒栀子 10 g、青蒿 12 g。
阴虚重者，加白薇 15 g、麦冬 15 g、天冬 15 g。
血虚甚者，加熟地 15 g、炒白芍 12 g、鸡血藤 30 g。
兼血瘀者，加丹参 20 g、赤芍 15 g、红花 10 g。

(八)《千金要方》独活寄生汤加减方

独活 18 g	桑寄生 20 g	防风 15 g	桂枝 10 g
细辛 7 g	苍术 20 g	木瓜 15 g	怀牛膝 20 g
杜仲 18 g	川芎 12 g	当归 15 g	茯苓 15 g
黄芪 30 g	炙甘草 8 g		

适应症：适合于年老体弱，病久正虚，腰腿疼痛的患者。
功效：具有补肝肾，益气血，祛风湿，止痹痛的作用。
方义分析：
独活寄生汤是临床常用的名方，此方去原方中性平的秦艽和阴柔的干地黄、白芍，用黄芪替人参，加苍术、木瓜而成。这是因为原方主要针对的是老年人的腰腿疼痛，但除湿药主用君药独活，独木难支，故加苍术、木瓜去寒湿，除湿治痹。原方以补气血为基础，但寒湿是引起腰腿疼痛的主要因素，不能不加强其作用。

临症加减：

寒重于湿者，加制附片 15 g、麻黄 12 g、鹿角霜 12 g、薏苡仁 30 g。
久病入络者，加蜈蚣 1 条、全蝎 6 g、僵蚕 12 g。
气血虚弱者，加党参 25 g、白术 20 g、鸡血藤 30 g。
腰膝疼痛因于瘀滞者，加桃仁 12 g、红花 10 g、泽兰 15 g。
湿热重者，去桂枝、川芎，加黄柏 15 g、忍冬藤 30 g、海桐皮 20 g。

(九)《成方便读》四妙散加味方

黄柏 15 g	苍白术各 20 g	薏苡仁 30 g	牛膝 20 g
虎杖 20 g			

适应症：因下焦湿热引起的多种临床疾病，如下肢红肿疼痛，腿膝筋骨萎软，腿部湿疹疮疡，妇女带下等。

功效：清热除湿。

方义分析：

《成方便读》四妙散由《医学正传》的三妙丸而来，三妙丸由《丹溪心法》的二妙散而来，是临床常用于下焦湿热的基础方，可通过加味进一步增强其清热、健脾除湿的力量，故加白术以健脾除湿，加虎杖以增强清热化瘀滞之力，使之更适合临床运用。

临症加减：

下肢湿疹红赤糜烂，反复发作难愈者，加白鲜皮 20 g、地肤子 15 g、白芷 15 g、地榆 18 g、赤小豆 20 g。

下肢红赤疮疡，热重于湿者，加忍冬藤 30 g、牡丹皮 12 g、赤芍 15 g。

痛风出现足指足背红肿瘀滞者，加赤芍 15 g、山慈姑 15 g、车前子 12 g；痛甚者再加土鳖虫 12 g、延胡索 15 g；肿甚者加白芥子 15 g、厚朴 18 g。

白带多而痒者，酌加莲子 15 g、芡实 15 g、椿皮 20 g、白芷 18 g、茯苓 18 g、车前子 12 g。

下肢麻木痿软者，加豨莶草 30 g、鹿衔草 20 g、怀牛膝 20 g、巴戟天 15 g。

三、医　案

（一）内科疾病医案

1. 感　冒

杨某，女，74 岁，2019 年 11 月 12 日初诊。

主诉：身重恶寒 2 日。

感冒受寒已 2 天，全身沉重不适，怕冷，特别是脚冷，没有食欲，多汗，脉沉弱，舌质淡苔白厚。

诊断：感冒。

辨证：寒湿外袭。

治法：解表散寒，健脾化湿。

处方：藿香正气散合二陈平胃散加减。

麻黄 10 g	紫苏叶 15 g	藿香 15 g	生姜 10 g
大枣 15 g	苍白术各 20 g	厚朴 18 g	法半夏 12 g
陈皮 12 g	茯苓 15 g	豆蔻 10 g	蚕沙 12 g
生白芍 15 g	巴戟天 15 g	神曲 12 g	生甘草 8 g

5 剂，水煎服，一日三次。

2019 年 11 月 19 日二诊：感冒身重等症状减轻，出汗减少，大便一日三次，仍怕冷，口干口苦，口气重，脉沉，舌淡苔白。

辨证：阳虚夹湿。

处方：桂枝汤合藿朴夏苓汤加减。

桂枝 8 g	生白芍 15 g	生姜 10 g	大枣 15 g
细辛 8 g	藿香 15 g	苍白术各 20 g	茯苓 18 g
厚朴 18 g	法半夏 12 g	陈皮 12 g	滑石 20 g
白蔻 10 g	莲子 15 g	神曲 12 g	生甘草 8 g

4 剂，水煎服，一日三次。

2019 年 11 月 25 日三诊：感冒症状已无，多汗减少，但时冷时热，口气重，脉滑，舌红苔白兼黄。

辨证：少阳证。

治法：解表清里，和解少阳。

处方：小柴胡汤合蒿芩清胆汤加减。

柴胡 12 g	黄芩 18 g	法半夏 12 g	陈皮 12 g
茯苓 15 g	青蒿 15 g	白术 20 g	滑石 20 g
薏苡仁 30 g	白蔻 10 g	蒲公英 30 g	蜜枇杷叶 10 g
白芍 20 g	山茱萸 15 g	生甘草 8 g	

4 剂，水煎服，一日三次。

按语：患者高龄，时届冬季，身重怕冷，寒湿感冒应该确定无疑，辨证的关键是判断寒重为主或湿邪更重，以及相应处方用药。先生从身重而食欲差，特别是苔白厚考虑，不先用桂枝汤，而从温化寒湿，兼解外寒着手，取得疗效，说明冬季怕冷，虽有阳虚及外寒的问题，湿邪作祟的因素亦应重视。

当湿邪得解以后，体寒身重等外感症状随之而解，再将重点放到调和营卫、温阳化湿之上。三诊时病情由寒转热，并非无缘无故，实际上在二诊的口干口苦中已埋下伏笔，兼及病情发展和用药偏温。因此，处方用药需要学习前贤既要抓住要害，又要着眼全局，更加圆融周到细致地进行处理。

2. 咳　嗽

（1）外感咳嗽

① 疫毒咳痰湿型

病案1：余某，女，46岁，2022年12月14日网诊。

主诉：咽部异物感数日。

患者服前药后肩颈疼痛好转，但述近日女儿新型冠状病毒感染后传染给她，现自觉咽部不适，老觉有东西黏着，痰白而稠，咳声轻微，舌红赤苔薄黄，有齿印。（网诊，无脉象）

诊断：寒毒疫。

辨证：痰凝湿滞，外寒内热。

治法：祛风宣肺利咽，燥湿化痰止咳。

处方：宣肺利咽止咳方加减。

麻黄 12 g	荆芥 18 g	薄荷 12 g	苍术 20 g
葛根 40 g	姜黄 15 g	牛蒡子 10 g	桔梗 12 g
僵蚕 12 g	蝉蜕 8 g	浙贝母 12 g	赤白芍各 15 g
金银花 25 g	板蓝根 18 g	法半夏 15 g	生甘草 10 g

3剂，水煎服，一日三次。

2022年12月20日二诊：咽部不适减轻，但近日咳嗽加重，咽痒，有白泡痰，昨晚咳嗽厉害，口干，声哑，舌红赤，有齿印，苔薄黄。（网诊，无脉象）此外寒渐解，肺气不降，内热未清，用宣肺利咽止咳方加清肺热药。

荆芥 18 g	薄荷 12 g	牛蒡子 10 g	桔梗 12 g
蝉蜕 8 g	法半夏 15 g	浙贝母 12 g	赤芍 15 g
板蓝根 18 g	金银花 20 g	石膏 25 g	黄芩 18 g
地骨皮 15 g	杏仁 12 g	前胡 18 g	枇杷叶 10 g
生甘草 10 g			

5剂，水煎服，一日三次。

2022年12月31日三诊：咳嗽减轻，多汗，出汗后背冷，头冷，吃东西没胃口，时有白痰，口干，舌淡有齿印，苔薄黄。（网诊，无脉象）此疫病后阳气受损，用桂枝汤。

桂枝 10 g	白芍 12 g	生姜 10 g	大枣 15 g
黄芪 40 g	白术 20 g	淮山药 20 g	神曲 15 g
茯苓 18 g	陈皮 12 g	山茱萸 18 g	五味子 10 g
百合 30 g	麦冬 15 g		

3剂，水煎服，一日三次。

2023年1月2日四诊：多汗的情况得到控制，仍有白色黏痰，时有咳嗽，手脚已不凉，舌淡红有齿印。治当健脾化痰，用六安煎加减。

| 苍白术各 20 g | 法半夏 15 g | 陈皮 12 g | 茯苓 18 g |
| 杏仁 15 g | 白芥子 12 g | 全瓜蒌 20 g | 生甘草 6 g |

5剂，水煎服，一日三次。

按语：虽同为新冠病毒所致，但却因病人体质、年龄等不同情况，而可出现风寒湿热等不同的证型。先生认为应依据患者出现的症状辨证论治。本例患者首诊病以咽喉症状为主，外寒内热，用宣肺利咽止咳方解表散寒，升清降浊；二诊虽有白痰，但口干，舌红赤，苔薄黄，以热咳为主，故清热解毒、宣肺利咽止咳；三诊表现为病后体虚多汗，用桂枝汤加味；四诊针对白痰用景岳六安煎加减，六安煎在二陈汤基础上用白芥子，化痰力明显增强，更适合于顽痰不解者。前后病程18天，症状不断变化，体质损害逐渐加重，这正是新冠病毒变化多端的发病特点，除前期的用药偏重发散疫邪，兼利咽化痰、清热解毒之外，健脾补气除湿始终贯穿于治疗的全过程。

② 疫毒咳痰湿毒型

病案1：夏某，53岁，2022年12月18日初诊。

主诉：咳嗽一周。

感染新冠病毒后已1周，现在遗留的主要问题是咳嗽不止，有痰黏在咽部，服西药和中成药数日未能控制，形丰，舌淡白苔黄厚腻。（网诊，无脉象）

诊断：湿毒疫。

辨证：痰湿毒滞。

治法：燥湿化痰止咳，润肺解毒宽胸。

处方：二陈平胃散加味。

苍白术各 22 g	厚朴 18 g	法半夏 15 g	陈皮 12 g
茯苓 18 g	全瓜蒌 20 g	牛蒡子 10 g	桔梗 12 g
杏仁 15 g	蜜紫菀 18 g	蜜款冬花 18 g	前胡 18 g
黄芩 18 g	生甘草 10 g		

2 剂，水煎服，一日三次。

2 天后微信告知效果很好，仍咳嗽有痰，建议再续服 2 剂。数日后病愈。

按语：这是先生的一位老病友，其女儿因咳嗽久治不愈，先生仅用三剂药咳嗽即获佳效，惜当时未留下处方，仅记得女孩当时形体偏瘦，咽喉有些红，病程较久，用润肺养阴止咳收效。

此次因痰湿毒邪犯肺而咳嗽，咳嗽是当时罹患新冠病变后期的主要症状，往往要经过较长时间才能恢复。用二陈平胃散加味化痰止咳得效，此方是先生临床常用方，其中苍白术重用作为君药，俾脾健而湿除。先生治疗咳嗽时常配伍全瓜蒌，既增强化痰力量，兼以理气。此等心法与冉雪峰先生所言咳嗽治疗应注意"畅中气"的经验甚为相合。

病案 2：徐某，女，46 岁，2022 年 12 月 28 日初诊。

主诉：咳嗽，咯痰伴大腿困重。

患新冠病毒性肺炎后 11 天，白天咳嗽，咽部以下不适，有白痰，动则疲乏，大腿感觉沉重，舌淡红苔薄微黄。（网诊，无脉象）

诊断：咳嗽。

辨证：痰湿毒邪互结。

治法：燥湿化痰止咳，宣肺解毒宽胸。

处方：宣肺利咽止咳方合二陈平胃散加味。

荆芥 15 g	牛蒡子 10 g	桔梗 12 g	法半夏 15 g
陈皮 12 g	茯苓 18 g	百合 30 g	杏仁 12 g
蜜紫菀 18 g	蜜款冬花 18 g	全瓜蒌 18 g	苍白术各 20 g
厚朴 18 g	枳壳 12 g	生甘草 10 g	

3 剂，水煎服，一日三次。

2023 年 1 月 2 日二诊：述服药后时不时还要咳一声，咽喉至膻中部不适，咽干，有少许白泡痰，心前区感觉累，大腿沉重未解，舌红苔中后部黄腻。（网诊，无脉象）前方去解表利咽药，加重化湿除湿，三仁汤合二陈平胃散加减。

杏仁 12 g	白豆蔻 10 g	薏苡仁 30 g	法半夏 15 g
厚朴 18 g	藿香 15 g	苍白术各 20 g	陈皮 12 g
茯苓 18 g	百合 30 g	蜜紫菀 18 g	蜜款冬花 18 g
黄芩 18 g	木瓜 15 g	蚕沙 12 g	生甘草 6 g

5 剂，水煎服，一日三次。

数日后得知咳嗽已得以控制，胸部和腿沉重感基本消除。

按语：本例系患新冠病毒性肺炎后遗留症状，虽以咳嗽为主，但同时全身感受湿邪未能解除，首诊处方中已用有二陈平胃散除湿，同时兼顾利咽喉、润肺、行气、化痰止咳。二诊时将主要用药集中于全身上中下三部除湿，用三仁汤之意，痰湿得除，咳嗽、腿部困重诸症均得以解除。要注意的是患者虽然舌苔黄腻，但全身症状明显以湿为主，湿重于热，此时不一定要急于清热，而应以除湿为主，如过于清热，则湿不易除。故温病治疗湿热方中，多除湿重于清热，因为清热为易，除湿则难。

病案 3：田某，女，37 岁。2023 年 1 月 4 日初诊。

主诉：咳嗽伴嗅觉、味觉明显减弱。

患新冠病毒性肺炎后 10 天，咳嗽，鼻塞，嗅觉、味觉没有恢复，平素手脚和小腹凉，从小脾胃虚弱。舌略胖大，苔中后黄腻。（网诊，无脉象）

诊断：湿毒疫。

辨证：湿毒郁滞。

治法：疏风燥湿，健脾利湿。

处方：藿香正气散和二陈平胃散加减。

藿香 15 g	苍白术各 20 g	厚朴 18 g	白芷 18 g
藁本 12 g	紫苏叶 15 g	法半夏 15 g	陈皮 12 g
茯苓 18 g	白豆蔻 10 g	滑石 25 g	薏苡仁 30 g
巴戟天 15 g	甘草 8 g		

3 剂，水煎服，一日三次。

2023 年 1 月 9 日二诊：服药后咳嗽减轻，鼻部症状好转，已无黄痰，但仍觉有痰黏在咽喉上。味觉仍不敏感，手脚凉，舌下静脉粗大迂曲，便秘，眠差，记忆力差，面部红疹，舌淡红，苔黄腻。仍以宣肺利咽化湿为主。（网诊，无脉象）

藿香 15 g	白芷 18 g	藁本 12 g	桔梗 12 g
生甘草 10 g	牛蒡子 10 g	苍白术各 20 g	法半夏 10 g
佩兰 12 g	薏苡仁 30 g	黄芩 15 g	当归 15 g
酸枣仁 20 g	合欢皮 20 g	丹参 20 g	代赭石 30 g

5 剂，水煎服，一日三次。

其后得知咳嗽和诸症基本病愈。

按语：新型冠状病毒感染所致病证与湿邪关系很大，本例表现较为典型，脾胃症状特别突出，首诊虽舌苔黄腻，处方仍以燥湿化痰为主旨，二首名方合用，不惧温燥，其根本的原因主要在于患者体质偏于脾阳虚。平素临床上，一些舌苔黄腻者，特别多是一些嗜酒者，表现为湿热标症，此时如果舌苔滑腻，则湿重于热，清热药不宜过用，否则不但湿邪不易得化，有时反而伤及脾胃。先生治疗的心得体会是，化解湿邪用药宁肯稍偏温燥而不宜偏寒凉，湿去热易清，湿滞热难解，湿得温易解，遇寒则难化。初诊方中原用有滑石，已见对湿热的兼顾。

③ 疫毒咳气滞型

病案 1：朱某，女，61 岁。2023 年 1 月 3 日初诊。

主诉：患新冠病毒性肺炎后咳嗽数月未愈。

患新冠病毒性肺炎后咳嗽一直未好，有白痰，咳时胸痛，说话时也咳，严重时咳得呕吐，坐比躺下时好些，舌红苔中黄滑腻。（网诊，无脉象）

诊断：咳嗽。

辨证：气滞痰凝毒扰。

治法：宣肺清热理气，健脾燥湿祛痰。

处方：六安煎加味。

杏仁 12 g	白芥子 12 g	法半夏 15 g	陈皮 12 g
茯苓 18 g	生白术 20 g	全瓜蒌 18 g	枳壳 12 g
竹茹 10 g	浙贝母 12 g	蜜紫菀 18 g	蜜款冬花 18 g
桔梗 12 g	生甘草 10 g		

2剂，水煎服，一日三次。

2023年1月5日二诊：服药后咳嗽减轻，现在早晚咳得多，不思饮食，食量只有平时一半。平时口里发苦，吃东西只能感觉咸味和淡味，吃不出别的味道，患新冠病毒性肺炎后体重减轻16斤。舌红苔白微黄滑腻。上方加苍术20 g、白蔻10 g。其后咳嗽和胃口逐渐好转。

按语：本例治疗的要害在于如何排痰，用六安煎，其中白芥子理气豁痰的功效尤强，冉雪峰先生认为其性味辛温，具有冲击走窜之性，人身上下无处不到。再加全瓜蒌、枳壳、竹茹、浙贝母，既行气又化痰，二诊进一步加强健脾化湿之力，从调理脾胃功能而获效。

（2）内伤咳嗽

① 阳虚咳

张某，男，47岁，2019年9月12日初诊。

主诉：反复咳嗽、喘促4月。

反复咳嗽、喘促已4月，屡经治疗而未愈。遇冷即咳，背凉，颈后多汗，晚上为重，痰少而清，脉弦滑，舌质淡苔白。

诊断：喘证。

辨证：阳虚咳喘。

治法：温肺散寒，化痰定喘。

处方：桂枝加厚朴杏子汤。

麻黄12 g	桂枝12 g	白芍15 g	生姜10 g
大枣15 g	法半夏12 g	杏仁12 g	厚朴18 g
蜜紫菀18 g	蜜款冬花18 g	射干12 g	全瓜蒌12 g
枳壳12 g	生甘草8 g		

5剂，水煎服，一日三次。

2019年9月24日二诊：服药后咳嗽喘促得以很快控制，患有过敏性鼻炎2年，经常喷嚏连天，同时清涕不止，脉沉弦，舌质淡苔白。

辨证：肺虚不固。

治法：调和营卫，实卫固表。

处方：桂枝加黄芪汤。

生黄芪40 g	白术20 g	桂枝8 g	白芍15 g

生姜 10 g	大枣 15 g	乌梅 15 g	茜草 10 g
川芎 10 g	藁本 12 g	五味子 10 g	荆芥 15 g
葛根 40 g	生甘草 8 g		

5 剂，水煎服，一日三次。

按语：反复咳喘、背冷等显示阳虚寒盛咳喘不容置疑。《伤寒论》18 条云"若喘家作，桂枝汤加厚朴、杏子佳"，再加麻黄温经散寒平喘。二诊时病情缓解，遂治其病情轻症之过敏性鼻炎，仍本阳虚气虚基础，加用乌梅、茜草增强抗过敏力量，川芎、藁本通窍，葛根升发清阳。全方补泻同施，宣敛并举，符合肺为清虚之娇脏，易为邪扰，实卫固表，复其宣降功能乃为其痊愈之根本。

② 阴虚咳

周某，女，62 岁，2020 年 3 月 25 日初诊。

主诉：干咳时作 2 年。

患者干咳断断续续 2 年，咽痒即咳，晚上为重，失眠，舌红赤苔黄腻。

辨证：阴虚挟湿咳嗽。

治法：养阴润肺，健脾化痰。

处方：宣肺利咽止咳经验方加减。

荆芥 15 g	薄荷 12 g	牛蒡子 10 g	桔梗 12 g
僵蚕 12 g	法半夏 12 g	陈皮 12 g	茯苓 15 g
白蔻 10 g	百合 30 g	金银花 18 g	蜜紫菀 18 g
蜜款冬花 18 g	五味子 10 g	生甘草 10 g	

5 剂，水煎服，一日三次。

2020 年 4 月 4 日二诊：咳嗽、睡眠好转，痰少，仍咽部不适，时冷时热，脉弦细数，舌淡红齿印明显，苔白微黄。病转少阳证，用小柴胡汤加减。

柴胡 12 g	黄芩 18 g	法半夏 12 g	牛蒡子 10 g
桔梗 12 g	僵蚕 12 g	蝉蜕 8 g	赤芍 15 g
蜜紫菀 18 g	蜜款冬花 18 g	浙贝母 12 g	五味子 10 g
地骨皮 15 g	百合 30 g	生甘草 10 g	酸枣仁 40 g
夜交藤 30 g			

5 剂，水煎服，一日三次。

2020年4月22日三诊：患者感时冷时热，睡眠好转，眼痒，咽部仍感不适，脉弦数，舌淡红齿印明显，苔白滑。咽部痰结，桔梗汤合小柴胡汤加减。

桔梗 12 g	生甘草 10 g	柴胡 12 g	黄芩 18 g
青蒿 15 g	法半夏 12 g	牛蒡子 10 g	僵蚕 12 g
浙贝母 12 g	马勃 8 g	茯苓 15 g	金银花 20 g
板蓝根 18 g	赤芍 15 g		

5剂，水煎服，一日三次。

按语：《丹溪治法心要》云："干咳嗽者难治，此系火郁之症，乃痰郁火邪在肺中，用苦梗以开之，下用补阴降火药，不已则成劳"，临床上，咽痒常常是久咳不愈的重要原因，故治疗时开宣和利咽散切不可少，方中之所以用荆芥、薄荷，首先是考虑病情复发，或多或少有外邪侵袭所致；二是两药也不全在散外邪，《医学心悟》止嗽散用荆芥在宣肺利咽，逍遥散用薄荷在疏散调达。患者反复干咳已有2年，晚上为重，虽是阴虚咳嗽，但舌苔黄腻，首诊辨证为阴虚挟湿，故在用百合时兼用二陈汤，辨证治疗过程中，始终在全身辨证阴虚和少阳证为本的基础上宣肺利咽止咳，多方面兼顾，通过咽喉和少阳枢机的作用促成病愈。

3. 哮喘（支气管哮喘）

朱某，男，29岁，2020年2月19日初诊。

主诉：哮喘数年。

患者罹患支气管哮喘数年，2014年有过一次较重发病，呼气时憋闷难受，呼吸困难，头晕目眩，特别是坐在汽车内时感觉更加明显，走出车外呼吸到新鲜空气后就感觉明显减轻。半月前曾经感冒过，现在感觉气紧，想咳咳不出来，便溏，尿黄，舌红暗紫苔微黄。

辨证：热哮。

治法：宣肺清热，解痉平喘。

处方：麻杏石甘汤加味。

| 麻黄 12 g | 杏仁 12 g | 石膏 20 g | 甘草 10 g |
| 葶苈子 15 g | 厚朴 18 g | 五味子 10 g | 车前子 12 g |

| 黄芩 18 g | 鱼腥草 40 g | 虎杖 18 g | 乌梅 15 g |
| 地龙 20 g | 蜜款冬花 18 g | | |

5剂，水煎服，一日三次。

2020年2月26日二诊：气紧的感觉减轻，喉痒，想咳咳不出来，出气很热，晨起尿黄，舌红暗紫，苔白厚腻。

辨证：热哮。

处方：麻杏石甘汤加味。

麻黄 12 g	杏仁 12 g	石膏 20 g	甘草 10 g
苏子 15 g	葶苈子 15 g	厚朴 18 g	牛蒡子 10 g
桔梗 12 g	全瓜蒌 12 g	虎杖 18 g	乌梅 15 g
地龙 20 g	蜜款冬花 18 g	冬瓜仁 12 g	

5剂，水煎服，一日三次。

此后得知病情逐渐好转。

按语：病症为热哮，清热平喘之外，兼用具有解痉作用的乌梅、地龙，清热活血的虎杖。治喘用虎杖，先生是在《我是铁杆中医》一书中读到彭坚引用包松年先生的经验，认为其既可清热消炎，又可通腑肃降，兼可治咳，一药多功。看后留下深刻印象，每在临床咳喘重症时必用。本例患者虽然年轻，但舌质暗紫，说明其肺部存在瘀血，用虎杖恰到好处。

4. 胃 痛

病案1：蒙某，女，43岁，2018年11月24日初诊。

主诉：胃痛2周。

患者胃痛不适已有2周，感觉在饥饿时和晚上较明显，胃口好，经常感觉饥饿，脉弦滑，舌淡苔白滑。

诊断：胃痛。

治法：温中散寒，理气止痛。

辨证：脾胃虚寒。

处方：桂枝加黄芪汤。

| 桂枝 10 g | 白芍 12 g | 生姜 10 g | 大枣 15 g |
| 炙甘草 6 g | 黄芪 30 g | 苍白术各 20 g | 砂仁 10 g |

法半夏 12 g　　陈皮 12 g　　枳壳 12 g　　延胡索 15 g

佛手 12 g

3 剂，水煎服，一日三次。

2018 年 12 月 1 日二诊：胃痛明显减轻，近日已基本上不觉明显疼痛，但感觉乏力，月经量少，时间长。脉弦滑，舌淡苔白滑。辨证处方同前，兼顾气血。

桂枝 10 g　　白芍 12 g　　生姜 10 g　　大枣 15 g

炙甘草 6 g　　黄芪 30 g　　党参 25 g　　苍白术各 20 g

白豆蔻 10 g　　法半夏 12 g　　陈皮 12 g　　枳壳 12 g

益母草 30 g　　当归 15 g

3 剂，水煎服，一日三次。

按语：《丹溪治法心要》卷三中指出"胃脘痛，须分久新治，若明知是寒，初当温散"。对"胃虚感寒，心腹痛甚，气弱者"可予理中汤治疗，从病人的症状分析，考虑以十二指肠溃疡可能性大，辨证为虚寒疼痛，首诊用桂枝汤加黄芪，配合和胃行气止痛，二诊在主方基础上融以理中汤之意温中，兼以补气健脾养血，以照顾兼症。用黄芪建中汤治疗胃溃疡是秦伯未先生在《谦斋医学讲稿》中的主张，认为适合胃虚痛。因原方中用有饴糖，变通为桂枝加黄芪汤，要注意的是此时黄芪用量不宜太重，以使其作用于里。

病案 2：陶某，女，58 岁。2018 年 11 月 10 日初诊。

主诉：胃胀痛 2 周。

近 2 周以来，感觉胃部很不舒服，胃脘微痛，冒酸，打呃，口苦，平素睡眠不好，脉弦滑，舌红苔黄。

辨证：胃热。

治法：清热降逆，和胃行气止痛。

处方：清胃汤（《伤寒大白》卷一）加减。

黄连 12 g　　蒲公英 25 g　　炒栀子 10 g　　连翘 20 g

莲子 15 g　　牡丹皮 12 g　　蜜枇杷叶 12 g　　青皮 12 g

佛手 12 g　　炒枳壳 12 g　　白芍 12 g　　煅瓦楞子 30 g

刺蒺藜 15 g　　百合 30 g　　酸枣仁 40 g　　夜交藤 30 g

生甘草 8 g

5剂，水煎服，一日三次。

2018年11月24日二诊：胃痛稍好，已不冒酸，仍口苦，舌干，眠差，脉弦滑，舌红赤苔黄。

去炒枳壳、白芍、煅瓦楞子，加石斛18 g。

3剂，水煎服，一日三次。

2018年12月1日三诊：诉睡眠好转，昨天吃了很多烧牛肉，又感胃不舒服，反胃，但不痛，口干，脉弦滑，舌红苔黄。

旋覆花12 g	法半夏12 g	黄连12 g	蒲公英25 g
连翘20 g	莲子15 g	蜜枇杷叶12 g	紫苏梗15 g
神曲15 g	炒谷麦芽各20 g	炒山楂15 g	佛手12 g
柿蒂12 g	生甘草8 g		

3剂，水煎服，一日三次。

按语：胃痛以脾胃虚寒者为多，但也有属热者。反酸则热多于寒。舌红赤苔黄是判断胃热的主要根据，同时有自觉症状口苦等症的支持。首诊清热行气和胃止痛，用清胃汤。古方清胃汤有多种，《伤寒大白》卷一者为：黄连、栀子、牡丹皮、生地、升麻、甘草。本例运用时加蒲公英、连翘、枇杷叶清胃热，同时兼和胃行气。三诊反胃与饮食有关，故清热降逆和胃消食，但要注意的是清热不是胃痛治疗的常法，应中病即止，后期清热法中要注意适当配伍温胃药反佐。

病案3：欧某，女，70岁，2018年10月18日初诊。

主诉：胃部胀痛数日。

近来老觉胃部不适，主要是胃脘部胀满隐痛，以晚上为重，脉弱，舌淡苔白滑。

诊断：胃痛。

治法：温中缓急，行气燥湿。

辨证：脾胃虚寒。

处方：理中汤加味。

党参25 g	苍白术各20 g	干姜8 g	茯苓15 g
砂仁10 g	白豆蔻10 g	枳壳12 g	白芍12 g
紫苏梗15 g	大腹皮10 g	佛手12 g	陈皮12 g

甘草 8 g

4剂，水煎服，一日三次。

2018年10月23日二诊：胃脘胀满和隐痛明显减轻，自觉胃轻松而舒服。但大便秘结，二天一行，解便时特别吃力，脉沉，舌红苔黄。中寒减轻，须顾气滞，木香槟榔丸加减。

广木香 15 g	槟榔 15 g	枳壳 12 g	陈皮 12 g
党参 25 g	生白术 50 g	炒莱菔子 20 g	紫苏梗 15 g
当归 15 g	炒白芍 12 g	佛手 12 g	炒谷麦芽各 20 g

生甘草 8 g

5剂，水煎服，一日三次。

按语：病人年龄偏大，素来脾胃虚寒，故胃既胀又痛，胀胜于痛，脾胃虚寒为本，脾胃气滞属标，首诊用理中汤为基础方，加温胃的砂仁、白豆蔻，止痛的枳壳、白芍（四逆散中对药），行气消胀的紫苏梗、大腹皮、佛手，和胃的陈皮。胃部胀痛很快见功后，再用健脾行气通滞药解决肠道阻滞，方中重用生白术是用药中的要害，同时兼用当归养血润肠，枳壳、白芍、陈皮和胃止痛，炒谷麦芽疏肝消食，多方配伍合作，以收全功。

5. 中消（糖尿病）

雷某，女，57岁，2020年3月11日初诊。

主诉：易饥善饿2月。

患者近2月以来经常出现饥饿感，饿则出现低血糖症状，心慌，头晕，身软，必须马上吃东西，只用流质饮食还不能缓解，必须食米饭、馒头之类。原来有高血糖，血糖一直不稳定，时高时低，体胖。2018年年底曾出现过类似的情况，但程度较轻，当时找先生看过两次，有所缓解，但未能坚持治疗。这次从春节前几天开始发病，加上最近很少出门走动，又长胖了10多斤。舌红赤苔黄。（网诊，无脉象）

诊断：糖尿病。

辨证：胃热。

治法：清胃养阴，健脾升清。

处方：葛根黄连黄芩汤合竹叶石膏汤加减。

葛根 40 g	黄连 15 g	石膏 20 g	麦冬 15 g
牡丹皮 12 g	蜜枇杷叶 12 g	石斛 20 g	花粉 20 g
莲子 15 g	苍术 20 g	乌梅 12 g	玄参 10 g
黄芪 40 g	生甘草 10 g		

5剂，水煎服，一日三次。

2020年3月21日二诊：患者述初服前3剂药时，病情未能明显控制，差点失去信心，至第4剂药时，感觉情况有所缓解，饥饿感减轻，且饿后心悸心慌基本消失，但白天仍然每隔2~3个小时就要进食，今晨吃了拌菜后胃有些痛，口苦，舌红赤苔薄黄。（网诊，无脉象）效不更方，再用前方加减，以观后效。

葛根 50 g	黄连 15 g	黄芩 15 g	石膏 25 g
蜜枇杷叶 12 g	天花粉 20 g	乌梅 15 g	石斛 20 g
黄芪 40 g	党参 25 g	生白术 20 g	莲子 15 g
生甘草 8 g			

5剂，水煎服，一日三次。

2020年3月31日三诊：服药后饥饿感有所减轻，但饿后仍出现心悸、头晕，脉滑缓，舌红苔薄黄腻。

黄连 15 g	石膏 25 g	牡丹皮 12 g	蜜枇杷叶 12 g
连翘 20 g	石斛 20 g	天花粉 20 g	生地 12 g
荷叶 25 g	黄芪 40 g	党参 30 g	生白术 20 g
生升麻 12 g	生甘草 8 g		

5剂，水煎服，一日三次。

2020年4月14日四诊：服药后饥饿感明显减轻，饿后仅觉头晕，其余心悸等症状已不明显，但腹胀，矢气，脉滑缓，舌红苔薄黄燥，原方加谷麦芽、大腹皮行气消食。

党参 30 g	黄连 15 g	黄芩 18 g	石膏 25 g
蜜枇杷叶 12 g	石斛 20 g	花粉 20 g	荷叶 25 g
牡丹皮 12 g	生地 12 g	生白术 20 g	炒谷麦芽各 20 g
大腹皮 12 g	生甘草 8 g		

5剂，水煎服，一日三次。

其后患者因其他问题来门诊看过数次，述饥饿感基本解决，嘱其注意观察血糖变化和加强运动，节制饮食。

按语： 金刘完素《黄帝素问宣明论方》"消渴总论"云："或瘅成消中，善食而瘦，或燥热郁甚而成消渴，多饮而数小便。"又云："消渴、消中、消肾，《经》意但皆热之所致也。"《灵枢·经脉》曰"气盛则身以前皆热，其有余于胃，则消谷善饥，溺色黄。"《灵枢·师传》曰："胃中热则消谷，令人悬心善饥。"故治疗应以清解怫热、滋养阴液、宣通玄府气机为主。

患者糖尿病低血糖症状特别明显，体形肥胖，属于中消，热则消谷善饥，故清胃热养胃阴为用药关键，以葛根黄连黄芩汤合竹叶石膏汤加减为基础方贯穿治疗的全过程。此病仝小林院士主张重用黄连，甚至用到50 g以上，但先生自谦无此胆识，称今后如再遇到胃热者，准备加大黄连用量。二诊加健脾药以顾根本，三诊后加荷叶以助减肥，四诊适当对症用药。

6. 泄　泻

朱某，女，55岁，2023年3月16日初诊。

主诉：腹泻2月。

乳腺癌及子宫切除术后2月。大便频繁，坠胀半月，伴有大便少量出血，脉沉弦数，舌淡红苔滑腻。

诊断：泄泻。

辨证：脾虚夹湿。

治法：健脾行气，燥湿止泻。

处方：二陈平胃散合参苓白术散加减。

苍白术各20 g	厚朴18 g	法半夏15 g	陈皮12 g
茯苓20 g	白豆蔻10 g	薏苡仁30 g	枳壳15 g
淮山药25 g	莲子15 g	芡实15 g	广木香15 g
生扁豆15 g	生甘草8 g		

5剂，水煎服，一日三次。

2023年3月23日二诊：痔疮出血已止，大便次数明显减少，但仍觉坠胀，脉沉弦数，舌淡红苔白。湿邪消退，补气健脾。

党参 30 g	生黄芪 40 g	生白术 20 g	淮山药 20 g
莲子 15 g	芡实 15 g	葛根 50 g	桔梗 12 g
枳壳 12 g	大枣 15 g	炙甘草 10 g	

5剂，水煎服，一日三次。

按语：本例患者系两种癌症大手术之后导致脾虚腹泻，首诊因兼挟湿邪，故大便频繁，舌苔滑腻，用二陈平胃散与参苓白术散加减，健脾除湿双管齐下，俟脾脏功能恢复，湿邪得以解除。二诊时腹泻明显减轻，以坠胀为主，故用补中益气汤加减，重在健脾益气，稍佐枳壳理气。全案妙在不因其大手术之后，将注意力一开始就完全集中于脾弱气虚之上，而考虑到有湿邪因素的影响，在健脾基础上先去其外邪，待湿邪基本去除，腻苔得以改善之后，再集中力量健脾补气。改善全身和肠道状态而取效，且未用惯常收涩祛肠风热毒之品而使痔疮之血得以消除，可见虚实辨证及用药之精准。

7. 便　秘

张某，女，47岁，2020年2月18日初诊。

主诉：长期便秘。

多年来患顽固性便秘，大便干燥，失眠，腰膝发热，咽干，口臭，干咳，舌红瘦小苔黄腻。（网诊，无脉象）

诊断：便秘。

治法：清热利湿，润肠通便。

辨证：阴虚挟湿热。

处方：四妙散加味经验方合百合地黄汤加味。

黄柏 15 g	虎杖 20 g	苍白术各 20 g	薏苡仁 30 g
川牛膝 20 g	茯苓 18 g	玄参 20 g	生地 20 g
百合 30 g	蜜枇杷叶 12 g	陈皮 12 g	杏仁 12 g
酸枣仁 40 g	柏子仁 20 g	枳壳 15 g	生甘草 8 g

5剂，水煎服，一日三次。

2020年2月28日二诊：服上药后便秘和咳嗽都明显减轻，现白眼发红，磣涩，视物模糊，腰膝仍感发热，仍口干口臭，失眠，盗汗，汗液黏手，舌红苔黄腻。湿热仍重，需分利三焦湿热，兼养阴清热。

处方：四妙散、二陈汤加味合百合地黄汤。

藿香 15 g	白芷 18 g	薄荷 12 g	桑叶 12 g
黄柏 15 g	苍白术各 20 g	厚朴 18 g	虎杖 20 g
陈皮 12 g	茯苓 15 g	法半夏 12 g	生地 15 g
百合 30 g	五味子 10 g	枇杷叶 12 g	生甘草 8 g

5 剂，水煎服，一日三次。

另包杭白菊 20 g，每天 4 g 泡水代茶饮用。

按语：患者自觉症状较多而杂乱，但阴虚挟湿热应是问题的关键，辨证阴虚因其大便干燥、咽干、干咳、盗汗、舌红瘦小，辨其湿热因其腰膝发热、口臭、苔黄腻。这种阴虚挟湿热者治疗上最为棘手，难以两全。虽古代有多首甘露饮名方，尤以《太平惠民和剂局方》之甘露饮最为著名，但其药物针对的主要是阴虚证，除湿药仅有茵陈，力量明显不足。本例在选用四妙散加味方清解下焦湿热的基础上，用百合地黄汤加玄参以养阴，二诊时湿热仍重，加二陈汤调理中焦脾胃，用藿香芳香化湿，桑叶既可止汗，合菊花又可治疗眼部风热红赤磣涩，全方上下并治，湿热与阴虚两全。

8. 不寐（失眠）

病案 1：戴某，女，59 岁，2018 年 12 月 1 日初诊。

主诉：失眠数月。

经常失眠，心烦，忧郁，面对日常事物时提不起兴趣，晚上难以入睡，又多梦易醒，口干，便秘，脉沉，舌红赤光剥。

诊断：不寐。

辨证：肝郁血虚。

治法：疏肝解郁，养血安神。

处方：逍遥散加减方合养肝安神汤经验方加减。

柴胡 12 g	当归 15 g	生地 12 g	白芍 15 g
茯苓 15 g	刺蒺藜 15 g	炒香附 12 g	玫瑰花 10 g
百合 30 g	莲子 15 g	丹参 20 g	炒酸枣仁 40 g
夜交藤 30 g	合欢皮 20 g	五味子 10 g	生甘草 8 g

3 剂，水煎服，一日三次。

2018年12月6日二诊：服上药后可睡6~7个小时，仍然忧郁，对事物不感兴趣，口干，便秘，手足心热，轻微胃痛，脉沉，舌红赤光剥。肝郁化热，阴虚火旺。用养肝安神汤加减。

黄柏 15 g	蒲公英 25 g	生地 20 g	麦冬 15 g
石斛 20 g	牡丹皮 12 g	地骨皮 15 g	白薇 15 g
百合 30 g	莲子 15 g	刺蒺藜 15 g	生龙蛎各 30 g
炒酸枣仁 40 g	柏子仁 20 g	夜交藤 30 g	五味子 10 g
泽泻 15 g	生甘草 10 g		

5剂，水煎服，一日三次。

按语：失眠既关乎心，也与肝脏的关系密切。在现代社会中，情绪抑郁不舒是女性发病的重要原因，本例患者肝经抑郁的症状显而易见，但仅用逍遥散加减方难以解决失眠的问题，故合养肝安神汤，通过养肝平肝，配合养心安神使亢盛之阳入于阴，达到安神定魂魄的目的。同时兼养阴清热，其中，百合、莲子是养血安神的一对基础药。逍遥散虽有养肝药为基础，但以疏肝解郁为主，养肝安神汤与逍遥散有一定关系，但前者养肝之力更甚，首诊已见热象，二诊亦可考虑用丹栀逍遥散。因手足心热，故用黄柏、白薇，因口干、便秘、胃痛，用蒲公英，生地用量加大到20 g，加柏子仁养心安神，润肠通便。惜因其为外地患者，未能继续观察到疗效。

病案2：彭某，男，52岁，2019年11月14日初诊。

主诉：失眠1周多。

失眠，易醒多日，口干，情绪尚可，舌形瘦小，舌红少苔，脉弦数。

诊断：不寐。

治法：滋阴养肝，补血安神。

辨证：肝血不足，心神不安。

处方：养肝安神汤经验方加减。

当归 15 g	生地 12 g	生白芍 18 g	麦冬 15 g
百合 30 g	莲子 15 g	丹参 20 g	刺蒺藜 15 g
合欢皮 20 g	茯苓 15 g	炒酸枣仁 40 g	夜交藤 40 g
五味子 10 g	生甘草 8 g		

5剂，水煎服，一日三次。

2019年11月26日二诊，服药后失眠、易醒、口干的症状明显好转，但停药后又再次发生，头昏痛，舌红少苔，脉弦数。效不更方，前方加减。

当归15 g	生地12 g	生白芍20 g	百合30 g
莲子15 g	丹参20 g	刺蒺藜15 g	蔓荆子15 g
合欢皮20 g	茯苓15 g	酸枣仁40 g	夜交藤30 g
五味子10 g	灵芝15 g	生甘草8 g	

5剂，水煎服，一日三次。

按语：失眠病人中多有表现为睡眠易醒者，而易醒虽有多种原因，尤与血虚不足有关。前后二诊看似用药变化不大，但二诊时加重白芍的用量，以加强养肝血、敛肝阳之浮越的作用，同时用有四物汤等养肝血药，减去治疗心阴虚的麦冬，兼用蔓荆子治头痛，合欢皮活血，灵芝安神。

病案3：邹某，男，55岁，10月4日初诊。

主诉：睡眠易醒半年。

失眠，醒之后难以再入睡，大脑兴奋，腹痛即欲大便，形丰，脉弦滑，舌淡苔白，有齿印。

诊断：不寐。

辨证：肝强脾弱。

治法：镇肝健脾，安神助眠。

处方：四君子汤加味。

党参25 g	苍白术各20 g	茯苓18 g	莲子15 g
芡实15 g	炒白芍15 g	刺蒺藜18 g	灵芝18 g
生龙蛎各30 g	炒酸枣仁40 g	夜交藤30 g	五味子10 g
炙甘草10 g			

5剂，水煎服，一日三次。

2018年10月18日二诊：失眠、腹痛欲便减轻，头胀头晕，脉弦，舌红有齿印。肝强脾弱，改用天麻钩藤饮加减。

天麻15 g	钩藤15 g	石决明30 g	赤白芍各15 g
川牛膝20 g	生地15 g	茯苓15 g	枸杞15 g
生龙蛎各30 g	酸枣仁40 g	夜交藤30 g	五味子10 g
泽泻15 g	生甘草10 g		

5剂，水煎服，一日三次。

按语：失眠时大脑特别兴奋，是临床中常见的现象，与心境及情绪关系密切，需要镇肝平肝。患者除失眠之外，腹痛即欲大便，也是情绪失调导致，肝强脾弱，需要抑肝补脾。前后二诊辨证相同，但选方用药侧重稍有不同，首诊强调脾弱，偏于扶脾，二诊重在肝强，偏于平肝，皆基于患者症状和舌脉象依据。

病案4：王某，女，32岁，2020年2月24日初诊。

主诉：烦热失眠数日。

失眠，内心烦热，难以平静，尿多，晚上睡不好时更是尿频，以致白天感觉疲乏，没有精神，心慌气短，手心发热，大便每天3次，舌红赤苔白。（网诊，无脉象）

诊断：不寐。

辨证：心肾不交，心肝郁热。

治法：交通心肾，养肝清心。

处方：交泰丸合养肝安神汤经验方加减。

黄连12 g	肉桂2 g	生地12 g	生白芍20 g
百合30 g	莲子15 g	茯苓15 g	川木通10 g
丹参20 g	酸枣仁40 g	磁石30 g	柏子仁20 g
夜交藤30 g	五味子10 g	生甘草8 g	

5剂，水煎服，一日三次。

服药后睡眠好转，但是胃不太舒服，嘱其口中含生姜片。

2020年3月5日二诊：服药后睡眠有好转，但有时还是入睡困难。昨日来月经，颜色很深，量少，只有第一天量稍多，第二天以后都只有少许，后面要五六天才干净，每次月经期都要提前数天。口干，疲劳，唇上生疮疖很久不愈。舌红赤苔黄。辨证为心经郁热，肝肾阴虚。用《傅青主女科》两地汤加减方（经验方）。

黄连12 g	连翘20 g	生地12 g	地骨皮15 g
牡丹皮12 g	丹参20 g	当归15 g	女贞子15 g
墨旱莲30 g	阿胶12 g	酸枣仁40 g	磁石30 g
柏子仁20 g	夜交藤30 g	合欢皮20 g	五味子10 g

生甘草 8 g

5 剂，水煎服，一日三次。

另包西洋参 30 g，每天 6 g 泡水。

按语：心热则烦，肝郁肾虚则尿频。首诊辨为心肾不交，故用交泰丸。二诊先生考虑兼顾月经的治疗，对妇女月经量少，体型消瘦，肝肾阴虚火旺者每用两地汤加减方。因心经热重，故加黄连、连翘清热。

9. 头　晕

张某，男，73 岁，2018 年 5 月 15 日初诊。

主诉：气短头晕数日。

糖尿病 9 年，近来老觉气短，服补气药后则血糖、血压升高，头晕，便秘，脉数弦紧，舌质淡有齿印，苔白。

辨证：脾虚肝盛。

治法：益气健脾，养血息风。

处方：四君子汤加味。

党参 25 g	白术 50 g	茯苓 15 g	淮山药 20 g
赤白芍各 15 g	枸杞 15 g	丹参 20 g	当归 20 g
枳实 15 g	玄参 15 g	桃仁 12 g	川牛膝 20 g
生甘草 8 g			

5 剂，水煎服，一日三次。

2018 年 5 月 24 日二诊：服前药后感觉全身轻松舒服，脉搏减慢，便秘缓解，但仍觉头晕，脚肿，脉数弦紧，舌质淡有齿印，苔白。脾虚气滞，肝旺脾弱，原方基础上抑肝强脾。

党参 25 g	白术 40 g	茯苓 15 g	泽泻 15 g
赤白芍各 15 g	枸杞 15 g	丹参 20 g	当归 15 g
枳实 15 g	玄参 15 g	夏枯草 20 g	石决明 30 g
天麻 15 g	葛根 40 g	川牛膝 20 g	生甘草 8 g

5 剂，水煎服，一日三次。

按语：首诊用药本属平常，用平补脾胃的四君子汤补气，没有料到效果出乎意料。患者原来自用补气药感觉不适，应该是缺乏他药配伍的原因，也可能因为用量的原因。二诊效不更方，在健脾基础上考虑到肝旺，加强养血补肝平肝潜阳之力以治疗头晕。

10. 水肿（慢性肾炎）

卓某，女，2019年1月8日初诊。

主诉：小腿水肿2天。

2天前突然发现小腿出现水肿，压痕明显，月经正常，眼睑不肿，过去无心脏病和肾病、高血压病史，先生认为很可能是肾炎，测血压140/94 mmHg[*]，既往血压一直正常，体形消瘦，舌红赤少苔，脉细弦。嘱其尽快去医院查小便常规，明确肾炎诊断，平时控制盐和蛋白摄入量，注意休息。

辨证：脾肾阳虚。

治法：温阳益气，利水消肿。

处方：苓桂术甘汤加味。

茯苓 18 g	桂枝 10 g	生白术 20 g	生黄芪 35 g
泽泻 15 g	大腹皮 12 g	冬瓜皮 12 g	薏苡仁 30 g
枳壳 12 g	生地 12 g	玉米须 30 g	生甘草 6 g

3剂，水煎服，一日三次。

2019年1月12日二诊：小腿水肿已消退，血压138/94mmHg，夜尿2次，腰疼，舌红赤少苔，脉右细左弦。知柏地黄丸合二至丸加减。

黄柏 15 g	生熟地各 12 g	赤白芍各 15 g	牡丹皮 12 g
女贞子 15 g	墨旱莲 30 g	大小蓟各 15 g	白茅根 30 g
夏枯草 20 g	车前子 10 g	怀牛膝 20 g	山茱萸 15 g
莲子 15 g	生白术 20 g	生甘草 6 g	

5剂，水煎服，一日三次。

2019年1月21日三诊：血压120/86mmHg，小便常规蛋白（+++），尿血增加，脉沉细弦，舌红少苔。地黄丸合二至丸加减。

| 生熟地各 12 g | 淮山药 20 g | 山茱萸 18 g | 茯苓 15 g |

---

[*] 血压单位通常用千帕（kPa），但临床上习惯用毫米汞柱（mmHg），二者的换算关系为1mmHg≈0.133kPa。

女贞子 15 g	墨旱莲 30 g	西洋参 10 g	生白术 20 g
大小蓟各 15 g	白茅根 30 g	赤白芍各 15 g	益母草 30 g
莲子 15 g	地榆 20 g	生甘草 8 g	

5 剂，水煎服，一日三次。

2019 年 1 月 31 日四诊：尿镜检红细胞增加，尿蛋白（+++），脉沉细弦，舌红少苔。地黄丸合二至丸加减。

生黄芪 30 g	生白术 20 g	生熟地各 12 g	淮山药 20 g
山茱萸 18 g	茯苓 15 g	女贞子 15 g	墨旱莲 30 g
大小蓟各 15 g	白茅根 30 g	赤白芍各 15 g	益母草 30 g
莲子 15 g	地榆 20 g	生甘草 8 g	

5 剂，水煎服，一日三次。

其后因春节放假和春节后因故半年多未能门诊，嘱其去学校附属医院请舒惠荃医生继续治疗，但随后 1 月多得知其尿蛋白尿血仍然未能好转。

按语：患者因发现小腿水肿就诊，当场测血压时发现血压高，中医治疗的同时嘱其去医院查小便常规，西医确诊为慢性肾炎，服用中药后水肿和血压虽然很快恢复正常，但尿蛋白和尿红血球就诊后一直未能很好得到控制，说明其患慢性肾炎很可能已经有较长时间。首诊时虽有肝肾阴虚的体质，因为考虑水肿，故用苓桂术甘汤加味，或当时可适当配伍肝肾阴虚药。其后三次就诊均按肝肾阴虚辨证用药，二诊用有白术、莲子健脾过渡。三诊考虑尿蛋白和尿血是主要矛盾，故在补肾阴基础上用西洋参、白术、莲子、山药、山茱萸等补气健脾补肾，兼用止血药。四诊与三诊用药变化不大，用生黄芪易西洋参以图更好地控制尿蛋白。

11. 胰腺癌

高某某，男，66 岁，2022 年 12 月 24 日初诊。

主诉：食少，口中无味。

患者本月中旬确诊为胰腺癌，已有淋巴转移和肺部转移病灶，某三甲医院认为已无胰腺癌手术指征，仅作胆道引流手术。目前食少，口中无味，腹部疼痛不明显，精神尚可，小便少，舌红赤，苔黄燥。

诊断：胰腺癌。

辨证：胃阴虚。

治法：养胃生津。

处方：沙参麦冬汤加味。

沙参 15 g	生地 15 g	麦冬 15 g	玉竹 15 g
莲米 15 g	淮山药 20 g	炒白芍 12 g	夏枯草 15 g
白花蛇舌草 20 g	半枝莲 20 g	莪术 10 g	生甘草 8 g

5 剂，水煎服，一日三次。

2023 年 2 月 3 日二诊：服药后感觉效果很好，饮食增加，有食欲，病情稳定。

2023 年 2 月 21 日三诊：服药后有一定效果，食欲有明显好转，但患者开始出现疼痛，西医先用的布洛芬，但后来感觉越来越控制不住病情，现在用曲马多，患者希望加用中药帮助止痛，舌暗红，苔黄厚腻。

辨证：脾胃湿热。

治法：宣通气机，清热燥湿。

处方：藿朴夏苓汤加减。

藿香 15 g	苍白术各 20 g	厚朴 18 g	法半夏 15 g
陈皮 12 g	茯苓 18 g	砂仁 10 g	淮山药 25 g
赤白芍各 15 g	丹参 2 g	川芎 15 g	莪术 12 g
延胡索 15 g	半枝莲 20 g	白花蛇舌草 25 g	生甘草 10 g

5 剂，水煎服，一日三次。

2023 年 4 月 9 日四诊：服药后疼痛稍有减轻，但感觉口中无味，舌暗红，舌苔白兼黄厚腻，希望在止痛基础上改善口味。前方基础上加草果，以助化湿。

藿香 15 g	苍白术各 20 g	厚朴 18 g	法半夏 15 g
陈皮 12 g	茯苓 18 g	砂仁 10 g	草果 6 g
薏苡仁 30 g	扁豆 15 g	谷麦芽各 20 g	淮山药 25 g
川芎 15 g	莪术 12 g	延胡索 15 g	半枝莲 20 g

生甘草 10 g

5 剂，水煎服，一日三次。

2023 年 6 月 9 日五诊：一吃东西就吐，口干苦而淡，舌暗紫，苔黄厚燥，郁热瘀血愈重，嘱其用鲜藿香叶加生姜数片泡水饮用。

其后未有联系。

按语：患者就诊时已确诊为晚期胰腺癌，且有淋巴转移和肺部转移病灶，主要采用姑息治疗，从改善其生活质量着手，先是滋养胃阴，使其食欲得以改善，故其服药后半年来一直饮食尚可，较一般晚期胰腺癌病人的状态为好，颇感欣慰。其后脾胃功能愈来愈弱，湿热气血郁结，故以行气活血止痛，健脾化湿为治，虽舌苔黄腻，但未擅用清热药，以免伤其胃气。

（二）妇产科疾病医案

1. 月经紊乱

吴某某，女，47 岁，2023 年 2 月 2 日初诊。

主诉：停经 2 月。

停经已有 2 月，无更年期潮热等症状，乳房胀痛，心烦气躁，体胖。自述从生育之后体重逐年增加，近年尤其明显，虽每天跳操一小时以上仍不能控制。既往月经基本正常，脉沉滑，舌红胖大，苔薄黄。母亲及姐姐都是 50 岁之后停经。

诊断：月经后期。

辨证：痰湿郁遏。

治法：健脾化痰通经。

处方：苍附导痰汤加减。

苍白术各 20 g	香附 12 g	法半夏 15 g	陈皮 12 g
茯苓 18 g	荷叶 20 g	薏苡仁 30 g	桃红各 12 g
川芎 15 g	当归 15 g	丹参 20 g	柴胡 12 g
刺蒺藜 15 g	玫瑰花 10 g	枳壳 12 g	甘草 8 g

5 剂，水煎服，一日三次。

嘱其用药后如月经仍无恢复，可去医院妇科作激素和 B 超检查。

2023年2月9日二诊：服药后月经仍未至，乳房胀痛甚剧，脉弦滑，舌红赤胖大，苔黄。曾去医院妇科检查各项激素指标正常，子宫内膜仅3mm，妇科医生言其用黄体酮亦无效。

辨证：肝郁气滞。

治法：疏肝行气，活血通经。

处方：桃红四物汤加减。

桃红各12 g	川芎15 g	丹参20 g	赤白芍各15 g
生麦芽20 g	枳壳12 g	郁金15 g	玫瑰花10 g
刺蒺藜15 g	土鳖虫12 g	生山楂15 g	蒲公英25 g
黄连15 g	生甘草8 g		

5剂，水煎服，一日三次。

2023年2月23日三诊：自述月经恢复，但量少。乳房仍胀，腹痛，眠差。脉弦滑，舌红胖大，少苔。

苍白术各20 g	厚朴18 g	陈皮12 g	茯苓18 g
当归15 g	熟地12 g	丹参20 g	全瓜蒌18 g
炒香附12 g	刺蒺藜15 g	白芷18 g	生甘草8 g

5剂，水煎服，一日三次。

另包炒酸枣仁200 g，打粉，每晚15 g冲服。

2023年3月9日四诊：上次月经量少，体胖，希望通过服用中药帮助减肥，同时近日脚气发作，脚痒剧烈。脉滑，舌淡红偏胖。

苍白术各22 g	厚朴18 g	炒香附12 g	法半夏15 g
陈皮12 g	茯苓18 g	薏苡仁30 g	白芷18 g
荷叶20 g	当归15 g	丹参20 g	生甘草6 g

5剂，水煎服，一日三次。

2023年3月16日五诊：月经提前10天，有血块，色深，脉滑，舌红偏胖，苔薄。

女贞子15 g	墨旱莲30 g	桑椹15 g	炒香附12 g
丹参20 g	赤白芍各15 g	生地12 g	当归15 g
苍白术各22 g	厚朴18 g	白芷18 g	生甘草8 g

5剂，水煎服，一日三次。

2023年3月24日六诊：前次月经色深，量少，时间只有2天。脚痒。脉弦滑，舌红偏胖少苔。

  生熟地各12 g 赤白芍各15 g 牡丹皮12 g 丹参20 g
  黄柏15 g 白芷18 g 白鲜皮20 g 地肤子15 g
  萆薢30 g 苍术20 g 乌梅15 g 生甘草8 g

5剂，水煎服，一日三次。

2023年3月30日七诊：乳房胀痛明显。脉弦滑，舌红赤，苔微黄。

  牡丹皮12 g 炒栀子10 g 柴胡12 g 赤白芍各15 g
  当归15 g 炒香附12 g 青陈皮各12 g 全瓜蒌20 g
  橘络4 g 郁金15 g 玫瑰花10 g 路路通20 g
  合欢皮20 g 刺蒺藜15 g 生甘草8 g

5剂，水煎服，一日三次。

2023年4月13日八诊：月经量少，自感湿重，形丰。脉弦滑，舌红苔薄。

  当归15 g 丹参20 g 红花10 g 川牛膝20 g
  苍白术各20 g 厚朴18 g 法半夏15 g 陈皮12 g
  茯苓20 g 薏苡仁30 g 荷叶20 g 泽泻15 g
  白芷18 g 生甘草8 g

5剂，水煎服，一日三次。

2023年7月13日九诊：又已停经2月，乳房胀痛不已，常常在半夜时被痛醒，疼痛剧烈。口干。舌淡红胖大，苔薄黄。（网诊，无脉象）

诊断：月经后期。

辨证：肝郁气滞。

治法：疏肝行气止痛。

选方：丹栀逍遥散加减。

  牡丹皮12 g 炒栀子10 g 当归15 g 炒白芍12 g
  柴胡12 g 香附12 g 白术20 g 郁金15 g
  全瓜蒌20 g 炒麦芽40 g 王不留行10 g 川芎15 g
  玫瑰花10 g 刺蒺藜15 g 莲子心3 g 生甘草8 g

3剂，水煎服，一日三次。

2023年7月17日，服药后乳房胀痛减轻很多，但一段时间过后又发生胀痛，口苦，偶流口水。舌胖大，苔微黄干燥。原方加滑石20 g。

3剂，水煎服，一日三次。

2023年7月19日，吃烧烤后背部和胸前皮肤出现数处块状红斑，嘱其每天买30 g蒲公英熬水饮用。

2023年7月20日十诊：乳房胀痛基本消失，皮肤红斑，舌红胖大，苔薄黄。

蒲公英25 g	银花20 g	连翘20 g	赤芍15 g
牡丹皮12 g	全瓜蒌20 g	川芎15 g	郁金15 g
柴胡12 g	滑石20 g	茯苓20 g	白芷18 g
陈皮12 g	玫瑰花10 g	生甘草8 g	

5剂，水煎服，一日三次。

其后背上仍红肿热痛，续用上方加减。

8月初联系，得知其皮肤红肿消退。月经已恢复。

按语：患者虽体型肥胖，但体力很好，据述其骑自行车可长达10余公里，跳操可长达90分钟（中间短暂休息），主要的问题是月经延期及经前乳房胀痛，这两个问题本来就彼此关联。月经延期为本，胸胀为标，经通则胸部自然不会胀痛。而月经后期与其体型肥胖、痰湿郁遏有着很大的关系，正如南宋薛轩编辑《坤元是保》所谓："妇人肥胖，经事或二三月一行者，痰盛而躯脂闭塞经脉也。"故处方始终以苍附导痰汤化痰除湿为基础，结合桃红四物汤活血化瘀以通经，逍遥散加减方疏肝行气以治标，在三方基础上出入。其中治疗乳房胀痛在逍遥散加减方的基础上先后用过全瓜蒌、青陈皮、麦芽、橘络、路路通等药，但以7月处方中加用通乳的王不留行及清心的莲子心效果更快更显著。

2. 缺 乳

李某，女，42岁，2018年8月4日初诊。

主诉：产后乳少10余日。

产后10余天，奶汁少，乳房松软，流奶，饮食偏少，吃补气血药后有好转，但仍然不够理想，脉细弱，舌淡苔白。

辨证：气血虚弱。

治法：健脾滋肾，益气养血。

处方：八珍汤加减。

生黄芪 50 g	人参 12 g	生白术 20 g	大枣 15 g
龙眼肉 12 g	肉桂 3 g	熟地 15 g	当归 15 g
枸杞 15 g	怀山药 20 g	枳壳 12 g	陈皮 10 g
桔梗 12 g	炙甘草 10 g		

5剂，水煎服，一日三次。

2018年8月11日二诊：奶水明显增加，较充足，希望巩固疗效，饮食仍偏少，有少量血样恶露，脉细弱，舌淡苔微黄。药已显效，脾仍不足，前方加减。

生黄芪 50 g	人参 12 g	生白术 20 g	大枣 15 g
龙眼肉 12 g	生熟地各 15 g	当归 15 g	枸杞 15 g
怀山药 20 g	枳壳 12 g	陈皮 10 g	桔梗 12 g
益母草 30 g	炒蒲黄 15 g	炙甘草 10 g	

5剂，水煎服，一日三次。

按语：产后乳汁不足，大体分为虚实两种，虚弱者气虚血少，乳汁化生乏源，其中乳房松软是辨证的关键，其他症状如乳汁滴漏、气短乏力、面色不华、食欲不振等可为佐证。实者由于瘀滞不通，乳房必然饱满坚实胀痛，需要及时通乳，病情为虚实两端，用药攻补互异，当予明辨。本例患者为高龄产妇，前医已按虚证论治，用过补气血药，但疗效不著。考其原因，或是补气血用量稍轻致药力不足，或是方中补通兼用，通乳药在一定程度上抵消了补益气血的作用，当然，也有可能与前面用药时间偏短，疗效还未完全发挥有关。首诊用生黄芪 50 g、人参 12 g，同时还有其他多味补益气血药，同时患者舌淡，故用有温阳的肉桂，都是获效的原因。另外，同样是补气，生黄芪劲大，炙黄芪力缓，前辈早有明训，或也是本案获效的原因之一。

3. 妊娠发热

卢某，女，27岁，2022年12月15日初诊。

主诉：发热咽痛1天。

患者怀孕21周，1天前咽喉发炎疼痛，当日浑身无力，无食欲，欲呕，体温37.5 °C，新冠抗原阳性，舌质暗，苔薄白。（网诊，无脉象）

诊断：湿毒疫。

辨证：湿重于毒。

治法：疏风化湿，燥湿解毒。

处方：藿香正气散合藿朴夏苓汤加减。

藿香15 g	紫苏叶15 g	白芷15 g	荆芥15 g
牛蒡子10 g	蝉蜕8 g	桔梗12 g	杏仁12 g
法半夏12 g	金银花20 g	连翘20 g	石膏20 g
黄芩15 g	厚朴18 g	苍白术各20 g	生甘草8 g

3剂，水煎服，一日三次。

第二天微信告知，昨晚睡前38 °C，今天早上降到37 °C，全身酸痛缓解，但咽喉疼痛加剧，继续吃药观察。

第三天微信告知，体温已降到36.4 °C，咽喉疼痛缓解，微咳，正慢慢恢复中。

按语：患者怀孕并感染新冠，用药宜谨慎平和，就诊时一派感受湿毒的症状，本为湿重于毒，选藿香正气散解表化湿，理气和中为主，虽有咽喉疼痛，始终未用薄荷以免影响妊娠，考虑新冠病情每每发展迅速，恐其后体温会很快增高，仅用金银花、连翘或力有不逮，故加用石膏、黄芩清热，按湿毒并重处理，以料敌于机先，尽快控制病情，防止其发展变化。

4. 妊娠咳嗽

向某，女，33岁，2019年11月25日初诊。

主诉：妊娠咳嗽1月。

怀孕已8月，咳嗽近1月，感冒初期曾经先生治疗过，有好转，但咳嗽迄今未能控制，近日夜间剧咳，曾找某医院医生看诊，处方用有清热止咳药，仍然未能有效控制，每天不停地剧烈咳嗽，尤以晚上为重，严重影响休息和睡眠。现鼻塞，喉痒，多汗，痰少，大便干燥，脉滑数，舌红赤，少苔。

辨证：肺热咳嗽。

治法：宣肺泻热，养阴止咳。
处方：泻白散加味。

蜜桑白皮 22 g	地骨皮 15 g	枯芩 18 g	蜜枇杷叶 12 g
炙麻黄 10 g	白芷 18 g	牛蒡子 10 g	桔梗 12 g
蝉蜕 8 g	玄参 15 g	浙贝母 12 g	生白芍 18 g
浮小麦 30 g	蜜紫菀 18 g	蜜款冬花 18 g	醋五味子 10 g
生甘草 8 g			

5 剂，水煎服，一日三次。

2019 年 12 月 3 日二诊：剧咳已明显缓解，鼻塞已除，仅白天轻微咳嗽，因预产期临近，父母怕影响胎儿，欲再服几剂药。有稠痰，多汗，脉滑数，舌红赤少苔。病情缓解，减少前方中清热止汗药。

桑叶 12 g	牛蒡子 10 g	桔梗 12 g	僵蚕 12 g
浙贝母 12 g	竹茹 10 g	陈皮 12 g	茯苓 15 g
枯芩 18 g	百合 30 g	蜜紫菀 18 g	蜜款冬花 18 g
蜜枇杷叶 10 g	生甘草 8 g		

3 剂，水煎服，一日三次。

其后当其母亲就诊时得知咳嗽已明显控制，后平安生产。其全家三代 20 余年来每当患病后长期应诊。

按语：胎前本多热，又大便干燥，舌红赤少苔，肺热咳嗽非常明显，前医亦按肺热用药，但效果不佳，恐对其兼有外感，同时夜间咳嗽，兼有肺阴虚注意不够。首诊除泻白散中有地骨皮，兼用白芍、玄参之外，用有解表发散之药，二诊用桑叶（兼可止汗）、百合，兼顾及此。另外，病久而痰少，用止咳神药五味子大抵是获效的原因。

（三）儿科疾病医案

1. 小儿感冒

蒋某，女，8 岁半，2020 年 1 月 4 日初诊。
主诉：鼻塞伴流涕 2 天。
感冒后先是清涕不止，鼻塞 2 天，现变为浓涕，仍鼻塞，喜清嗓，偶尔干咳,咽部红赤,脉沉弦,舌红赤少苔。

诊断:感冒。

辨证:风寒化热。

治法:外散风寒,内清郁热。

处方:四味大发散加减。

麻黄 10 g	荆芥 12 g	白芷 12 g	藁本 10 g
细辛 6 g	牛蒡子 8 g	桔梗 9 g	僵蚕 10 g
马勃 8 g	板蓝根 15 g	黄芩 12 g	桑白皮 18 g
金银花 15 g	浙贝母 9 g	赤芍 10 g	甘草 6 g

4剂,水煎服,一日三次。

2020年1月9日二诊:鼻觉通畅,仍频清嗓,不欲食,咽红,有滤泡,脉弦,舌红赤少苔。痰湿凝结咽喉,用宣肺利咽止咳经验方加减。

荆芥 12 g	牛蒡子 8 g	桔梗 9 g	蝉蜕 7 g
僵蚕 10 g	法半夏 9 g	银花 15 g	浙贝母 9 g
赤芍 10 g	玄参 9 g	麦冬 10 g	前胡 12 g
神曲 10 g	甘草 6 g		

5剂,水煎服,一日三次。

按语:冬季感冒鼻塞治宜温散,四味大发散辛温发散力强,对感冒后鼻塞不通,清涕不止者恰好中的。首诊在四味大发散基础上用荆芥考虑照应咽喉,以白芷易蔓荆子主要针对感冒后鼻塞。但本例已由外寒逐渐化热,出现浓涕,同时病情由鼻部向咽喉发展,故合用多味利咽化痰散结、清热解毒药。二诊转以咽喉问题为主,外寒已缓,故改用较四味大发散更为平和的经验方,同时将治疗的重点放在利咽散结,从呼吸道的枢机所在咽喉处着力。

2. 小儿发热

病案1:宋某,男,8岁,2019年11月28日初诊。

主诉:发热2天。

感冒发热2天,咳嗽,咽痛,呼吸急促,咽红赤,脉弦数,舌红赤苔黄。

诊断:感冒。

辨证:外寒内热。

治法：宣肺疏风，清热止咳。

处方：宣肺利咽止咳方（经验方）加减。

荆芥 10 g	白芷 10 g	防风 10 g	薄荷 9 g
牛蒡子 7 g	桔梗 8 g	蝉蜕 6 g	僵蚕 10 g
马勃 8 g	玄参 10 g	板蓝根 15 g	石膏 20 g
黄芩 15 g	金银花 15 g	杏仁 10 g	甘草 6 g

4 剂，水煎服，一日三次。

2019 年 12 月 3 日二诊：服药后第 2 天下午高热即退，现咽已不痛，仍咳嗽，痰少，咽红，脉滑数，舌红赤，苔黄。外寒渐解，肺热未除，仍用原方出入。

荆芥 10 g	防风 10 g	薄荷 9 g	牛蒡子 7 g
桔梗 8 g	法半夏 8 g	僵蚕 10 g	马勃 8 g
玄参 10 g	板蓝根 15 g	黄芩 15 g	百合 20 g
杏仁 10 g	前胡 10 g	蜜枇杷叶 8 g	车前子 8 g
甘草 6 g			

按语：此例先后两诊均用宣肺利咽止咳经验方加减，可见本方不仅仅用于止咳，也可用于与外感相关的感冒、发热、鼻塞、咽痛等症，首诊以发热、咳嗽、咽痛为主，外寒内热，故解表发散、利咽散结、清热止咳三者并行，二诊病缓，去原方中解表药白芷、清热药石膏，加止咳药。其治法有些类似于何绍奇《读书析疑与临证得失》一书中的"辛凉解表方"，但先生并不完全认同这属于"辛凉解表"的说法，认为实为四川多见的外寒内热的治法，只是解表药的选择更为平和而已。

病案 2：余某，男，7 岁，2022 年 12 月 13 日网诊。

主诉：高热 3 天。

患儿突发高热 3 天，今天呕吐 2 次，咽痛，舌红赤苔薄。（网诊，无脉象）

诊断：湿毒疫。

辨证：湿热疫毒炽盛。

治法：宣肺清热除湿，解毒化痰利咽。

处方：宣肺利咽止咳方加减。

荆芥 9 g	防风 9 g	薄荷 8 g	藿香 8 g
牛蒡子 6 g	桔梗 7 g	蝉蜕 6 g	马勃 7 g
法半夏 7 g	竹茹 5 g	黄芩 12 g	金银花 20 g
连翘 20 g	石膏 15 g	蜜枇杷叶 5 g	生甘草 10 g

2剂，水煎服，一日三次。告知其他药不再使用。

第三天得悉，小孩病情已好转，不再发热，精神转佳，并发来一段小孩活蹦乱跳的视频以示感谢。

按语：2022年12月，成都新冠感染人群迅速增多，病情和症状表现各异，但早期以呼吸道症状为主，如高热、咽干咽痛，甚则咽部刀割样疼痛、全身乏力、身痛或全身酸痛等，后期以咳嗽为主。从季节和症状分析，系寒湿疫毒。本例虽未做核酸检测，但正处于新冠感染的高潮期，感染新冠的可能性非常大。宣肺利咽止咳方原偏于解表发散利咽，清热解毒之力不足，故加用多味清热解毒药，由此全方集宣肺清热除湿、解毒化痰利咽于一身。因热呕，故用藿香、枇杷叶清热止呕。

病案3：赵某，女，13岁半，2022年12月17日初诊。

主诉：发热、咽痛1天。

患儿发热1天，体温38.8 ℃，咽痛（长期扁桃肿大），身痛，鼻塞，咳嗽有痰，服布洛芬后胃痛、腰痛，舌红，苔黄腻。（网诊，无脉象）

诊断：寒毒疫。

辨证：外寒内热。

治法：解表清热解毒，祛痰利咽止咳。

处方：八味大发散加减。

麻黄 12 g	防风 18 g	白芷 18 g	藁本 12 g
羌独活各 18 g	牛蒡子 10 g	桔梗 12 g	马勃 10 g
法半夏 15	陈皮 12 g	茯苓 18 g	浙贝母 12 g
杏仁 15 g	前胡 18 g	黄芩 18 g	银花 25 g
连翘 25 g	板蓝根 18 g	石膏 30 g	生甘草 10 g

3剂，水煎服，一日三次。

2天后，其母亲微信告知，患儿服药后体温正常，咽痛、鼻塞等症状也基本控制，唯余微咳，嘱继续服药。

按语：八味大发散本为眼科方，实则外感及五官疾病的早期均可运用，较四味大发散解表力更强。本例除鼻塞、咳嗽外兼有身痛，故更适宜用八味大发散。在发散外部寒湿的基础上，因为舌红、苔黄腻等判断其内有热毒和痰湿，增加了清热解毒利咽、化湿和胃、止咳化痰药，多管齐下，以应对整个病情。

3. 小儿咳嗽

（1）外感咳嗽

① 热咳

曾某，男，5岁，2020年2月20日初诊。

主诉：咳嗽半月。

咳嗽已近半月，先是白天咳嗽，一咳即连续6~7次，咳声重浊（发的微信语音），痰多，近日逐渐加重，现在晚上也咳，口臭，舌红苔黄。（网诊，无脉象）

诊断：咳嗽。

辨证：痰热。

治法：清肺泻热，健脾化痰。

处方：泻白散加减。

荆芥9 g	牛蒡子7 g	桔梗8 g	桑白皮15 g
地骨皮9 g	黄芩10 g	蜜枇杷叶8 g	蜜紫菀9 g
蜜款冬花9 g	全瓜蒌8 g	竹茹7 g	浙贝母8 g
白术12 g	生甘草6 g	炒谷麦芽各15 g	

5剂，水煎服，一日三次。

2020年2月22日二诊：药刚服2天，家长微信联系，感觉咳嗽未明显缓解，痰不易咳出来，舌红赤，苔黄厚腻。并言小孩很喜欢吃肉，很多时候甚至光吃肉不吃蔬菜。

前方加石膏15 g、连翘12 g、陈皮8 g、川贝母4 g，让另购竹沥水口服。

2020年2月26日三诊：昨晚没咳嗽，起床后咳嗽也有缓解，有少许浓白鼻涕和黄眼眵，口臭，像臭鸡蛋味，舌红赤，苔黄厚腻。

辨证：食积化热。

处方：甘露消毒丹加减。

藿香 10 g	紫苏叶 10 g	白芷 10 g	牛蒡子 7 g
桔梗 8 g	黄连 10 g	黄芩 12 g	石膏 15 g
蜜枇杷叶 8 g	冬瓜仁 8 g	川贝母 4 g	杏仁 9 g
蜜款冬花 9 g	炒白术 12 g	滑石 15 g	炒谷麦芽各 15 g
炒山楂 10 g	茯苓 10 g	生甘草 6 g	

其后家长联系，已连续 2 天晚上未再咳嗽，白天偶尔咳一两声，嘱其停药观察。

按语：患儿咳嗽半月以上，首诊已判明为痰热，但治疗效果不显。二诊已考虑系食积化热，痰不易咳出，虽然辨证准确，用药也未失误，但药力不济，前期效果并不令人满意，加用川贝母之后，家长反映效果明显。可见川贝母化痰的效果确实值得信赖。但临床上，因为川贝母价格偏高，一直保留作为二三线用药。另一个问题是，一诊时由于光线或其他原因，舌质仅较红，舌苔虽然偏黄，远没有二诊、三诊发来的舌质那样红赤和苔黄厚腻，也是教训之一。小孩偏嗜肉食，显然是其内热的原因，已嘱其饮食多样化。这种情况如仅清热化痰止咳，不健脾化食以解除病因治本，咳嗽也难以速愈。

② 湿咳

沈某，男，5 岁，2018 年 12 月 23 日初诊。

主诉：咳嗽 20 天。

反复咳嗽已 20 天，晨起明显，有白痰，鼻塞，清涕，口中有异味，舌淡红苔白厚，脉滑。

诊断：咳嗽。

辨证：外感风寒，痰湿壅肺。

治法：宣肺健脾化湿，疏风散寒止咳。

处方：二陈平胃散加减。

麻黄 7 g	白芷 8 g	防风 8 g	牛蒡子 6 g
桔梗 6 g	苍白术各 10 g	厚朴 7 g	法半夏 6 g
陈皮 6 g	茯苓 6 g	蜜紫菀 7 g	蜜款冬花 7 g
白豆蔻 5 g	生甘草 5 g	甜叶菊 1 g	

5剂，水煎服，一日三次。

2018年12月30日二诊：咳嗽明显减轻，但晨起后会偶尔咳两声，仍鼻塞，舌红苔黄，脉滑。

辨证：外寒内热，痰热壅肺。

处方：四味大发散加减。

麻黄7g	白芷8g	藁本6g	牛蒡子5g
桔梗6g	浙贝母7g	桑白皮12g	黄芩8g
蜜枇杷叶6g	海浮石7g	蜜款冬花7g	全瓜蒌7g
生甘草5g	甜叶菊1g		

5剂，水煎服，一日三次。

按语：咳嗽虽已20余天，寒邪仍未能全解，故鼻塞，清涕不止，但相较外寒而言，痰湿为病症症结，故首诊用二陈平胃散为主，兼用解表散寒药。二诊痰湿壅积化热，在大发散基础上兼用清肺热药。但不论是外寒、内热、还是痰湿、痰热都着眼于内外兼顾，不能顾此失彼。四味大发散中蔓荆子发散力弱，先生每用白芷代之。

（2）内伤咳嗽

① 气虚咳

刘某，女，半岁，2020年4月26日初诊。

主诉：干咳1月。

咳嗽1月，干咳无痰，活动后加重，近日不思食，大便数日一行，前医用药偏重于寒凉，指纹淡红，舌淡红而多津液。

辨证：肺气不宣，脾虚及肺。

治法：宣肺健脾，润肺止咳。

处方：枳术散加味。

杏仁5g	蜜紫菀8g	蜜款冬花7g	全瓜蒌6g
枳壳5g	生白术12g	牛蒡子6g	僵蚕7g
茯苓6g	白豆蔻4g	陈皮6g	五味子4g
生甘草5g			

3剂，水煎服，一日三次。

2020年4月29日二诊：咳嗽频率降低，但躺下后就加重，吃奶少，指纹红，舌淡红多津液。

辨证：肺脾两虚。

处方：桂枝汤加味。

桂枝 5 g	炒白芍 6 g	生姜 5 g	大枣 8 g
生甘草 5 g	杏仁 5 g	蜜紫菀 8 g	蜜款冬花 7 g
五味子 4 g	炒白术 10 g	茯苓 6 g	怀山药 10 g
炒谷麦芽各 12 g			

5 剂，水煎服，一日三次。

2020 年 5 月 7 日三诊：已很少咳嗽，大便数日甚至一周不解，原有便秘，胃口差，尿少，指纹红，舌淡红苔白滑。

辨证：肺脾两虚。

处方：参苓白术散加减。

党参 8 g	生白术 20 g	茯苓 5 g	砂仁 3 g
怀山药 10 g	炒扁豆 7 g	枳实 6 g	厚朴 7 g
牛蒡子 5 g	杏仁 5 g	生紫菀 8 g	炒莱菔子 10 g
生甘草 4 g	甜叶菊 0.5 g		

5 剂，水煎服，一日三次。

2020 年 5 月 20 日四诊：服药后大便约 3 天 1 次。现晚上一放下即醒，有时半小时到 1 小时即醒一次。已加辅食，大便不干燥。指纹红，舌红津液多。

辨证：肺脾两虚。

处方：参苓白术散加减。

党参 8 g	生白术 20 g	茯苓 6 g	大枣 8 g
当归 7 g	酸枣仁 12 g	夜交藤 12 g	灵芝 8 g
生甘草 5 g	甜叶菊 0.5 g		

3 剂，水煎服，一日三次。

其后睡眠及大便逐渐正常。

按语：小孩虽前期症状主要为咳嗽，后期问题在睡眠，便秘则贯穿全过程，但都与脾胃有关。前期肺失清肃下降而咳，先用枳术散健脾理气，后用参苓白术散，其中白术重用健脾通便，对于大便不干燥者尤为适用，三诊时便秘较重，故加枳实、厚朴、炒莱菔子，其时眠浅，也与肠胃不畅有关，胃不和则卧不安。故补土生金以收功。

② 阴虚咳

曾某，男，8岁，2018年11月24日初诊。

主诉：咳嗽半月

咳嗽已有半月，有痰，晚上为重，形体消瘦，脉弦滑，舌尖红苔黄。

诊断：咳嗽。

辨证：阴虚咳嗽。

治法：滋阴润肺，祛痰止咳。

处方：百合固金汤加减。

百合 20 g	麦冬 10 g	生地 8 g	玄参 10 g
赤白芍各 10 g	牡丹皮 9 g	地骨皮 10 g	牛蒡子 8 g
桔梗 9 g	蜜紫菀 10 g	蜜款冬花 10 g	海浮石 8 g
全瓜蒌 8 g	生甘草 6 g		

3剂，水煎服，一日三次。

2018年11月29日二诊：晚上已不咳，但白天仍不时要咳，口气重，早上为甚，脉弦滑，舌尖红，苔黄腻，已化为胃热。肺阴虚为本，胃湿热为标，黄连温胆汤加减。

黄连 9 g	法半夏 10 g	陈皮 10 g	茯苓 12 g
苍白术各 12 g	百合 20 g	玄参 8 g	蜜紫菀 10 g
蜜款冬花 10	蜜枇杷叶 8 g	炒谷麦芽各 15 g	生甘草 6 g

3剂，水煎服，一日三次。

按语：据咳嗽半月以上、晚上为重、形体消瘦等，辨为阴虚咳嗽。5天后二诊时痰郁化热，标本兼顾。小孩稚阳之体，易寒更易化热。

4. 手足口病

张某，男，6岁，2023年6月28日初诊。

主诉：高热后出现手足疱疹2天。

患儿3天前（25日）晚上高热39.3 ℃，2天前逐渐退热到38.5 ℃，同时身上开始出疹，1天前体温恢复正常，同时疹疱更多更重。在儿童医院和某医院皮肤科确诊为手足口病。舌红赤，舌尖尤红，芒刺明显，苔中薄黄，双侧臀部及大腿部密布约 60 颗绿豆大疱疹高起，最大者接近小黄豆大小，大部分呈红粉色，双手部疱疹色红，约米粒大小，扁平状。下唇红赤肿胀，亦有疱疹。

诊断：手足口病（重症）。

辨证：热毒炽盛。

治法：清热化湿，凉血解毒。

处方：普济消毒饮加渗湿药。

黄连 8 g	黄柏 8 g	板蓝根 12 g	金银花 10 g
连翘 10 g	牛蒡子 5 g	生地 7 g	玄参 7 g
赤芍 8 g	茯苓 8 g	薏苡仁 20 g	生甘草 6 g

3 剂，水煎服，一日三次。

告知家长处方中用有多味清热解毒药，注意观察小儿是否会腹泻。

第二天早上家长告知，已服药 2 次，昨日未大便，今日早晨大便干燥，未出现腹泻，询问先生是否调整处方、输液、加腹泻药等情况。先生嘱其继服前方。

再开外洗中药方：

| 苦参 20 g | 黄柏 20 g | 银花藤 30 g | 地丁草 25 g |

嘱其只能用温水漯洗，水不能烫。

当天下午家长告知服了第 4 次药后，腹泻 3 次。同时双小腿出现绿豆大小不一的粉红色疱疹，大者如臀部样高起，左侧约 30 颗，右侧略少，足底出现红疹，比手部颗粒稍大，右足大约 20 余颗，左侧略少，也有 10 余颗。告知家长小孩疱疹很重，从未见过这样重者，家长回复说西医亦说从未见过这样严重的手足口疱疹。先生请家长注意观察病情，警惕发生并发症，家长回复说小孩精神状态不错，稍感安慰。让其注意疱疹破后注意消毒，避免感染。

第三天晚上九点家长告知患者体温升高到 38.7℃，又腹泻了三次，询问是否加药。嘱其先物理降温，同时注意观察，暂不换方。

就诊后第四天家长告知昨晚小孩睡觉后体温下降，今早体温已正常。其臀部疱疹红赤减退，颜色变为暗红，但小腿疱疹仍红仍高。家长说发病后当初去过两家医院，医生都说没有见过这样严重的手足口疱疹，最开始医生未能确诊，诊断写的"病毒疹，合并水痘"，后来才确诊为手足口病，并填报上级单位。问病愈后小孩会不会留疤，告知不会。

2023 年 7 月 1 日，早间见舌红，舌前部可见红色芒刺，但较 3 天前明显减轻，同时舌上已有少许津液，舌中部苔黄腻，热毒明显减轻，出现湿热。考虑疱疹以下肢湿热为主，拟四妙散加味方。

  黄柏 8 g 苍白术各 12 g 薏苡仁 20 g 川牛膝 10 g
  虎杖 12 g 金银花 12 g 连翘 12 g 赤芍 9 g
  滑石 12 g 茯苓 9 g 厚朴 10 g 生甘草 6 g

3 剂，水煎服，一日三次。

中午孩子家长发来小孩臀部照片，可见大部分皮肤疱疹变暗变浅，部分开始结痂，但腿部疱疹还红。感觉疱疹总体开始好转。

2023 年 7 月 2 日，跟家长联系得知大小腿部开始结痂，病情缓解。

按语：手足口病病情轻重表现不一，轻症仅见发热，手足部散在疱疹，重者出现中枢神经、心肺的并发症，甚至导致死亡。本例患儿高热后出疹，臀部和大腿、小腿部疱疹又红又大既多且密，前所未见。舌红赤，舌尖尤红，芒刺明显，首诊考虑以热毒为主，兼有湿热，用普济消毒饮，加茯苓、薏苡仁除湿。二诊因疱疹红赤高起状况减轻，舌质红赤程度亦变轻，但舌苔黄腻，病变主要集中于下肢，故用四妙散加味方清热除湿，兼以活血。

治疗过程中家长不断联系，微信先后数十条，先生为了解观察病情，同时也为了帮助家长解除疑虑，在忙碌中不厌其烦地联系开导，实为医者仁心。在治疗过程中，家长于开始时提出是否需要同时到医院输液，后又提出想增加泻下药，中间小孩体温增高后，又很着急地问是否要增加清热药，先生一直主张坚持只用中医治疗，不随意改变处方，表现出足够的信心和坚持中医治疗本病的决心。病情虽重，临危不乱，可见先生多年临床磨炼的功夫，也可见小孩家长的信任是坚持中医治疗和取得疗效的重要因素。

5. 小儿便秘

岳某，女，4 岁，2018 年 11 月 25 日初诊。

主诉：长期便秘。

患儿自小就经常便秘，服药期间则 2~3 天一行，近日感冒后咳嗽，稠涕，晨起为重，脉滑，舌淡红少苔。

诊断：便秘，感冒。

辨证：脾胃气滞，痰热咳嗽。

治法：宣肺清胃，滋阴通便。

处方：三拗汤合枳术散加味。

麻黄 7 g	杏仁 7 g	生紫菀 10 g	枳实 10 g
炒莱菔子 15 g	牛蒡子 8 g	槟榔 8 g	桑白皮 15 g
黄芩 9 g	白术 20 g	当归 10 g	瓜蒌仁 8 g
生地 10 g	玄参 10 g	生甘草 6 g	

5 剂，水煎服，一日三次。

2018 年 12 月 2 日二诊：服药后大便形状变软，但仍 2~3 天一行，咳嗽，清涕，昨夜咳嗽加剧，脉滑，舌红，苔白厚腻，前方已初见功，继续宣肺止咳，行气通便。

麻黄 7 g	杏仁 8 g	生紫菀 10 g	地骨皮 8 g
枳实 12 g	炒莱菔子 20 g	牛蒡子 8 g	槟榔 8 g
知母 10 g	白术 20 g	瓜蒌仁 12 g	生地 10 g
玄参 10 g	生甘草 6 g		

5 剂，水煎服，一日三次。

2018 年 12 月 9 日三诊：患者无便意，大便一周二次，但不干燥，晚上咳嗽，脉沉滑，舌红少苔。上方泻下药量重而力仍不达，必借将军雷霆之力。

杏仁 8 g	生紫菀 10 g	蜜款冬花 8 g	地骨皮 8 g
生地 10 g	百合 20 g	枳实 12 g	厚朴 12 g
炒莱菔子 20 g	牛蒡子 8 g	槟榔 12 g	白术 25 g
制大黄 6 g	生甘草 6 g		

5 剂，水煎服，一日三次。

2018 年 12 月 16 日四诊：加用大黄后，患者变为隔天一次大便，原来有时甚至是一周一次，晨起咳嗽，有稠涕，鼻塞，脉沉，舌红，苔白腻。

| 麻黄 6 g | 白芷 7 g | 藿香 7 g | 杏仁 7 g |

蜜紫菀 10 g	枳实 12 g	厚朴 12 g	炒莱菔子 20 g
制大黄 6 g	牛蒡子 8 g	槟榔 12 g	陈皮 8 g
广木香 10 g	生甘草 6 g		

5剂，水煎服，一日三次。

此后得知大便通畅，咳嗽亦愈。

按语：患者虽仅 4 岁，但长期便秘而且非常严重，兼有外感咳嗽，咳嗽属肺，位居于上，便秘属肠，位处于下，肺与大肠相表里，治疗必须宣上降下，肺与肠两者并治。故用药始终紧扣"肺合大肠"的经训，选用既能宣肺止咳，兼能通便的杏仁、生紫菀等药，同时配有不少清热润肠、行气通便药物。但宣肺行气、清热导滞、润肠通便之药尽管用量逐次加重，其后几乎接近成人用量，虽然有效，却始终不尽如人意，最后不得不加用制大黄。大黄不愧为将军之官，斩关夺隘，气势如虹，用后效果明显提高。看来，便秘尽管不得常用大黄之类泻下药，以免大肠黑变和引起继发性便秘，但必要时可以从权，非如此则难以奏功。

（四）外科疾病医案

1. 玫瑰痤疮

病案 1：郑某，女，56 岁，2019 年 12 月 25 日初诊。

主诉：双侧面部红肿 3 年。

患者 3 年来双侧面部红肿，灼热，晚上要吹电风扇的冷风才能入睡，口中出气热而烫，鼻干，脉沉弦，舌红赤少苔。

辨证：血热。

治法：疏风清热，凉血消肿。

处方：犀角地黄汤加减。

水牛角粉 20 g	黄柏 15 g	黄芩 15 g	金银花 20 g
连翘 20 g	生地 12 g	赤芍 15 g	紫草 12 g
牡丹皮 12 g	玄参 10 g	白芷 18 g	乌梅 15 g
川牛膝 20 g	生甘草 8 g		

5剂，水煎服，一日三次。

2019年1月4日二诊：服药后面部灼热感明显减轻，晚上已不再用吹电风扇冷风，鼻干，胃部隐痛多年，大便不成形，脉沉弦，舌红少苔有裂纹，原方减少清热药数量，加养阴和胃止痛药。

水牛角粉 20 g　　黄芩 15 g　　金银花 20 g　　连翘 20 g
石膏 20 g　　生地 12 g　　赤芍 15 g　　紫草 12 g
牡丹皮 12 g　　北沙参 15 g　　麦冬 15 g　　法半夏 12 g
枳壳 10 g　　白芍 12 g

5剂，水煎服，一日三次。

按语：面部红肿灼热数年，自觉症状尤其明显，判断其热入营血的根据在于红肿色深，晚上症状特别显著，用犀角地黄汤加清热解毒、凉血养阴药，白芷用以消肿，川牛膝引血下行而获效。二诊兼顾其阴虚，加养阴药，同时减去苦寒药黄柏，用法半夏和胃，四逆散中对药枳壳、白芍止胃痛，这也是先生平素治疗胃病的常用治法。

病案2：李某，女，79岁，2018年6月12日来诊。

主诉：皮肤痒疹时发。

手脚皮肤较多密集深色红疹，瘙痒不止，对很多东西都过敏，脉弦，舌红苔白。

诊断：湿疹。

辨证：血热。

治法：养血清热，疏风止痒。

处方：养血清热止痒方（经验方）加减。

水牛角粉 20 g　　黄柏 15 g　　牡丹皮 12 g　　赤白芍各 15 g
紫草 12 g　　丹参 20 g　　玄参 12 g　　金银花 18 g
连翘 18 g　　荆芥 15 g　　白芷 15 g　　刺蒺藜 15 g
僵蚕 12 g　　乌梅 12 g　　生甘草 10 g

3剂，水煎服，一日三次。

2018年6月16日二诊：皮肤红疹和瘙痒都明显减轻，但还感觉不时搔痒，常欲抓挠，口苦，脉弦，舌红苔滑。病状减轻，去清热凉血水牛角粉、玄参，加止痒的蝉蜕、五味子。

黄柏 15 g　　金银花 18 g　　连翘 18 g　　牡丹皮 12 g

赤白芍各 15 g　　丹参 20 g　　　白芷 15 g　　　薏苡仁 30 g

银柴胡 12 g　　　乌梅 12 g　　　五味子 10 g　　刺蒺藜 15 g

僵蚕 12 g　　　　蝉蜕 8 g　　　 生甘草 10 g

3剂，水煎服，一日三次。

按语：皮肤红赤者多为有热，但要分是血热或是风热，血热者色红而深，或暗紫，或病久而不解，或红色隐伏而深；风热者病浅而短暂，或时发时愈，来去无形，疹小散在而红浅。其皮肤红疹、红斑的颜色、形状、质地等都可以帮助判断。本例病情就诊初期辨证为血热，养血清热止痒方加水牛角粉凉血清热，二诊缓解后去凉血清热水牛角粉和紫草，用药有程度的不同。可见荨麻疹虽以风热为常见，但不尽属风热。同时患者年高，方中养血药必不可少。

2. 糖尿病性皮肤病

曾某，男，58岁，2019年12月28日初诊。

主诉：腿痒数日。

患者数日来腿部瘙痒，但外观皮肤红疹不显，晚上为重，患糖尿病7年，血糖虽每有反复，但起伏不大，脉弦，舌红暗紫，少苔。

诊断：糖尿病并发皮肤瘙痒症。

辨证：血虚生风。

治法：养血疏风，清热止痒。

处方：养血清热止痒方（经验方）加减。

当归 15 g　　　　生熟地各 12 g　　赤白芍各 15 g　　川芎 12 g

丹参 20 g　　　　鸡血藤 30 g　　　荆芥 15 g　　　 防风 15 g

白芷 18 g　　　　枸杞 15 g　　　　合欢皮 20 g　　 刺蒺藜 15 g

银柴胡 15 g　　　生甘草 8 g

5剂，水煎服，一日三次。

2019年1月4日二诊：腿痒好转大半，遇刺激会出现心悸，耳鸣，脉弦缓，舌红少苔。效不更方，原方出入。

当归 15 g　　　　生熟地各 12 g　　赤白芍各 15 g　　丹参 20 g

鸡血藤 30 g　　　刺蒺藜 15 g　　　防风 15 g　　　　白芷 18 g

| 酸枣仁 30 g | 合欢皮 20 g | 柴胡 12 g | 茯苓 15 g |
| 枸杞 15 g | 五味子 10 g | 巴戟天 15 g | 生甘草 8 g |

5剂，水煎服，一日三次。

按语：患者自述糖尿病 7 年，但患病时间往往并不准确，很多患者早期可能并不知情，往往在体检或病情严重之后检查方才发现。其腿痒外观无明显改变，兼以晚上为重，故判断血虚生风，首诊用养血清热止痒方加减，去其中凉血清热药，加强养血和血获效。二诊在前方基础上对症加减，加养心活血药。

3. 毛囊炎

雷某，女，30 岁，2020 年 1 月 2 日初诊。

主诉：头及胸背部多处红丘疹。

头及胸背部多处红疹，脱发，梦多，带下，形瘦，眼干，舌质淡红苔薄白，脉弦。

辨证：肺热。

治法：疏风清热解毒，滋阴凉血安神。

处方：五味消毒饮加减。

黄芩 18 g	金银花 20 g	连翘 20 g	马齿苋 25 g
野菊花 20 g	白芷 18 g	茯苓 18 g	车前子 12 g
赤芍 15 g	牡丹皮 12 g	百合 30 g	酸枣仁 40 g
夜交藤 30 g	生甘草 8 g		

5剂，水煎服，一日三次。

2020 年 4 月 2 日二诊：服上方后头部红疹逐渐消失，已不再脱发，但胸背部红疹小疙瘩仍多，白带色黄，月经延后，偶尔吃火锅，舌红少苔，脉弦。从全身情况结合局部症状考虑，应有肝肾阴虚兼有湿热，黄连解毒汤合二至丸加减。

黄柏 15 g	黄芩 18 g	金银花 20 g	连翘 20 g
马齿苋 25 g	赤芍 15 g	牡丹皮 12 g	夏枯草 20 g
女贞子 15 g	墨旱莲 30 g	当归 15 g	莲子心 3 g
白芷 18 g	巴戟天 15 g	皂角刺 12 g	生甘草 8 g

5剂，水煎服，一日三次。

此后得知诸症逐渐减轻。

按语：毛囊炎和痤疮可以说是同一类疾病，既有联系也稍有区别，主要据生长病位的不同可以帮助鉴别，有时也可能发生在同一个人身上。本例患者开始两者并有，一诊处方在清热解毒基础上兼顾失眠症状，服药后，毛囊炎得以很快控制，不再脱发。但胸背部痤疮红疹疙瘩仍未能控制，一是因为服药时间短，药力不济；二是胸背部疙瘩反复发作，患病时间长，病情顽固。故二诊清热解毒除湿之外，用夏枯草、当归、白芷、皂角刺散结，用女贞子、墨旱莲二至丸养肾阴，巴戟天引火归元。病位于上，故多为肺热。先生近年发现患者除青春期发病较多者外，30余岁的女性似有增加趋势，多与内分泌的关系非常密切，不能一味清热，调整肝肾在所必行。重庆王辉武先生治疗女性患者用四物汤加知母、黄柏，男性用知柏地黄汤治本，此案用二至丸及巴戟天引火归元用意类此，或属异曲同工。

（五）耳鼻喉疾病医案

1. 脓耳（中耳炎）

张某，女，5岁，2020年2月20日初诊。

主诉：中耳炎复发数日。

家长发信息说小孩曾在先生的门诊处看过鼻炎和中耳炎（处方未留存），病情有缓解，本以为已痊愈。近日看见她又拿手去挖耳朵，便引起注意。既往在某医院镜检发现双侧鼓膜浑浊，双侧中耳腔积液，右侧中鼻道，双侧下鼻道及鼻咽部黏液脓性分泌物，腺样体三度肥大。医生诊断为鼻窦炎引起的中耳炎，于是让家长观察患儿耳朵，发现外耳道有湿性分泌物，再让家长压迫小孩耳部后她感觉有压痛。舌红，苔白厚。（网诊，无脉象）

诊断：脓耳。

辨证：肝经湿热。

治法：清肝利胆，化湿排脓。

处方：小柴胡汤加味。

柴胡 9 g　　　黄芩 12 g　　　法半夏 10 g　　　赤芍 10 g

车前子 8 g	茯苓 10 g	僵蚕 10 g	牛蒡子 7 g
蒲公英 15 g	金银花 15 g	白芷 10 g	桔梗 8 g
葛根 30 g	生甘草 6 g		

5 剂，水煎服，一日三次。

2020 年 2 月 29 日二诊：药已服完，小孩耳部已无压痛，外耳道未再见湿性分泌物，舌红苔白略厚腻，询问得知平时胃口不好，挑食。辨为肝脾湿热，用《景岳全书》加味二陈汤。

柴胡 8 g	葛根 25 g	苍白术各 15 g	白芷 10 g
桔梗 8 g	僵蚕 9 g	黄连 7 g	法半夏 10 g
陈皮 10 g	茯苓 10 g	车前子 8 g	赤芍 10 g
生甘草 6 g	炒谷麦芽各 15 g		

5 剂，水煎服，一日三次。

按语：本病的治疗首先考虑从肝经着手清利湿热，处方特别注意配伍选用柴胡、葛根、桔梗等药升发上窍清阳，使阳气上达耳窍以助病愈。首诊热重于湿，适当选用清热解毒药，二诊因舌苔厚腻，出现脾脏症状，故健脾以化湿，前后二诊各有侧重，既针对不同病情症状，又考虑不同的病机变化，处方用药配伍灵巧活泼。小孩咽鼓管要到 6～7 岁左右才发育成熟，此前咽部病变很容易影响到鼻部，导致中耳炎，临床上需要注意鼻、咽、耳三者的相互影响。

2. 鼻鼽（过敏性鼻炎）

病案 1：吴某，女，44 岁，2020 年 2 月 14 日初诊。

主诉：鼻塞、鼻痒、喷嚏 1 月。

患者鼻塞不通，鼻痒、眼痒，清涕不止，喷嚏 1 月，晨起时有眼眵，咽干，晚上轻微头痛，因眼痒要用手不断去揉，去某医院开过几剂中药，不见效。既往也是每年 1 月底发作 1 次，但用地塞米松滴眼液和中药后可以缓解，这次由于未及时就医，愈来愈重，用柴胡、枳壳、赤芍、细辛、防风、黄芪、白术等药也没有明显效果，且用地塞米松滴眼液、鱼腥草眼药水和富马酸依美斯汀滴眼液也不见好转。鼻痒、眼痒程度十分剧烈。舌淡嫩苔白厚。（网诊，无脉象）

诊断：鼻鼽。
辨证：阳虚外感。
治法：疏风止痒，固表实卫。
处方：葛根汤和四味大发散加味。

麻黄 12 g	桂枝 10 g	防风 15 g	白芷 18 g
藁本 12 g	生姜 10 g	大枣 15 g	细辛 8 g
葛根 50 g	桔梗 12 g	乌梅 15 g	茜草 12 g
刺蒺藜 15 g	路路通 20 g	黄芪 30 g	川芎 12 g
生甘草 8 g			

3 剂，水煎服，一日三次。

2020 年 2 月 18 日二诊：感觉诸症特别是痒的感觉明显减轻，晚上睡觉没有再流清鼻涕，眼睛只是偶尔还会有一点痒，早上连续打了 6～7 个喷嚏，鼻子左右交替鼻塞，按压感觉有胀痛，鼻腔中有浓涕，唇干。舌淡嫩苔白略厚。辛温散寒有效，兼以去湿，前方去防风、大枣，加苍白术各 20 g、麦冬 15 g、法半夏 12 g。

5 剂，水煎服，一日三次。

2020 年 2 月 22 日三诊：症状明显改善，头痛已无，仅夜间鼻微塞，咽部不舒服，偶尔干咳几声，左眼还有些不适，晨起有少许眼眵。鼻部症状缓解，侧重解决咽喉症状。

前方去川芎，细辛改为 6 g，加荆芥 15 g、僵蚕 12 g、蜜款冬花 15 g。

3 剂，水煎服，一日三次。

2020 年 2 月 27 日四诊：仅觉鼻塞，左眼角稍有些不适，但要求继续服药巩固。治本为主，用桂枝加葛根汤合二陈汤。

桂枝 10 g	炒白芍 10 g	生姜 10 g	大枣 15 g
葛根 40 g	桔梗 12 g	黄芪 40 g	苍白术各 20 g
法半夏 12 g	陈皮 12 g	茯苓 15 g	白芷 18 g
刺蒺藜 15 g	川芎 10 g	生甘草 8 g	

5 剂，水煎服，一日三次。

2020 年 3 月 7 日五诊：眼睛时痒不适，晨起有眼眵，舌淡苔白厚。风邪未解，养血清热止痒方（经验方）加减。

荆芥 15 g	白芷 18 g	薄荷 12 g	刺蒺藜 15 g
藿香 15 g	苍白术各 20 g	厚朴 18 g	陈皮 12 g
桑叶 12 g	乌梢蛇 12 g	金银花 15 g	生甘草 8 g

5剂，水煎服，一日三次。

2020年3月11日六诊：眼睛明显好转，人也觉得轻松舒服，昨天下午在阳台看书时偶尔流清鼻涕，舌红苔黄。风邪外袭，疏风发散，升清止痒，继用前方加减。

麻黄 12 g	荆芥 15 g	防风 15 g	白芷 18 g
刺蒺藜 15 g	生黄芪 40 g	葛根 40 g	桔梗 12 g
金银花 15 g	乌梅 12 g	生甘草 8 g	

按语：此例患者自觉症状非常显著，加上连续治疗的时间较长，故疗效的观察非常清晰，病情从缓解到偶尔轻度发作，由重而轻，舌质由淡嫩而红，舌苔由白厚而变黄的全过程都得以展现。前医用药本无大误，但忽略了辨证中病人体质为阳虚和感受风邪而痒这两个最基本的问题，用药未在这二者上重点着墨，故而效果不显。其实患者即使没有能够诊脉，但舌质淡嫩苔白厚所表现阳虚有寒的特点，无可置疑，痒则属风，需用祛风药止痒。处方中另一个重要特点是用有八味大发散，该方的麻黄与葛根汤稍有重复，但藁本、细辛、防风、白芷、川芎都是原方的主药，仅未用羌活与蔓荆子，因为已有麻黄等药。处方中同时根据《内经》"清阳出上窍"的原理，选用葛根、桔梗、黄芪等药，直达病位开窍，是其取效的第三个重要原因。故药仅三剂，效如鼓桴。二诊时病人感觉口干，跟用药偏温热有关，故加麦冬，因苔白厚，兼以除湿。因鼻痒眼痒减轻，故去防风。三诊根据病人咽喉和咳嗽症状，用药稍加调整。四诊用药巩固疗效，防其复发。五诊、六诊本无大碍，但病人要求服药巩固，故处方一方面针对局部症状祛风止痒，一方面补气扶正治本巩固以免复发。

病案2：朱某，女，31岁，2023年3月24日初诊。

主诉：鼻塞，鼻痒，受寒而不时发作。

形体偏瘦。过敏性鼻炎，受寒即发，现咽痛，鼻痒，眼干，头痛头昏，神疲，多梦，食道反流，脉细弦，舌淡红苔白薄滑。

诊断：鼻鼽。

辨证：风寒外袭。
治法：疏风散寒，益气通窍。
处方：八味大发散合苍耳散加减。

麻黄 12 g	荆芥 18 g	防风 18 g	白芷 18 g
川芎 15 g	细辛 8 g	苍耳 15 g	辛夷 10 g
牛蒡子 10 g	桔梗 12 g	茜草根 12 g	五味子 10 g
乌梅 15 g	黄芪 50 g	旋覆花 12 g	炒酸枣仁 30 g
生甘草 8 g			

5剂，水煎服，一日三次。

2023年5月21日二诊：述服用前方后，效果非常显著，病情很快得到控制。现又再次发作，喷嚏不止、清涕20余天，咽痒痛，气紧，有黄痰。

辨证：外寒内热

处方：八味大发散合苍耳散加减

炙麻黄 12 g	防风 18 g	白芷 18 g	藁本 12 g
杏仁 15 g	地龙 20 g	厚朴 18 g	牛蒡子 10 g
桔梗 12 g	茜草 12 g	五味子 10 g	乌梅 15 g
黄芩 18 g	枳壳 12 g	生甘草 6 g	

3剂，水煎服，一日三次。

按语：患者首次就诊时，受寒即发，同时伴咽痛、鼻痒、眼干、头痛头昏、神疲、多梦、食道反流等，病情比较复杂，但受寒发病是主要特点，以鼻鼽诸症为主，同时舌淡红苔白薄滑有助于判断系受外感风寒，用八味大发散合苍耳散为主方加减。原方去羌活用荆芥是考虑同时伴有咽痛，同时形体偏瘦，脉细弦，体质偏阴虚，荆芥既有利于咽喉病症，药性也更加平和。

二诊时在过敏性鼻炎基础上，同时兼有支气管哮喘，以致出现气紧，同时病程已达20余日，痰黄、便秘，出现化热倾向，辨证为外寒内热，故用大发散外散风寒，升发清阳，同时用杏仁、厚朴、地龙平喘，黄芩清热，枳壳行气通便，肺喘与大肠便秘上下同治，相得益彰。

3. 鼻窒（鼻炎）

矫某，女，36岁，2019年11月20日初诊。

主诉：感冒咳嗽鼻塞1月。

发病后曾2次去某医院治疗，开有7种药物，服用已达20余日，咳嗽有所缓解，但鼻塞仍然严重，只能用口呼吸，影响晚上睡眠，现鼻塞涕多，涕为黄绿色，咳嗽有痰，脉弦，舌红赤。

诊断：鼻窒。

辨证：外寒内热。

治法：宣肺散寒，清热通窍。

处方：自拟方。

麻黄12 g	白芷18 g	藁本12 g	藿香12 g
桔梗12 g	桑白皮20 g	黄芩18 g	蜜紫菀18 g
蜜款冬花18 g	百合30 g	生甘草8 g	

3剂，水煎服，一日三次。

服药二次后即觉鼻腔可以通气，咳嗽明显减轻，晚上能睡个好觉。

2019年11月27日二诊：黄涕减少，仍有鼻塞，咳嗽，痰少，晚上为重，脉弦滑，舌红少苔。改用八味大发散加减。

麻黄12 g	白芷18 g	藁本12 g	细辛8 g
川芎12 g	路路通20 g	牛蒡子10 g	桔梗12 g
桑白皮20 g	生地18 g	百合30 g	蜜紫菀18 g
蜜款冬花18 g	生甘草8 g		

3剂，水煎服，一日三次。

其后得知服药后诸症逐渐控制。

按语：感冒鼻塞一月，外寒未解而内已积热，首诊考虑内已化热，外散寒邪与芳香化湿药并用，偏于平和。二诊时黄涕减少但仍有鼻塞，下决心用八味大发散为基础加减，升阳散寒活血通窍。鼻塞的早期治疗以辛温散寒为主，冬季用八味大发散正当其时，兼通鼻窍，故而获效。

（六）其 他

1. 落 枕

邱某，女，2020年2月6日初诊。

主诉：颈项，肩背麻木剧痛伴眩晕1周。

因晚上睡觉用了一个较硬的新枕头，以致颈部不适，第二天早晨起床后感觉颈部及整个左侧肩臂剧痛而麻木，不能转动，恶心想吐，现已1周一直未能缓解，曾用九味羌活丸及热敷，无明显效果，舌红苔白厚腻。（网诊，无脉象）

辨证：寒痹。

治法：温经散寒，除湿通络。

处方：葛根汤合八味大发散加减。

麻黄 12 g	桂枝 12 g	葛根 60 g	羌活 18 g
北细辛 8 g	苍术 30 g	姜黄 15 g	威灵仙 20 g
伸筋草 20 g	川芎 12 g	厚朴 20 g	木瓜 15 g
蚕沙 12 g	茯苓 18 g	生甘草 10 g	

3剂，水煎服，一日三次。

二诊，患者微信联系，告知左手麻木缓解，颈部及肩臂痛也有缓解，不再恶心欲吐，睡时左侧已轻松舒服很多，但颈和臂肩仍然痛，不能睡枕，嘱其再用二剂。

其后微信随访联系时得知，其颈部活动度增加，可以后仰，但疼痛仍存，不敢睡枕头。

按语：因睡眠时用枕头过硬导致颈部不适而肌肉痉挛，颈椎神经及脊髓均受压，病情来势颇急而症重，故重用葛根、苍术，辛温散寒之外，兼以除湿通络解痉而获效。

2. 盗　汗

陈某，男，49岁，2018年12月25日初诊。

主诉：盗汗2月。

手脚发软，盗汗，口苦而腻，尿黄2月，脉弦，舌红边沿痛，苔微黄腻。

诊断：盗汗。

辨证：湿热并重。

治法：健脾行气化湿，清热凉血止汗。

处方：神术散加味。

藿香 15 g	苍白术各 20 g	厚朴 18 g	陈皮 12 g
滑石 20 g	黄连 10 g	黄柏 15 g	连翘 20 g
赤白芍各 15 g	牡丹皮 12 g	五味子 10 g	山茱萸 15 g
生甘草 8 g			

5剂，水煎服，一日三次。

2019年1月3日二诊：已不再盗汗，舌痛，有灼热感，皮肤亦有灼热感，但外观正常，脉弦，舌红赤苔薄。湿邪已去，热重于湿。

黄连 12 g	连翘 20 g	赤白芍各 15 g	牡丹皮 12 g
川木通 8 g	生地 15 g	川牛膝 20 g	枇杷叶 12 g
丹参 20 g	鸡血藤 30 g	刺蒺藜 15 g	生甘草 8 g

3剂，水煎服，一日三次。

按语：盗汗以虚热为多，如由湿热引起，以夏天和体型肥胖者多见。首诊湿热并重，用《医学心悟》神术散（藿香、苍术、厚朴、陈皮、砂仁、甘草）加清热药，二诊湿退热重，偏重清热兼以养血凉血。

川派中医药名家系列丛书

学术思想

和中浚

巴蜀大地，自古名医辈出，汉有涪翁、程高、郭玉，唐宋有昝殷、唐慎微，明清有韩懋、郑钦安、唐宗海，晚清至民国的巴蜀中医界更是异彩纷呈、璨若星河。先生生长于巴蜀，自幼浸染巴蜀文化，深受巴蜀历代名医影响。1965 年考入成都中医学院，更得益于蜀中名家耳提面命。加之先生攻治文献，潜心学问，在中医古籍文献一途成为著名专家，因此能将历代名医学说与其五十余年临床经验融会贯通，发皇前辈理论，形成了独特的"和派"中医学术思想。先生理论造诣深厚、临床经验丰富，在中医理论研究方面颇多建树，在临床病证的证治方面也颇具特色，现总结其要者，包括咽喉枢机论、清阳升发论、养肝重在养血论，拟从学术思想、学术源流角度总结其在中医理论方面富有特色的学术见解。

一、咽喉枢机论

先生青年时从事眼科专科临床工作，兼通耳鼻喉科，后从事中医五官科文献研究工作，因此在咽喉科一门，从理论到临床日渐深入，渐臻大成。中年不唯眼科、耳鼻喉科，内科、儿科亦渐通达，并兼及中医各科临床。在临床的辨证治疗中，注意到外感疾病特别是咳嗽与咽喉之间有着密切关系，结合中医咽喉科与中医内科理论，先后提出了"外感要看咽喉""咽喉为咳嗽的枢机"等观点，逐渐形成了"咽喉枢机"理论。

《医贯》卷之四说："盖咽喉司呼吸，主升降，此一身之紧关。"咽喉属肺系，犹如关隘，是呼吸之气或邪气进入肺部的通关要道。外感病证早期就可能首先出现咽喉部的症状，也可能在病变中后期的传变中引发咽喉疾患。《伤寒论》少阴病篇中曾论及咽痛及其治疗，温病学也十分重视咽喉部位的诊治。如叶桂《温热论》指出："温邪上受，首先犯肺。"吴鞠通《温病条辨》云："温病由口鼻而入，自上而下，鼻通于肺，始手太阴。"温邪犯肺，无论是从口入，还是从鼻入，皆须通过咽喉。因此，先生在诊治外感病之时，十分重视咽喉的状况，认为不仅五官科医生要诊察咽喉，内儿科医生也应该重视咽喉的诊治。先生为强调咽喉在外感疾病诊治中的重要性，提出咽喉乃人体口鼻外窍与脏腑肺胃之间的重要枢机,其认识既涵盖了咽喉之生理病理特点,也是对中医枢机学说的内容补充和创新性认识。

所谓枢机,"枢"的原意指门轴,枢机主要与气机运动有关。前人认为,人身有几处重要的枢机,首先是脾胃,乃因脾胃主升清降浊,脾主升清,一身清气皆升,胃主降浊,一身浊气皆降,脾胃居于人体中焦,斡旋一身气机,故为枢机。在五行四时,脾胃属土,时应长夏,为五行四时生长化收藏之枢纽,故为人身最核心的枢机。此外,《内经》所言"少阳为枢""少阴为枢"亦为两处重要枢机,少阳为表里气机出入之枢,少阴为心肾水火升降之枢。可见,从人身来说,枢机主要与气机运动有关。《素问·六微旨大论篇》提及:"升降出入,无器不有",所谓枢机即气机升、降、出、入(或升、降、浮、沉)之所,这些论述既明确了人体以脾胃为主的"枢机"基本概念,同时也提示了人体不同位置的其他"枢机"所在,以及气机运动与"枢机"的密切关系,为"咽喉枢机论"提供了理论借鉴。

咽喉为呼吸之气出入的道路,又是发声器官,咽喉的开阖犹如一道门户,居于口鼻之下,肺胃之前。且咽主吞咽,通利水谷,水谷要通过咽喉才能到达于胃,故咽喉又为胃和食管之前的一道门户。古人将咽与喉分属肺、胃,咽属胃系,脾胃是肺气肃降的枢机;喉本为肺之门,关系到气息出入升降。而两者都位于肺气出入升降转输的关隘要地,咽喉同时又是人体经脉交会之处,十二经脉之中,除手厥阴心包经和足太阳膀胱经是间接通于咽喉外,其他10条经脉都直接连于咽喉。咽喉既是肺、胃之门户,同时也是上焦气机转输的一处重要枢机,咽喉的生理结构和位置决定了其为呼吸道气息上下、食物吞咽进入消化道的"枢机"所在,故先生乃提出咽喉枢机之说。咽喉同为肺、胃之门户,而有门户者,必有枢机,有枢机,方有门户之开阖,将咽喉作为枢机,一因其位置,二因其关乎气息的出入。这便是先生"咽喉枢机"说之理论思路由来。

《灵枢·忧恚无言》说"喉咙者,气之所以上下者也""颃颡者,分气之所泄也",都是指咽喉与气息出入的关系。呼吸之气、水谷食物、外感邪气,皆须在咽喉门户处通关。如呼吸声息,都赖气机在咽喉部位的出入控制;纳谷吞咽,即气机在咽喉部位的升降;邪气外感肺系窍道,深入于肺,亦从咽喉部进入。咽喉之生理病理与气机的升降出入密切相关。若气机不利,势必影响咽喉门户的开阖,从而导致咽喉枢机不利,不仅会酿生咽喉部疾患,还会加重肺窍郁闭,导致肺气不宣,引发肺部疾患,从而出现咳嗽伴咽痒、咽痛、痰涎壅滞,重者发热不退等症状。故此类病症的治疗时,必须重视咽喉枢机的调理。治法上,可配伍宣肺利咽、升降气机之品,以转输咽喉枢机。

"咽喉枢机论"学术思想的产生,源于先生在临床上治疗咳嗽等外感疾病时,发现咳嗽经常会伴随一些咽喉的症状,如咳嗽初期每觉咽痒,有些患者咳嗽时伴有咽痛,或久咳后感觉咽喉肿痛,或每觉咽喉有痰,或喜欢清嗓,出现短促声咳嗽,也有很多患者咳嗽时觉得痰卡在咽喉处不容易咳出,需要费很大的力或较长的时间把痰液咳出来之后才感到轻松,或经常出现咽喉部有异物感,这些症状无一不清楚地表明咽喉和咳嗽在病理上有着千丝万缕的关系。同时,通过利咽散结发挥咽喉枢机作用的治疗之后,临床疗效明显提高。故先生在治疗外感咳嗽发热等病证时,特别注意因势利导,强调要充分重视咽喉相关症状的处理,认为应该把咽喉作为治疗咳嗽的枢机来认识和对待,治法上应畅达咽喉气机,灵活运用方剂中与治疗咽喉相关的药物配伍。通过改善咽喉的症状和提高咽喉的"枢机"作用,使肺的肃降功能得以充分发挥,上下气息得以顺畅,从而可以明显提高治疗咳嗽的疗效,这一点是过去诸家有所忽略的地方,是在咳嗽诊治方面的新发展。

先生"咽喉枢机"一说,无论是在中医理论,还是在临床实践方面都具有重要的价值。理论方面,提出咽喉为枢机,深化了中医对咽喉生理病理特点的认识,丰富了中医脾胃枢机学说的理论,促进中医咽喉科专科理论的进一步发展。临床实践方面,"咽喉枢机论"脱胎于临床,是基于临床实际总结出来的宝贵经验,能很好指导临床外感咳嗽、发热以及咽喉疼痛等多种病证的诊治,有助于提高疗效。

二、清阳升发论

"清阳"一词,最早见于《内经》。《素问·阴阳应象大论篇》说:"清阳为天,浊阴为地。地气上为云,天气下为雨,雨出地气,云出天气。故清阳出上窍，浊阴出下窍；清阳发腠理，浊阴走五脏；清阳实四肢，浊阴归六腑。"以天地自然界云腾雨降为比喻，论述了人体阴阳清浊升降之理。阳气上升、向外发散，阴气下降、向内沉降，故上升发散之阳气称之为"清"，有"轻清"之义，向下沉降之阴气称之为"浊"，有"重浊"之义。其中清阳主升发、发散，与人体中气斡旋升清的功能有着密切的关系。

《内经》之后，系统论述人体"清阳"生理的医家，当以李东垣先生为著。东垣先生重视气机的升降浮沉，认为脾胃是人体精气升降运动的枢纽。清阳的上升、升散，正如《内经》所说"地气上为云"，地气感受阳热的蒸腾上升为云，而清阳的上升、升散即来自于脾胃的"升清"功能。李东垣先生说："盖胃为水谷之海，饮食入胃，而精气先输脾归肺，上行春夏之令，以滋养周身，乃清气为天者也。升已而下输膀胱，行秋冬之令，为传化糟粕转味而出，乃浊阴为地者也。"又说："地气者，人之脾胃也，脾主五脏之气，肾主五脏之精，皆上奉于天，二者俱主生化以奉升浮，是知春生夏长皆从胃中出也。"李东垣先生以《内经》理论论述了人体清阳与浊阴升降之理，强调了脾胃升清降浊的重要性。在脾胃升降理论的指导下，李东垣先生创立了升清阳、泻阴火等治法，创制了补中益气汤、益气聪明汤、升阳汤、升阳散火汤、升阳顺气汤、升阳补气汤、升阳益胃汤、升阳除湿汤、升阳除湿防风汤等系列"升清阳"名方。李东垣先生脾胃升降学说还对后世眼科影响深远，《原机启微》《银海精微》等眼科名著对东垣学说及方药多有引述。早在2006年，先生与其研究生范玉兰发表的论文《<银海精微>与东垣学说的关系》中已注意到上窍与脾之清阳之间的关系，总结了《银海精微》中频繁运用的李东垣助阳活血汤等16方，"根据《内经》'清阳出上窍'之旨，东垣先生治疗眼病时极为重视阴阳的升降……认为清阳之气的上升是头面耳目诸窍维持正常功能的重要保证"，已认识到眼与耳鼻等五官同为清窍，受清阳之气的养护。

先生熟谙历代五官科文献，结合其数十年丰富的临床经验，继承与进一步发扬《内经》及李东垣学说。先生清阳升发的理论阐述与实践运用，主要体现在"清阳出上窍"与"清阳发腠理"两大方面。

首先，"清阳出上窍"方面。先生认为眼、耳、鼻俱居于头部，为人体空窍，又为清窍。《内经》说"清阳出上窍"，是指人体呼吸、发声、视觉、嗅觉、味觉、听觉等功能皆有赖于清阳升发，清阳升发，则阳气上通五官七窍，官窍才能发挥正常的生理功能。眼、耳、鼻俱为清窍，受清阳之气的养护，如《临证指南医案》中就有"耳为清空之窍"之说。

如以眼为例，眼为肝之外窍，眼不仅需要肝血，还需要五脏六腑之精滋养才能发挥正常的视觉功能。而五脏六腑之精包括肝血皆需要清阳升发、蒸腾气化才能上注于目，若脾胃清阳升发不足，则窍道堵塞，目中神光不得发越，或脏腑之精与气血不能上奉目窍，而出现目昏、目盲等症。《素问·五脏生成篇》说："诸气者，皆属于肺。"脾肺之气，既是轻清向上之气，又属阳气，带有温暖的生发蓬勃朝气。先生在与其研究生汪剑的论文中已指出眼科方剂中羌活、防风等发散药的运用比比皆是，很多情况下并不只是用于祛风，更多是用作发散升阳，其奥妙之处值得仔细体悟。

又以耳为例，耳为肾之开窍，须肾精滋养耳窍，气血濡养，耳窍才能听声，而肾精、气血上奉耳窍，包括听声之耳窍通利，皆有赖于清阳升发之养护与通利。

再以鼻为例，肺开窍于鼻，通于天气，鼻为肺之外窍，位居阳中之阳的面部中央，深受肺为娇脏特点的影响，以通为用。明李梴《医学入门》外集卷四说"鼻乃清气出入之道"。明代方隅《医林绳墨》卷七说："鼻者肺之清窍也，鼻喜清而恶浊。盖浊气走于下，清气升于上。然清浊不分则窍隙有所闭焉，为痈、为痔、为衄、为涕，诸症之所由也。"可见鼻窍通利有赖于清阳升发，肺脾气虚，清阳不升，鼻窍不利，则生鼻病。所以，先生从"清阳出上窍"的角度出发，指出了眼、耳、鼻等五官七窍与清阳升发之间的密切关系，是对李东垣学说的发扬，对临床具有重要的指导意义。

其次，"清阳发腠理"方面。先生受王明杰和黄淑芬教授"论证首重开通，百病疏风为先"的影响，擅长运用风药，常用八味大发散中的辛温药以治疗鼻病。但先生使用这些风药并非完全着眼于祛风，而是用于发散升阳。究其奥妙之处，是因为人身卫气亦为清阳所生，清阳升发运行于腠理之间。因此，腠理不开、玄府郁闭，皆可以以升清阳为治。而风药辛温，能升举清阳，清阳发越则腠理通行、玄府气液流通。由此可深层次理解东垣诸方对风药运用的机理。

先生对清阳升发进行了不懈探究，并在临床上除前述风药之外每用葛根、桔梗等升清阳之药，气虚甚者用补中益气汤。撰写医话《清阳出上窍与五官疾病的治疗》，其观点可谓承前启后，一方面继承发扬了《内经》学说与东垣学说，另一方面落实到了临床，既可指导临床各科证治，还在一定程度上阐发了唐宋、金元医家善用风药的原理。

三、养肝重在养肝血论

先生在临证中，重视肝的生理病理，先后撰写了《中年重肝》和《不寐从肝论治》两篇医论，形成了颇具特色的"养肝重在养肝血论"思想。

《临证指南医案·肝风》说："肝为风木之脏，因有相火内寄，体阴用阳，其性刚，主动主升，全赖肾水以涵之，血液以濡之。"肝的生理功能特点主要在"肝主疏泄"与"肝主藏血"两者。肝藏血指肝具有贮藏血液、化生涵养肝气、冲和条畅肝气、濡养肝及筋目、调节女子月经等功能。《素问·五藏生成篇》说："肝受血而能视，足受血而能步，掌受血而能握，指受血而能摄。"前人所说的肝"体阴而用阳"中的"用阳"主要指"肝主疏泄"的功能，"体阴"主要指"肝主藏血"的功能，由此可见肝藏血的重要意义。但肝藏之血并不是只藏而不用，肝藏之血是肝阳之用的物质基础，肝阳易亢，肝阴易耗，肝血每致不足，血属阴，故补肝即补肝阴，养肝重在养肝血。这与肝被称为"血库""血府""血室""血海"有着很大关系，更与肝血要供肝阳所用有着更大的关系。肝血为肝藏血的物质基础，有制约肝阳过亢的作用，若肝血不足，肝中无血所藏，不能涵养肝气，则肝阳无制，上亢或疏泄太过，则发生头晕、失眠等病证。肝为脏，藏而不泻是五脏的基本生理特点，而肝所藏为血，所以养肝重在调养肝血，肝血充盛，肝有所藏，则肝有所养。

先生在治疗中年疾病、妇女月经病等方面都重视肝血的生理病理，总结其多年临床经验，升华为较为系统的"养肝重在养肝血"理论。先生指出人到中年时期生理方面有两个显著特点：一是"大盛"，即身体健全、气血充足、精力旺盛，这一时期肺脾气足、心肝血盛、肾精充盈；二是中年时期盛极必衰，生命活动逐渐由旺盛转向不足，脏腑功能开始逐渐衰减。《素问·阴阳应象大论篇》说："年四十，而阴气自半也，起居衰矣。"因心主血、肝藏血，所以中年时期脏腑功能由盛转衰，尤其突出表现于心、肝两脏，其中又以肝阴血不足为其中常见表现之一。人到中年，阴血衰减，这是生命自然规律，加之中年时期事业、工作、家庭导致紧张忙碌，常劳逸过度、情志不调，会加重衰老的进程及阴血的耗伤，或肝郁化火亦会伤及肝中阴血，阴血耗伤则肝无所藏，肝血不足。

金代医家刘完素《素问病机气宜保命集》从妇科治疗的角度提出了少女重肾、中年妇女重肝、老年妇女重脾的认识。实际上，中年时期，不仅女性要重肝，男性同样要重肝。先生指出，人到中年，肝阳上亢、肝脾不和，影响肝的正常生理功能，日久容易兼见肝不藏血，出现疲惫、头晕等症状及失眠、眩晕、中风等病证。故中年宜以养肝为主，肝主藏血，养肝首在养肝血，肝血充足则可涵养肝气、濡养肝筋，故滋养肝血是中年养生调治的重点之一。

先生指出，对于中年男性而言，男性性格刚强主要与肝脏属阳、肝为刚脏、肝体阴用阳等肝的生理特点有关，若人到中年消耗太过，则容易伤及肝之阴血，出现阳痿、早泄、失眠等病证或西医前列腺炎等疾患，故调治中年男性这些疾病应当首先从肝论治。对于女性而言，女子本以肝为先天，女性月经正常与否与气血是否充盛、肝藏血的调节功能密切相关，若肝血不足，女性则容易出现月经不调、抑郁、失眠等病证。

先生特别重视肝藏血生理功能与睡眠之间的密切关系。《素问·五藏生成篇》说："人卧血归于肝。"《灵枢·本神》说："肝藏血，血舍魂。"明代医家张景岳《质疑录》说："肝藏血，人夜卧则血归于肝，是肝之所赖以养者，血也。"先生指出肝藏血功能正常，夜卧才能血归于肝、魂舍于肝，方能获得正常的睡眠。若情绪急躁或抑郁，则易肝气郁结，甚至肝郁化火、肝阳上亢，伤及肝之阴血，引起血不藏肝、肝不养心、心血不足，出现夜卧不安。先生还认为肝有易动而难静的特点，如何使肝不妄动，情绪自然平和是静以入寐的关键，而调养肝血、养肝柔肝便是以静制动的治法。

先生在肝血生理病理及调肝养肝方面的认识，不仅可以指导临证失眠、眩晕、中风、男子阳痿早泄、女子月经不调等病证证治，提高临床疗效，还可以指导中年养生防病。人到中年，需要充分注意从肝的脏腑功能特点出发进行调养和治疗，让肝气得以抒发，肝血得养，肝与心脾肾诸脏平衡协调，使其能够顺利地承受中年时期的诸种社会家庭责任和人生的考验，平安地过渡到老年阶段。因此，先生养肝血理论还蕴含着丰富的中医养生思想和"治未病"思想。

先生提出的"养肝重在养肝血"理论，溯其源，是对元代名医朱丹溪"阳有余阴不足论"及明代名医张景岳"肝血可补"理论的发挥。清代名医周学海《读医随笔》说："医者善于调肝，乃善治百病。"先生正可谓善治肝者也！

学术传承

川派中医药名家系列丛书

和中浚

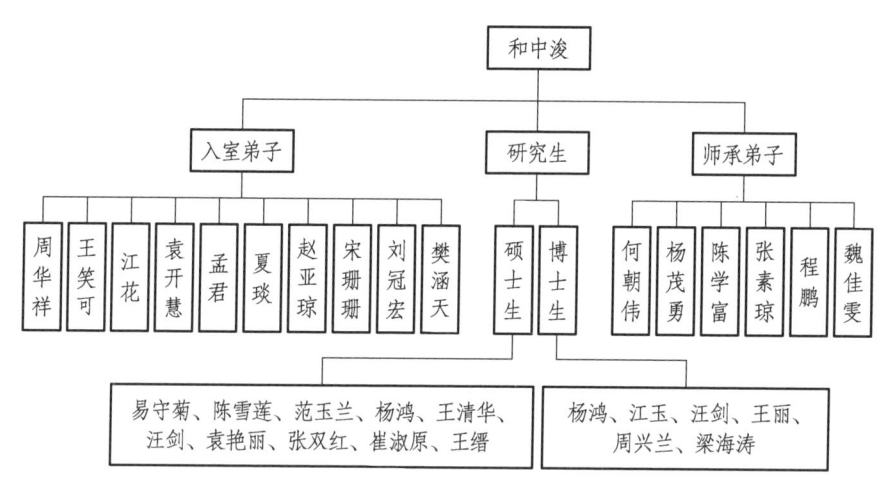

```
                          和中浚
           ┌───────────────┼───────────────┐
         入室弟子          研究生          师承弟子
    ┌──┬──┬──┬──┬──┬──┬──┬──┐  ┌──┐  ┌──┬──┬──┬──┬──┬──┐
   周 王 江 袁 孟 夏 赵 宋 刘 樊  硕 博  何 杨 陈 张 程 魏
   华 笑 花 开 君 琰 亚 珊 冠 涵  士 士  朝 茂 学 素 鹏 佳
   祥 可    慧    琼 珊 宏 天   生 生  伟 勇 富 琼    雯
```

易守菊、陈雪莲、范玉兰、杨鸿、王清华、汪剑、袁艳丽、张双红、崔淑原、王缙

杨鸿、江玉、汪剑、王丽、周兴兰、梁海涛

图 1　和中浚学术传承图

一、研究生

易守菊

易守菊，四川师范大学历史学学士，成都中医药大学医学硕士，副研究馆员。硕士毕业后曾于浙江中医研究院医史文献研究所短期工作，其后调天津泰达图书馆，从事信息服务工作迄今。

1999 年，作为先生硕士研究生开门弟子（与四川大学霍巍先生联合培养），入学不久即有幸参与编撰先生主编的《中华医学文物图集》，主要担任该书英文翻译，同时为先生录入全书文稿。在此过程中，目睹先生多次修改完善书稿内容，切身感受到先生治学的认真严谨，对中医学术孜孜以求的态度，以及先生在中医药文物、书法等文化艺术方面所具备的修养。

师从先生学习，耳濡目染，亦受其学术熏陶，三年中，与先生共同署名发表学术论文《医史教材应有述有论》《金元医学发展的政治嬗变因素》《解注文之"注"与注病——从解注文看古代传染病》。在四川大学霍巍教授指教和先生友人王家葵教授的建议与启发下，经与先生讨论，决定重点进行出土医学文献中"解注文"研究，先后完成学术论文《概述解注文中的传染病思想》《解注材料用药观溯源》。并以上述研究成果为基础，完成了硕士毕业论文《出土解注材料折射出的古代医药思想》（2002）。

《出土解注材料折射出的古代医药思想》是对先生在中医药博物馆的建设和研究中，关注考古学成果，将医学史研究视野投向到文物考古学，将中医学与文物考古二者初步结合进行研究思想的传承和发扬，是从出土文献实证研究的角度，对中国古代医药思想文化进行探微的成果。该论文对出土解注材料着力于对其医药信息的系统发掘，内容从两方面展开：一是从解注文看古代传染病，揭示解注文之"注"与古代传染病之间的紧密联系。认为"注"除了其巫术、宗教意义外，还与被古人称为"注病"的传染病或被古人误认为是传染病的多发性地区季节性烈性病有很大的关系，是古代传染病研究的有效补充材料。二是出土解注材料用药初探。基于对解注文与古代传染病关系的认识，再综合解注文中其他道巫内容进行考察，发现解注用药是一个道、巫、医药思想相杂糅的行为。

攻读硕士期间，在先生的指导下，完成了宣传成都中医学院（现成都中医药大学）医史博物馆的科普文章《这里追溯人类的健康之源》，发表在《成都商报》上。此文通过细腻生动的笔触和发人深省的思辨，表达了先生对中医学历史和成就的不懈研究和追求，对医史博物馆建设的满腔热情，对中医学未来发展前景的憧憬。因文笔洗练，视野独特，颇获霍巍教授和先生赞许。

硕士研究生毕业之后，于浙江中医研究院医史文献研究所工作期间，参与中医文献整理，如《明清医学全书——王好古》《病毒性疾病——中医验方选粹》的编撰整理工作。2003年入职于泰达图书馆之后，由于行业的转换，不再以中医文化和文献作为主研方向，但因得益于先生谆谆教诲之治学精神、态度和方法，在全新的图情学术领域亦多有建树。

陈雪莲

四川大学历史系学士，2000年考入先生门下攻读硕士。为配合学校博物馆郫县校区养生展室建设，在先生指导下开展名家养生印语研究，硕士毕业论文为《吴昌硕养生印语及其文化渊源》（2003）。论文以篆刻印语为切入点，在介绍篆刻艺术历史背景的基础上，以篆刻艺术大师吴昌硕为个例，从传统文化的角度对其养生印语进行考释，阐释吴昌硕养生印语的文化渊源出于老庄思想。并结合道家养生思想，把吴昌硕养生印语归纳为养形、重气、啬神、守静四类，探讨了这些养生印语所蕴涵的养生思想以及它与道教养生的内在联系。同时围绕道教养生家的养生方法进行介绍，以凸显养生印语的现实意义，从纵横两个方面深入讨论道家养生思想对道教养生、传统医学以及文人养生的重大影响。文章还联系吴昌硕坎坷经历而终享高寿的养生实践，推及中国文人养生特点及其养生文化中的道家（教）养生思想基础。

硕士毕业后自愿去西藏工作，现任某大型国有银行中层管理人员。

范玉兰

范玉兰，成都中医药大学学士，2004年攻读先生硕士。主要学习传承先生的眼科文献研究，作为第一作者与先生署名发表《〈银海精微〉与东垣学说的关系》，在学界首先提出和明确论述两者之间的学术源流关系，发现《银海精微》中选用了东垣助阳活血汤等眼科方16首。硕士学位论文《〈银海精微〉的成书时间、学术渊源、学术成就研究》（2007），认为学界有关《银海精微》成书时间、学术渊源的研究相对薄弱，论文从分析《银海精微》的内容结构入手，对其成书于唐代、宋元、明代诸说进行分析和考证，认为唐代、宋元说不能成立，提出了成书于明代中期的新说。将《银海精微》的主体内容与其他医学文献相关内容进行分析比较，特别是与《眼科龙木论》和东垣学说的渊源关系进行了深入研究，发现它们之间在学术上有诸多联系，认为《眼科龙木论》和东垣学说应为《银海精微》的重要学术渊源。同时对《银海精微》的学术成就进行了全面总结。

硕士毕业后回原单位夹江某部队医院工作。

杨 鸿

先后在先生指导下攻读中医学硕士和博士，学术方向主要围绕《眼科龙木论》开展眼科文献研究，以第一作者身份发表《〈眼科龙木论〉"七十二证"的由来和影响》《论〈龙树眼论〉和印度医学的关系》《〈普济方〉中眼科方剂考》《眼科文献中"龙树"与"龙木"关系考》《"五脏六腑皆令人耳病"理论探骊》《〈尤氏喉科〉探骊》等相关论文10余篇。硕士论文为《〈眼科龙木论〉的中医文献研究》（2007），博士论文为《〈眼科龙木论〉的学术源流研究》（2010），将《眼科龙木论》的主要内容内外障、七十二证、七十二问及与其有学术源流关系的100余种眼科文献之间的学术传承和改编、补充、创新等关系进行了系统深入地研究。先后参与先生主持的教育部人文社科项目"中医眼科文献的目录学研究"，为该课题主要研究成员。先后参加《中华大典·医药典·医学分典·眼科总部》《中医必读百部名著·眼科卷》（撰写《眼科龙木论》）、《带你走进审视瑶函》《百年中医史》（承担耳鼻喉科任务）编撰，均任编委，合作校注整理出版眼科古籍文献《眼科启明》。2010年博士毕业后先在成都中医药大学附院医务科工作近8年，于参加管理工作同时兼门诊临床，同时积极地参与申请文史类课题研究，2012年申请学校课题"中医学与印度医学的关系"并顺利结题，期间发表《浅析〈黄帝内经〉论耳》《试论〈黄帝内经〉耳病的病因病机》等论文。2018年被广安市武胜县委组织部作为高层次人才引进到武胜县中医院治未病科工作，2019年晋升副主任中医师，目前主要从事养生与亚健康的中医临床工作,经常参与养生健康科普公益讲座，辨证处方之外，兼擅针灸、拔罐等中医外治。

忝列先生门墙六年，能在中医眼科文献上有所研究和传承，颇觉欣慰。

王清华

　　成都市温江区中医院急诊科主任,副主任中医师,温江区第二批名中医,四川省中医药管理局学术和技术带头人后备人选(第七批)。毕业于成都中医药大学,获得医学硕士学位,担任成都市中医和中西医急诊质控专家组成员,四川省医院协会县级医院科研专项基金项目评审专家。主持省市级科研课题5项,发表SCI论文6篇,其中一篇《解析中药清肺排毒汤和宣肺败毒汤对治疗新冠肺炎有效的机制研究》,发表在 Frontiers in Pharmacology(《药理学前沿》)上。研究成果经四川省卫生健康发展研究中心组织专家进行成果评价,一致认为成果达到"国内一流,国际先进"水平,先后获得四川省优秀科技论文奖(2022年度)、四川省和成都市医学科技奖(三等奖,2022年度)各一项。

　　2004—2007年,在先生指导下攻读硕士研究生,主要进行眼科文献研究,以第一作者身份发表论文三篇。其中,《〈目经大成〉中诗歌体裁的运用》概括了诗歌在医学文献中的三个作用:以诗为文,便于记忆;体裁丰富,寓意深刻;概括正文,深化主题。认为《目经大成》具有"医文并茂"的特点。论文《〈秘传眼科龙木论〉和〈明目至宝〉七十二证治的关系》从两书病名、临床表现、病因病机、治疗用药等方面进行比较研究,进一步认识了《明目至宝》的学术价值。论文《〈证治准绳〉与〈审视瑶函〉两书眼科方剂的比较》发现后者补充前者的方剂多达150首,《审视瑶函》虽对《证治准绳·七窍门》有较多的继承和吸收,但在选方用药上有较多新的发展,并进一步从方剂学的角度阐发了《审视瑶函》的学术价值。学位论文《〈证治准绳〉〈审视瑶函〉与〈眼科全书〉三书眼科方剂的比较》(2007),通过对三书方剂的比较研究,区别其方剂药物组成配伍、方剂用药的不同特色。认为《证治准绳》主要是对前人方剂的总结,辑录有大量眼科方和内科方;《审视瑶函》在传承《证治准绳》的基础上,自创有一些眼科名方;《眼科全书》兼集前二者方剂,其自创方偏重于外治。

　　毕业后先后在四川省国防医院、成都市温江区中医医院工作,虽从事临床工作,但受先生科研思维的影响,对有关中医的文献,总是习惯性探究其学术渊源。先后参与省市继续教育项目"中医急诊的发展史""中医治疗瘟疫的渊源与疗效"授课，获得好评。2021年参加先生对道地药材筚姜的研究，参与论文《道地药材筚姜属地考》的撰写。2023年，在先生的指导下申报四川省中医药管理局课题"川派中医名家王仁叟学术经验总结与传承研究"，已立项。申请四川中医药文化协同发展研究中心课题"民国名医李东海纪录片的拍摄"，已立项。

先生温文尔雅，颇有学者风范，其严谨治学的精神，深深影响着王清华，令其受益终身。

江 玉

医学博士，副教授，硕士研究生导师，西南医科大学研究生院副院长。担任全国中医药高等教育学会研究生教育研究会理事、中国中西医结合学会教育工作委员会委员、中国中医药研究促进会传统文化翻译与国际传播专业委员会常务理事、四川省中医药学会医史文献专委会委员等。四川省中医药管理局学术技术带头人后备人选，获"西南医科大学金教鞭奖"、西南医科大学优秀教师、青年创新带头人、教学管理先进个人等。主研国家级、省部级、厅局级及校级科研课题30余项，公开发表学术论文40余篇，主编、副主编、参编专著及教材20部。

2008年考入成都中医药大学攻读博士学位，师从和中浚研究员，研究方向为中医临床文献研究，主攻中医外科古籍文献研究。读博期间参加先生主持的教育部"基于古籍文献的中医古代外科发明创造研究"课题并获结项证书，撰写发表10余篇中医外科文献研究论文，如《中医外科辨脓法的形成和发展》《中国古代麻醉术发明史》《外科丹药的使用概况及价值探究》等，博士论文为《古代中医外科外治方法发明创造价值的研究》(2011)，从发明创造的角度出发，以具有创新价值的成果作为研究重点，从多种外科古籍文献中提炼文献根据，追溯其源流，论述其演变，总结出9种具有发明创造价值的外治技术方法，逐项评价其技术方法的新颖性、先进性、实用性、科学性，特别注意各种技术方法的特点、意义及发展、成熟过程等，明确其发明的确切年代及其影响，其临床实际应用的情况，使其发明创造价值更具说服力。同时注意一些外科发明创造理念的提出、发展、完善的演进过程。2011年博士毕业后，回西南医科大学中西医结合学院任教，担任文献研究室主任。承担学校不同年级不同专业不同层次的"中医文献学""中国医学史""中医基础理论""中医养生学"等多门课程的教学。获学校优秀教师、学院教学竞赛一等奖、学校金教鞭教学奖等。参加"中医文献学"等多本教材的编写。现已培养了10余名中医硕士研究生。

2014年参加国家中医药管理局"中医药古籍保护与利用能力建设"项目，校注出版古籍《外科明隐集》，2021年参加《中华医藏》项目，负责《喉科秘钥》等8部古籍文献的提要撰写，承先生审阅指导诸书提要书稿。先生治学一丝不苟，精益求精，学生铭记在心。

除了教学科研之外，江玉也如先生一样长期坚持中医临床工作。

汪　剑

医学博士，博士后，教授，硕士生导师。第九届全国中医药院校优秀青年、第六届云南省优秀青年中医。硕士、博士均毕业于成都中医药大学中医医史文献专业。现为云南中医药大学教授、第四批中青年骨干教师，主讲"中医各家学说""中国医学史""医古文"等课程。兼任中国中医药研究促进会各家学说与临床分会副会长、中华中医药学会医古文研究分会常务委员、云南省中医药学会中医基础专业委员会常务副主任委员、云南省医学会医史学分会副主任委员、云南省医师协会科普分会副主任委员、云南省中医药学会青年工作委员会副主任委员、云南省中医药学会中医药文化与信息专业委员会常务委员、云南省高校古籍整理委员会委员。

主持国家社会科学基金、国家中医药管理局《中华医藏》项目，云南省哲学社会科学规划课题等各级科研课题12项，参与国家级课题3项、省部级课题3项。公开发表学术论文70多篇；出版专著与教材37部，其中独著或主编 11 部、副主编 7 部、编委 19 部。如独著出版的《蜀山医案·经方临证知行录》《中医历代名家学术研究丛书·郑钦安》《中医历代名家学术研究丛书·黄庭镜》，主编、主校出版的《脉诀汇辨校释》《中医古籍名家点评丛书·原机启微》《中国古医籍整理丛书·目经大成》《谈允贤<女医杂言>评按译释》《龙砂医学丛书·女医杂言》《肘后备急方》等。

获云南省、四川省哲学社会科学优秀成果奖 2 项，云南省第二届云岭杯中华经典诵写讲大赛"诗意彩云南"诗词讲解大赛一等奖，教育部第二届中华经典诵写讲大赛"迦陵杯·诗教中国"诗词讲解大赛三等奖，第四届"诗词中国"传统诗词创作大赛三等奖。

临床坐诊于云南省中医医院、昆明市圣爱中医馆，日门诊量一百余人，年门诊量近两万人次，患者遍布云南省内及全国各地，在四川省德昌县中医医院、云南省永平县中医医院、昆明市圣爱中医馆建有个人名医工作室。

2005 年，汪剑考取先生的硕士研究生，攻读硕士期间，参研先生主持的国家教育部人文社科规划基金课题"眼科古籍文献的目录学研究"，发表《审视瑶函》《原机启微》《银海精微》等眼科古籍研究论文多篇，参编先生主编出版的专著《带您走进〈审视瑶函〉》《中医必读百部名著丛书·眼科卷》等多部，完成硕士研究生学位论文《相火学说学术源流及眼科相火证治规律研究》（2008）。由此传承先生眼科文献研究之法脉。就读期间，对四川"火神派"鼻祖清代名医郑钦安先生学术思想、中医药文化、中国医学史等学术领域展开了较为深入的研究，发表了多篇学术论文，为未来的学术发展奠定了坚实的基础。

先生在研究生培养方面经验丰富，循循善诱，润物无声，常鼓励学生到各地游学调研。2006 年下半年，汪剑随先生入京，到世界中医药学会联合会参研"十五"国家科技攻关计划"名老中医学术思想、经验传承研究"课题五个多月，增长了见闻，开阔了眼界。硕士期间，汪剑发表学术论文 17 篇，先后获得 2007 年度首届成都中医药大学研究生创新科研优秀成果奖二等奖、华神奖学金、优秀研究生一等奖、成都中医药大学 2008 届优秀研究生毕业生、成都中医药大学 2008 届优秀硕士学位论文一等奖及四川省优秀硕士学位论文等奖励与荣誉。

2010 年，在云南中医药大学工作两年后，再次考取先生的博士研究生。

攻读博士期间，参研了先生主持的国家中医药管理局项目"中医药古籍保护与利用能力建设项目·眼科"研究。先生交予了中医眼科古籍文献名著《目经大成》的整理研究工作，2013年博士研究生毕业，博士学位论文即为在先生指导下完成的《黄庭镜〈目经大成〉研究》（2013），2022年中国中医药出版社出版的《中医历代名家学术研究丛书·黄庭镜》亦以此篇博士学位论文为蓝本编撰而成。临床方面，在攻读硕士、博士期间，经先生介绍，两次跟随首届国医大师郭子光教授门诊学习。在咳嗽及眼科病证诊治方面，先生经验颇丰，临床疗效佳，汪剑亦深受先生影响。

2008年，硕士研究生毕业后，在先生关怀下，汪剑远赴云南中医药大学任教，从事中医医史文献教学、科研工作。工作地点虽远在昆明，与成都相隔千山万水，但先生通过电话、电子邮件与其的联系从未间断。2011年云南省教育厅课题、2012年云南省哲学社会科学规划课题、2012年云南省高校古籍整理项目等各级科研课题的申报，课题申请书都承蒙先生指点修改。2018年，申报国家社会科学基金，先生牺牲春节休养时间，为其修改课题申请书，当年国家社会科学基金课题"中国古代社会背景下的中医脉学文化研究"得以立项，其中便有先生精心指导所付出的心血。从2008年工作以来，还参与了不少先生主编的专著编写，如《图说中医学史》《中医流派传承丛书·川派中医》《中医古籍名家点评丛书·审视瑶函》等。

先生德高望重，为全国著名的中医眼科古籍文献研究名家，在学界享有一定声誉。汪剑在先生指导下发表的眼科古籍文献研究系列论文，得师口传心授，实乃衣钵相传。2020年，由于先生在眼科古籍文献研究方面的重要基础，国家中医药管理局聘任先生牵头"《中华医藏》提要编纂项目（二三编）·眼科、咽喉口齿科医籍调研、复制和内容提要编撰"（类目1）项目，汪剑、王丽作为先生在眼科古籍文献研究方面的衣钵弟子，亦被国家中医药管理局遴选为项目负责人。

先生关心弟子的成长，犹如春风化雨、无微不至。汪剑2008年到云南中医药大学任教后，从助教成长为讲师、副教授、教授，一路成长，全都得到了先生的关心、鼓励和支持。先生既为良师，亦如慈父，弟子的成长都有赖于先生的关怀。弟子取得些许成就，凡有关课题申报立项、职称顺利晋升等消息，亦第一时间打电话给先生分享喜悦，以感谢恩师多年来的指导。2012

年主编出版《脉诀汇辨校释》，2020年独著出版《蜀山医案·经方临证知行录》，两次恭请先生为学生作序，先生欣然题序，序中既有对后辈的提携之语，亦有谆谆嘱咐之辞。

2014年，汪剑被遴选为云南中医药大学硕士研究生导师，2015年开始招收硕士研究生，迄今已指导中医医史文献、中医内科学、中西医结合临床专业硕士研究生24名，在指导研究生方面，也多向先生请教，在导师工作方面以先生为榜样，效仿先生立德树人之风。由此，先生之学术传承不仅限于川省，还远播省外，在云南各地开枝散叶。其中，面聆先生指导者如汪剑招收的硕士研究生陈塑宇、李春苹、沈祝懿等。

附：陈塑宇

主治医师，2022级中医学博士生在读。主持云南省教育厅课题1项，参与国家社科基金项目1项、省部级以上课题2项。公开发表学术论文5篇。参编《中医流派传承丛书·川派中医》《中华眼科史》等学术著作。硕士毕业于云南中医药大学中医医史文献专业，师从汪剑教授，研究方向为中医名家学术思想研究。硕士期间，在汪师引荐下，有幸成为和中浚研究员的科研助手，得先生提携、教导与关爱，跟随先生重点研究中医眼科文献。

2020年，跟随先生一同参与了《中华眼科史》第一章"中华眼科古代史"的编写任务，开始中医眼科古籍文献研究。同年，国家启动《中华医藏》编撰项目，和、汪二师为"眼科、咽喉口齿科医籍调研、复制和内容提要编撰"类目1组的负责人，负责46种相关文献整理任务，在两位老师的指导下，陈塑宇主要承担了中医眼科古籍资源的调研工作，并据此完成了硕士学位论文《中医眼科五轮学说学术源流与证治体系研究》（2022），其论文选题和设计思路及初稿多承先生指导。此外，还参与了先生主编的《中医流派传承丛书·川派中医》编写工作。

2022年硕士毕业后继续在云南中医药大学攻读博士研究生，在科研、学习过程中依然得益于二位老师的关怀与教诲，深受先生对中医文献事业的热爱以及严谨务实的工作作风所影响。

附：李春苹

中医主治医师，医学硕士，四川省德昌县中医医院科教科副主任。参加国家级、省部级课题2项，公开发表学术论文2篇，参编《中医流派传承丛书·川派中医》等专著2部。硕士毕业于云南中医药大学中医医史文献专业，师从汪剑教授，研究方向为中医名家学术思想研究。硕士期间，在汪师引荐下，有幸得和中浚研究员的教导与关爱。

2020年，得益于和、汪二师的提携，有幸参与到《中华医藏》的编撰项目中，二位老师为"眼科、咽喉口齿科医籍调研、复制和内容提要编撰"类目1组的负责人，负责46种相关文献整理任务，在他们的指导下，李春苹主要承担了中医眼科、咽喉口齿科古籍资源的调研、复制工作。2021年，在山东参加《中华医藏》项目培训期间，蒙先生指点硕士学位论文《清代温补学派医家齐秉慧学术思想与临证经验研究》的"学术思想"部分内容。此外，在参编《中医流派传承丛书·川派中医》过程中，亦得到了先生的耐心指导。

2022年硕士毕业后即至德昌县中医医院从事中医临床工作，在科研、中医临床过程中依然受到先生的关怀与教诲，临证遵循和、汪二师心法，多获良效。此外，先生严谨的治学态度、持之以恒的钻研精神，以及对中医文献事业的无限热情给后学传递了受用一生的能量。

附：沈祝懿

医学硕士。主持厅级课题1项，参与国家社科基金项目1项、省部级课题1项、厅级课题2项。公开发表学术论文1篇。参编《新中国地方献方文献研究 1949-1979（西南卷）》《云南民族民间验方拾萃》等学术著作。硕士就读于云南中医药大学中医医史文献专业，师从汪剑教授，研究方向为中医名家学术思想研究。硕士期间，在汪师引荐下，幸得和老师教导。承先生扶携、教诲与关怀，跟随先生重点研究川派医家学术思想，并时与先生交流讨论学术疑难问题。

2022年，承和、汪二师的信任，有幸参与到《中华医藏》项目"眼科、咽喉口齿科医籍调研、复制和内容提要编撰"类目1项目组的任务中，主要负责相关古籍的调研和复制工作。同年，所申请课题《宋代文学家苏轼对中医药文化传承发展的贡献研究》获四川中医药文化协同发展研究中心立项，从项目选题至课题设计及初稿多承两位先生指导。基于此课题完成硕士学位论文《苏轼对中医药文化传承与普及的贡献》。

2024年硕士毕业后秉承两位先生的教导，继续从事中医文献研究和临床工作。

王 丽

医学博士，成都中医药大学副教授。中华中医药学会医古文研究分会常务委员、中华中医药学会中医药文化分会委员、四川省医学会医史学专委会常务委员。硕士毕业于西南大学（原西南师范大学）汉语言文字学专业，博士毕业于成都中医药大学医史文献专业。2018—2019年在四川大学文学与新闻学院访学一年。主持国家教育部人文社会科学研究青年课题1项，共同主持国家中医药管理局《中华医藏》眼科、咽喉口齿科类目1项，主持厅局级项目10余项，发表论文20余篇，校注中医古籍《枕藏外科》《外科秘授著要》，共同点评《目科捷径（附：绛雪丹）》，副主编《中华脉学观止》，作为编委参编《百年中医史》《揭秘敝昔遗书与漆人》《川派中医药源流与发展》《中医名词考证与规范（第四卷）临床各科》等书，作为编委参编全国中医药行业高等教育"十三五"规划教材《医古文》《中医文化学》《国学经典导读》《中国传统文化概论》、"十四五"《国学经典导读》《医古文》《中医文化学》《中国传统文化》、河南中医药大学传承特色教材《中医训诂学》等教材。研究工作主要围绕中医古籍文献、川派医家、中医药文化等方面展开。

于2010年拜入老师门下，为先生诸硕博士生弟子中最晚入师门者。参与先生主持的教育部人文社会科学研究项目"基于古籍文献的中医外科发明创造研究"，开始逐步接触中医外科古籍文献的整理与研究。其后，先生作为国家中医药管理局"中医药古籍整理与保护能力建设"项目四川项目组组长，负责中医眼科、外科、针灸类30种古籍的整理与研究，王丽跟随先生参与其中，独立承担了《枕藏外科》《外科秘授著要》2本外科古籍的版本调研、点校整理，并据此发表论文4篇，中医古籍整理与研究能力得以提升。2012年跟随先生参与中国中医科学院中国医史文献研究所朱建平研究员主持的"百年中医史研究"项目，与先生共同完成了近百年以来的中医外科学发展研究，主要负责中医外科学发展研究中期、后期的撰稿任务，并撰写了《实用中医外科学》《张志礼皮肤病临床经验辑要》著作提要、赵炳南先生医家传略，并以此次研究为基础完成了博士学位论文。《百年中医史》2016 年由上海科技出版社出版，先生为副主编，该书获国家出版基金"十三五"国家重点图书出版规划项目支持，获上海改革开放 40 年四十种优秀文史图书奖等奖励。有赖先生在外科古籍文献研究领域的指导，为后来《中华医藏》编纂项目"眼科、咽喉口齿科医籍调研、复制和内容提要编撰（类目 2）"工作奠定了前期基础。又幸得先生引导参与川派中医学术研究，立项国家教育部人文社会科学研究青年项目和几项厅局级项目，与先生共同署名发表了多篇学术论文。期间亦有幸跟随先生参与天回老官山医简研究，从事医简汉字、方药等内容研究，参编《揭秘敝昔遗书与漆人》，参与论文《老官山汉简的书法特点及在隶变分期中的早晚》的研究工作。

先生于王丽，是恩师，是引领其前进的明灯。学习中，老师每每循循善诱，谆谆训诲，授之以渔；工作遇到困难时，老师常常鼓励其全力以赴，锲而不舍；迷茫时，老师常一语中的，拨云见日，助其确定前行方向；懒怠时，老师以学无止境、夕寐宵兴的榜样，予其以振奋和激励；生活中，师母与老师一路互相扶持与关爱，鹣鲽情深，令人艳羡，亦为榜样。

老师是严师，亦如慈父，是为师父。

周兴兰

中医学博士，成都中医药大学副研究馆员。长期致力于古医籍整理、中医医史文献和医学文物考古研究。2016 年在四川大学完成出国留学英语培训，2017 年至四川大学进修中国古典文献学。主持完成国家社会科学基金青年项目（考古学）1 项、四川省社会科学基地重大项目 1 项及厅局级项目 3 项，主持全国高等院校古籍整理研究工作委员会 1 项，参研国家级部省级项目 8 项。合作主编《中医名词考证与规范》（第四卷），校注《外科心法真验指掌》，参编《揭秘敝昔遗书与漆人》《中国古代针具针法》《图说中医学史》《四川省十一家收藏单位古籍普查登记目录》，发表核心期刊学术论文 10 余篇，获四川省教育厅哲社科研成果三等奖 1 项，获"四川省古籍保护示范工作者"称号。

2008 年拜师先生门下，攻读中医医史文献学博士学位。2009 年，参与先生主持的国家科技部"十一五"科技支撑计划子项目"民间医药的挖掘、整理及评价方法研究"以及《图说中医学史》编撰。2010 年，参与先生作为四川项目组负责人主持的国家中医药管理局"中医药古籍保护与利用能力建设"项目，为四川项目组秘书。在先生悉心指导下，独立承担了《外科心法真验指掌》的整理出版任务，开启中医外科文献研究之路。师从恩师五年时间里，以中医外科文献为基础，围绕古代外科病名演变开展研究，在其悉心指导下，顺利完成博士论文答辩。期间，跟随先生参加中韩第四届医史文献会议并在先生鼓励下用全英文作学术报告，参加了中华中医药学会医史文献分会学术会议、"中医药古籍保护与利用能力建设"项目业务培训会，有幸结识医史文献方面的专家学者，拓宽研究视野。

2013 年博士毕业留校，至今十余年研究有赖于先生高瞻远瞩的指导和谆谆教诲，让我得寻治学门径。先生腹笥渊博，循循善诱，启发后学。在中医文物方面，得益于参与先生主编的《图说中医学史》文物资料整理基础，继而参与国家文物局"指南针计划"并承担实地考察调研全国馆藏中医药器具。2014 年，在先生指导下申报立项国家社科基金青年项目"成都老官山汉墓漆人经脉腧穴特点及价值研究"，至此踏上研究出土医学文物文献之路。同时，还跟随先生参与老官山医简《六十病方》研究，从文字释读、传世医方、典籍比较、源流演变到书写风格研究，涉及考古学、古文字学、文物学、书法学等多学科交叉研究，受益良多，是周兴兰科研成长道路上至关重要的阶段。2017 年，受日本京都大学邀请，与先生、李继明教授一同前往日本作成都老官山汉墓出土文物文献研究报告。在中医文献方面，得益于博士期间参与先生主持的教育部人文社会科学研究项目"基于古籍文献的中医外科发明创造研究"以及中医外科古籍整理中的历练和积累，2014 年由先生引荐参与朱建平研究员主持的科技部基础性工作专项重点项目，承担 34 个中医外科学术名词考证研究，每个名词须考证最早出处，名词古代内涵源流及当代沿革，《中医名词考证与规范》（第四卷）2020 年出版，为"十三五"国家重点图书出版规划项目，获第十六届上海图书奖一等奖。在中医文化方面，先生博综医典，长期潜心中医药文化研究，于学无所不窥、睿智博通。先后跟随先生至西安、南宁、韩国首尔、日本京都等地学术交流，先生每至一处，都会考察当地的博物馆、图书馆等文化场所，搜集碑刻、古籍版本、文物信息。先生所撰《明清外科刀具的命名、功能及分类》《孔子修身养德与中医养生》《老官山汉简的书法特点及在隶变分期中的早晚》等学术论文，扶隐摘微，见解深邃。2016 年获首届"四川省医疗卫生终身成就奖"。中医临床方面：先生从事临床至今五十余年，尤其擅长中医内科、眼科及儿科疾病的治疗，对咳嗽、失眠和眼科疾病等病证有丰富的临床经验，用药精当，每每二三剂药便立起沉疴，效如桴鼓，临床时特别重视充分发挥问诊的作用，认为咽喉为外感疾病枢机所在，以巧用宣肺利咽法为其治疗外感用药的特色。先生常常从文献、临床等不同角度讲授病因、各派医家诊治方法，开阔了周兴兰的临床思维，丰富了临床经验。

先生不仅是严师，更是慈父，能师从先生，是一生最大的幸事，也是能够进入学术的殿堂的关键。先生勤于笔耕、治学严谨，"板凳要坐十年冷，文章不写一句空"的执着与坚守，所著所述钩深致远，深深地影响着周兴兰的治学道路，他在关键时刻的点拨，对其学业的积累和成长起到了至关重要的作用。

梁海涛

2008 年考入先生门下，与先生合作发表论文《加强中医养生特色研究，提升研究水平》，在先生指导下 2013 年完成博士论文《中医养生形神观发展演变研究》，对中医养生的特色特别是形神观的发展演变及其对养生学的指导与影响进行了系统深入地研究。

2010 年，跟随先生参与国家中医药管理局"中医古籍整理与保护能力建设"项目，在先生的指导下，与夏琰合作完成《眼科开光易简秘本》的整理出版任务，并与夏琰共同发表论文《〈眼科开光易简秘本〉的成书、作者及版本考略》《〈眼科开光易简秘本〉作者及学术思想考略》。

　　博士毕业后先后在广西中医药大学经典中医临床研究所、中医各家学说教研室从事中医临床诊疗与经典理论研究，以及"中医各家学说""医学文献检索""中国传统文化与中医"等课程的教学工作。

王　缙

　　医学博士，副教授，硕士研究生导师，中华中医药学会医史文献分会第七届、第八届委员会青年委员，中国中医药研究促进会各家学说与临床研究分会理事。主持完成国家中医药管理局课题、广西壮族自治区教育厅课题各1项；主持在研四川省教育厅课题1项；参与科技部重点研发计划项目、国家社科基金项目各1项，省部级以上课题3项；公开发表学术论文20余篇，校注出版古籍《外科百效全书》《眼科要旨》，参加编写《中华大典·医药卫生典·医学分典·眼科总部》《百年中医史》（任编委）等学术著作3部，获省部级社科成果奖三等奖1项。硕士毕业于成都中医药大学中医医史文献专业，师从和中浚研究员，研究方向为中医临床文献研究，重点关注中医外科学文献。

　　2009年，跟师伊始，即参与先生主持的教育部人文社会科学研究项目"基于古籍文献的中医外科发明创造研究"，开始中医外科古籍文献研究。2010年，跟随先生参与国家中医药管理局"中医古籍整理与保护能力建设"项目，先生作为四川项目组组长，负责中医眼科、外科、针灸类30种古籍的整理出版。在先生的指导下，独立承担了《外科百效全书》的整理出版任务，并据此完成了硕士学位论文《龚居中生平与〈外科百效全书〉的文献学研究》（2012）。此后继续扎根于斯，终在导师戴铭的指导下，2022年完成了博士学位论文《基于古籍文献的中医外科学术流派研究》。此外，还与先生共同署名发表了多篇中医外科文献论文，参与了《续修四库全书·子部·医家类》中数种外科文献提要的撰写。

　　2012年，跟随先生参与中国中医科学院"百年中医史研究"项目，其核心成果《百年中医史》2016年出版，由中国医史文献研究所副所长朱建平研究员担任主编，先生为副主编之一。项目实施中，与先生共同完成了近20万字的撰稿任务，研究内容主要包括近百年以来的中医基础理论研究，陆渊雷、张觉人等7篇医家传略，《群经见智录》《中国医学大辞典》等14部著作提要。此外，还与先生共同署名发表了《百年来中医理论发展特点和启示》一文，获得《中医药文化》杂志2019年度优秀论文二等奖。

2013年，从湖南科技出版社调入广西中医药大学，10年间有关外科文献的研究成果依然得益于先生的启发教诲，并且不断丰富。如所撰写的博士论文，系在先生"中医外科'正宗派'学术源流论"研究的基础上，结合中医学术流派的研究成果，以外科古籍作为文本依据，详细探讨了外科学术流派的众多相关问题，提出了不少新的认识，获得评委及业界好评。

二、入室弟子

周华祥

成都中医药大学眼科教授，主任医师，硕士研究生导师，四川省学术技术带头人（第十一批），四川省名中医（第四批）。曾任成都中医药大学附院眼科副主任、主任（2000—2016），四川省中医药学会眼科专业委员会常务副主任委员，中华中医药学会眼科分会、四川省医学会眼科分会、四川省康复医学会眼科分会委员。现任中国中医药信息学会眼科分会副会长、中国中药协会眼保健专业委员会委员。主持、主研国家新药基金、四川省科技厅、四川省中医药管理局研究课题13项，获得各级科技进步奖8项，2013年获四川省科技进步特等奖。主编、参编出版学术著作13部。公开发表专业学术论文31篇。

1986年我到成都中医学院附属医院从事中医眼科临床工作，认识了和中浚先生，并受赠一本中医眼科古籍《眼科奇书》，他希望我认真领悟该书大发散的辛温用药特色。这是我接触的第一本中医眼科专著，通过该书的学习，使我对川派中医眼科有了一定的了解，也成为我后来阅读眼科古籍文献、关注中医眼科学术流派和用药特色的起点。此后，我先后研习了《眼科龙木论》《银海精微》《审视瑶函》《目经大成》等文献，在眼科理论和方药的临床运用等诸多方面获益良多。

1990年国务院批准《中华大典》为国家重点古籍整理项目，1992年9月，成立《中华大典》工作委员会和编纂委员会，相应工作正式展开。但由于种种原因，《中华大典·医药卫生典·医学分典·眼科总部》的编纂一直延宕，2002年先生接手主持《眼科总部》编纂任务。不辞辛劳，历时数年，遍访全国藏有中医眼科文献的藏书单位，全面收集和鉴别了具有代表性的眼科文献，为编辑工作奠定了基础。我有幸参与到《眼科总部》的编纂工作当中，但面对浩繁的文献资料，其中同书异名、同名异书，同一内容相互传抄等现象，也相应增加了工作难度。幸得先生提供《中医眼科古籍文献成书年表》，据此在梳理文献年代的基础上，以学术源流先后为序，按《中华大典》的体例进行原文的抉择取舍、经纬分类、文字校对等。在三年编纂工作中，我主要负责对初稿中病症内容的修改完善，在与老师沟通交流过程时，老师始终保持着实事求是的科学精神和严谨的治学态度，平等待人，以理服人。在他的指导帮助下，我协助完成了《眼科总部》的全部编纂任务中的病症内容，名列副主编。参与编纂工作的这几年时间，成为我中医眼科修养进步最快，理论知识收获最大的时期，对我此后在门诊坚持以中医治疗为主的风格产生了重要影响。

此后，在学校眼科全国重点学科建设中，为了筹建眼科古籍文献数据库，先生也贡献了不少力量，他的教育部眼科课题在学校眼科申报重点学科时也曾纳入其中。2013年，为了让眼科研究生对中医眼科古籍文献有更多的了解，进一步提高他们的中医眼科理论水平，我们科室决定开设"中医眼科古籍文献选读"课程，希望先生能率先开讲，因为讲课时间全部安排在晚上，先生已经退休，我感觉要给他增加负担，心情比较忐忑，但当我跟老师提出后，他毫不犹豫就接受了。因为忙于其他事情，第二年他无暇再上，就把全部讲稿资料转发给我，其中资料内容丰富，源流清晰，每一种文献的介绍都说在要点之上，讲稿凝聚了先生多年来在中医眼科文献研究的心血，给我留下了十分深刻的印象。

此外，我们在《中医必读百部名著·眼科卷》《川派中医药的源流与发展》的五官科学派，《百年中医史》"医著提要"的《中医眼科六经法要》撰稿中也有过密切合作。

和老师虽离开眼科多年，但我知道他在眼科文献研究上很有造诣，成果累累。在早年眼科岁末的团拜会、都江堰的眼科重点学科会、邓亚平老师八十岁和九十岁寿辰等座谈会时我们也曾多次相聚，我知道他对眼科是有感情的，特别是对那些当年带过他的老师，如同我跟他的友谊一样，并没有随岁月而流逝。

王笑可

河南洛阳人，中医眼科副主任医师。经 1978 年高考进入河南中医学院中医眼科专业学习 5 年，1983 年本科毕业。先后任洛阳市第一中医院眼科主任、副院长（1989—2002），洛阳市中西医结合学会眼科专业委员会副主任，洛阳市食品药品监督局副局长、党组成员，正处级调研员（2002—2016）。参与"急性下肢深静脉血栓形成总攻溶栓治疗的研究"，获洛阳市人民政府科学技术进步三等奖。曾参加洛阳市职工业务（技术）选拔赛获中医理论考试和实践考核两项第一，被洛阳市人民政府授予"洛阳市中医业务能手"称号。

1987 年至 1988 年经曾樨良教授推荐，到成都中医学院（现成都中医药大学）附属医院眼科进修，其时与先生相识，彼此相契。进修期间，我在跟随王明芳、邓亚萍、池秀云、罗国芬等前辈和于晓琳等诸位老师临床学习的同时，追随先生时间偏多。当时先生在眼科病房工作，经常有视网膜脱离和白内障等手术的机会，我有幸常常给先生当助手，术中彼此配合默契，于关键处每得先生指点，颇多收获。后期先生主动承担风险，有些手术让我主刀完成，对我掌握手术要领帮助巨大。先生为了让我尽快成长，多次带我进手术室观看其他各种眼科手术，开阔眼界，获得经验。得知我准备进修结束后回医院开展视网膜脱离手术，又特意带我去四川医学院（现四川大学华西医学中心）眼科参观连金贤教授的手术，增长见识。

1987年夏，先生受派到眉山中医院眼科工作，我有幸经批准陪先生一起到眉山工作一月，与先生同吃同住，帮助先生开展工作，加深了我和先生的情谊，虽年代久远，至今记得给先生当助手做过一例女孩的斜视手术，给假期的学生们验光配镜等。闲暇时陪先生到医院隔壁的三苏祠散步，感受领略三苏父子深厚的文化造诣和不朽成就。

进修结业后回到洛阳市第一中医院，在领导支持下我开展了视网膜脱离手术，一位被误诊两年的24岁铁路技校学生，确诊为孔源性视网膜脱离，成功用手术封闭裂孔，这在医院眼科的历史上是首例。此后，眼科业务进展顺利，常规手术悉数开展，眼科进入快速发展期。1992年10月参加全国中西医结合眼科学术会议，提交《眼科辨证与辨病相结合刍议》论文，后收入《中西医结合眼科》杂志。

此后数年，虽与先生远隔千里，仍时有联系，特别是遇到棘手问题时，常向先生请教探讨，请先生指点迷津。先生曾两次因公路过洛阳。记得1989年底先生与孔祥序老师等为筹建学校博物馆外出各地调研期间，正值寒冬腊月，到洛阳时已是凌晨四点，我到洛阳火车站接站，相见甚欢。将先生一行数人迎往家中休息和早餐，然后安排到洛阳宾馆住宿，同行的老师们看到我和先生的师生情谊，非常感慨。还有一次，先生赴京开会，在洛阳停留，我陪先生参观龙门石窟药方洞，又陪先生饶有兴趣地参观了洛阳古墓博物馆。

2002年洛阳市组建食品药品监督管理局，我从洛阳市第一中医院副院长的位置上被选调进入该局，担任副局长、党组成员。2004年的首届全国食品药品监管论坛，河南省仅有我和安阳市的一位同行两人应邀参加，我提交的《浅谈如何规范基层药品监督行政处罚》论文刊登在《中国医药报》上，后来收入中国医药报社出版的《食品药品监督管理——来自基层论坛的报告》一书中。同年年底，受国家食品药品监督管理局政策法规司特邀，到国家局参加修法座谈会，讨论《药品流通监督管理办法》（规章）的修改，参加者都是省级局的政策法规处负责人及一些法律专家，仅我一人是市级局主管法制工作的副职。感觉工作得到了国家局的认可，不胜荣幸！

我与先生亦师亦如友，30余年来虽远隔千里，而友情长存！

袁开惠

医学博士，上海中医药大学副教授，硕士研究生导师，学校金牌教师、金牌科普讲师、校园十大菁英；中华中医药学会医古文分会、中医药文化分会青年副主任委员，中国训诂学研究会会员；两种简帛类南大核心期刊CSSCI审稿人。硕士毕业于东北师范大学汉语言文字学专业，博士毕业于上海中医药大学医史文献学专业；2015年、2016年分别在美国密歇根大学、特拉华大学短期访学；2015—2016年、2022—2023年在复旦大学出土文献与古文字研究中心进修训诂学、古文字学。

主持国家教育部人文社会科学研究青年课题1项，主持完成上海市哲学与社会科学研究课题1项，主持完成省部级项目3项；参与国家社科基金重大项目1项，省部级以上课题5项；在CSSCI期刊公开发表《老官山汉墓医简〈六十病方〉病名释难》《老官山汉简〈医马书〉简27字词考释》《〈本草纲目·檀〉异文考辨一则》等学术论文40余篇。副主编《中学生常用古汉语词典》，参与校注《审视瑶函》，参编《留学生医古文》《中医古籍阅读学》《字缘中医》等著作。

2017年在先生的指导下，进入出土医简的研究领域，主要师从先生研究天回老官山医简《六十病方》（后更名为《治六十病和齐汤法》）、张家山汉简《脉书·病候》等。目前，主要研究方向为出土中医简帛字词等，兼及早期传世医籍字词和敦煌文献涉医字词。

跟师先生始于《审视瑶函》的序言校注。2016年底和中浚老师校注、点评的眼科著作《审视瑶函》，其四篇序言用词文雅、古奥，涉及儒、释、道文化，和老师不以我年少学浅，积极邀我给序言作注，我也很珍惜和先生的合作，利用一个多月的寒假时间认真校注，查阅资料，和先生讨论，虽然辛苦，但也寝馈其中，乐在其中。同年年底，先生带我参加西南大学古籍所主办的出土医学文献会议，也带领我走进了出土医学简帛研究的领域之中。会后，先生带我一起修改此次会议的参会论文，并热情邀请我参加国家社会科学研究项目"成都老官山汉墓出土医简整理研究"，参与其主持的《六十病方》的具体研究内容之中。

其后几年，每字每词，一药一方，和老师都与我在微信群中认真讨论，反复切磋。在讨论与交流中，先生不以年龄、资历为恃，尊重事实和真相，严谨求真。我们最终将讨论后撰写的文章《老官山汉墓医简〈六十病方〉病名释难》发表在《古籍整理研究学刊》。与此同时，先生手把手教我，并与我合作撰写《张家山汉代医简〈脉书〉目病病名释义考辨》《张家山汉墓〈脉书·病候〉的病症总数考论》等。几篇文章的发表，特别是发表在《简帛》《古籍整理研究学刊》的论文，不仅仅让我从医学文献研究跨入到简帛研究的领域中来，也让我通过文章结识了诸多简帛领域的专家学者，让我的研究又得到了刘钊、胡平生、陈剑、广濑薰雄、张俊民等古文字与简帛专家的指导。先生视学术为公器，并无丝毫偏狭之心，积极鼓励、指导我申报高级别课题，2018年底、2019年初分别获上海市和教育部人文社科项目资助。两个项目的研究和推进，都在先生指导下稳步进行，2023年初提交了上海市课题结项的论文集和《六十病方》校释文字计10万余字，教育部课题的结项书稿也在撰写之中。回望从师之路，也是我学术成长之路，在这条道路上，我收获着研究的快乐，成长的喜悦，学习的幸福。

2017—2019年，跟随先生参与《六十病方》的具体研究，是我研究能力成长的关键阶段。检查原整理小组释文中的问题，纠正误解误注，补入自己的认识和见解，一字一字、一条一条推进校释，在简图与释文的具体对照中，破解疑难字形；在与其他出土医方、传世医籍的比对中，追索病症命名的根据、疾病分类的依据、方药的源头演变，于2019年呈交上海科技出版社完整的校注书稿。虽然，因为种种原因，书稿未能最终付梓，但得到了出版社编辑，以及课题结题评审专家的肯定。此外，还与先生共同署名发表了《论老官山汉墓医简中的"鼠"与"风偏清"》一文，荣获《中医药文化》杂志2017年度优秀论文评选三等奖。

"学贵得师，亦贵得友"。2017年以来，有关中医简帛等出土文献的研究成果无不得益于先生的指导和与先生的合作。如参与国家社科重大项目"出土先秦两汉医药文献与文物综合研究"系列网络讲座，主讲"老官山医简中的'犮'法与其他"，其中关于"犮"的所指、"乡村艾灸图"中"铍针"与艾灸联合使用的确认等，既得益于与先生合作校注《审视瑶函》时对中医著作中针灸器具的熟悉，也与校注《六十病方》有直接关系。即便是现在主持学校的高水平大学学术共同体"中医古籍阅读科教融合团队",开展系列中医古籍、出土医学文献的讲座、会议,也都受先生严谨求实的学术精神影响,还常常请先生就一些具体文章和观点给我指教。

江 花

成都中医药大学医学硕士,西南医科大学副教授、硕士生导师。《西南医科大学学报》《中医文献杂志》编委,Acupuncture in Medicine 审稿人,四川省中医药管理局第四批学术和技术带头人后备人选,四川省中医学会医史文献分会副主任委员,全国第六批老中医药专家学术经验继承人。长期从事川派医家学术思想及临床经验总结研究,主持和参加国家级、省部级及厅局级等科研课题15项,以第一作者或通讯作者公开发表学术论文30余篇,其中SCI收录2篇,中文核心期刊9篇。主编专著4部、参编教材10部、CAI课件1部。获泸州市科技进步奖三等奖,泸州市社会成果奖二等奖,中国中医药研究促进会学术成果奖二等奖各1项。

初识先生,于1994年参加成都中医药大学本科入学教育时参观学校医史博物馆,得知先生为此馆筹建呕心沥血,心生敬佩。2003年硕士毕业至泸州医学院(现西南医科大学)任教,并成为王明杰教授的学术继承人,2009年与两位先生一起署名发表《〈儒门事亲〉中眼科证治思想》论文。时闻两位经常切磋交流,故在中医科研课题申报、古籍研究、临床总结等方面每得两位先生悉心指教。2007年经王明杰教授推荐参加先生主编的《中华大典·医药卫生典·医学分典·眼科总部》任编委,主要收集四大经典及历代名家著作中有关眼科病证及治疗资料的分类编辑,由此迈入中医经典研究门槛,该书由巴蜀书社2014年正式出版。此后常向先生请益,不断增强对中医经典著作知识挖掘与总结分析提炼的能力。2012年参加先生主持的"中医药古籍保护与利用能力建设"四川项目,使我全面系统地接受了国家中医药管理局组织的古籍整理、知识保护与利用能力的相关培训,对于古文字的训诂、音韵学、古籍版本的甄别、古籍的印刷与修复等知识有了更切实的掌握，也对名家从事古籍整理时所肩负的"为往圣继绝学"的使命感有了更清晰的体会。于是我直面古籍整理带来的挑战，承担清代岭南名医黄岩（秘传）《眼科纂要》整理校注工作，于 2012 年和 2015 年在中医文献杂志先后发表《（秘传）〈眼科纂要〉学术源流研究》《（秘传）〈眼科纂要〉的版本源流考证研究》两篇与课题相关的研究论文，2015 年该书校注整理本由中国中医药出版社出版，研究成果于 2016 年获泸州市人民政府第十四届社会科学成果奖二等奖。通过参加培训和实际工作磨炼，使我对中医古籍文献的认识与整理水平不断提高，并具备一定的中医文献研究能力。

其后在主编《川派中医药名家系列丛书·叶心清》《川派中医药名家系列丛书·王明杰黄淑芬》两书时有更大的提高和收获，有关《川派中医药名家系列丛书》的编撰方法和体例等，多得益于先生 2015 年在全省开题培训时所讲"川派中医名家临床经验和学术思想总结撰写"讲座，如在医家学术思想的总结中要注意突出医家学术的理论特色和医家独特的学术观点和见解，既要从中医理论上进行阐发，也要用临床效案支撑，临床经验总结和学术思想的提炼二者各有侧重，不能混淆。

2020 年在与先生合作撰写《临床获效的用方思路——评〈铁杆中医彭坚汤方实战录：疗效才是硬道理〉》过程中，在对该书学术特点的凝练、临床经验的评价、方药特点和标题文字的总结表述上，与先生几度切磋讨论，更是颇多启发。特别是 2021 年参加编写《中医流派传承丛书·川派中医》担任副主编，彼此交流讨论更多，我负责撰写的第一章"历史回声"书稿接收主编杨殿兴教授和先生的修改意见，克服了初稿资料庞杂，结构较为松散的问题，修改时注意紧紧围绕川派中医特色的形成与发展的要害处着墨，补充了大江西派李涵虚等著名道医的内容，使第一章内容既更加厚重，又能深入细致，且有效避免了与后面章节的重复与冲突，最后经先生修改定稿。于 2022 年与先生共同撰写《川派中医学术特色研究》论文在《南京中医药大学学报（社会科学版）》发表，由此对川派中医的学术特点和文化渊源有了更深刻的认识，从多年来偏重于中医临床和教学、名老中医学术经验整理，向中医学术流派研究等方面拓展，使自己在中医史学论著的撰写能力上也得到了切实的提升。

先生勤奋求实，不断钻研，淡泊名利，奖掖后学，无比热忱，精勤不倦地锻造自己的学术灵魂，耕耘着自己的学术家园，时刻鞭策与激励着弟子只争朝夕，未敢懈怠，积极投身到为中医事业的发展，贡献自己的绵薄之力。此生得遇两位结为挚友的先生一起悉心指教，学术研究事业倍感充实，幸甚！

夏 琰

医学硕士，毕业后留广西中医药大学中医文史与各家学说系从事教学科研工作七年，承担"中医各家学说"和"医学信息检索"等课程的教学工作。2016年进入《中国肿瘤临床与康复》杂志编辑部从事期刊编辑工作六年。目前就职于科技部主管的科学技术文献出版社，专职于书籍的出版编辑工作。

在校工作期间，主持和参与多项省部级、厅局级、校级各级文献研究整理的课题任务，发表多篇论文，参编《中华脉学观止》《班秀文医论医话集》《班秀文医学著作集》《班秀文医学文集》，点校中医经典文库系列《世医得效方》《济阴纲目》《外科理例》。

我与先生在2008年全国中医医史文献学术会上初识，有一见如故之谊。2011年在先生的推荐下，参与国家中医药管理局项目"中医药古籍保护与利用能力建设"四川组分项目《眼科开光易简秘本》一书的古籍整理工作，期间先生对于校本的选择和内容的考证、注释，特别是与此书异名同书几种文献的复杂关系等给予很多指导，全力支持我独立完成课题。共发表《〈眼科开光易简秘本〉的成书、作者及版本考略》和《〈眼科开光易简秘本〉作者与学术特色考略》相关论文2篇，校注出版《眼科开光易简秘本》一书，课题前后历时三载，获益良多。

先生懋德谦和、学博雅致，近学虽时日偏短，却师恩深切。今闻其《川派中医药名家系列丛书·和中浚》一书即将出版，拟将学生列入学术传承之列，愧而惶惶，感佩于心。惟愿师承学术不断发扬光大。

孟 君

成都中医药大学中医医史文献专业博士，成都大学附属医院副教授、副主任医师，中华医学会医史文献分会委员，四川省第一届国医大家学术传承班学员。长期从事川派医家学术思想及临床经验总结研究，主持及参与多项厅局级课题。

2015年，有幸邀请到先生参加我的博士毕业论文答辩，得蒙先生提出高屋建瓴的意见和建议，使我受益匪浅。于是开始留意先生所发表的文章和著作，从此对先生严谨务实的治学精神及其学术成就留下深刻印象。

成都大学附属医院图书馆存有一批有一定历史年代的中医书籍，为了更好地了解这些书籍的历史价值并加以妥善保管，医院领导希望得到非常专业的意见和建议。我的博士生导师宋兴教授极力向我推荐先生前来帮忙做书籍鉴定，先生欣然应允。先生从书籍的学术价值、成书年代、现存数量、历史背景、收藏保护等方面对这一批中医类书籍给予了非常中肯的评价和收藏指导。

成都大学附属医院的高诚宗先生、廖蓂阶先生为川派名医，亦入选《川派中医药名家系列丛书》，为了更好地做好学术传承工作，曾多次向先生请教流派传承建设的相关问题，先生从中医科研课题的申报、古籍研究、临床总结、书籍出版、数据留存、活态传承等方面均予以了细心指教。

2021年成都大学附属医院筹建中医药示范基地，院领导决定邀请杨殿兴教授与先生为成都大学附属医院中医传承工作客座教授。我因此能有更多的机会与先生交流感到欣喜。

在先生指导下申报的浙江中医药大学浙江中医药文化研究院 2023 浙江省哲学社会科学重点培育研究基地自设项目"《六十病方》与《治六十病和齐汤法》书名的比较研究"立项，获研究经费5万元，合作撰写的论文在2023年全国中医医史文献学术会上大会报告，获得重要反响。

先生年过古稀，仍手不释卷，笔耕不辍，不断有新的论文发表及著作出版，其中如《中医流派传承丛书·川派中医》等得蒙先生赠送，拜读之后，颇多启发，故亦愿列先生门墙之下。

赵亚琼

成都中医药大学国学院/博物馆副研究馆员，教学与研究生科科长，中华中医药学会中医药文化分会青年委员，中国民族医药协会健康科普分会理事。主持并完成四川省哲学社会科学课题、成都市哲学社会科学课题、四川省社会科学界联合会基地课题、四川省教育厅基地课题各1项，主持四川省文物局课题、成都市科技局课题各1项，主持并完成校级科研课题4项。发表论文7篇，主编中医药文化少儿科普绘本2部。获省部级奖项1项。

认识和中浚研究员始于国学院的工作联系，熟悉之后也常向他请教一些学术问题。先生始终认真聆听并给我中肯的建议。有机会时我们也一起探讨我学术研究中的疑难问题，从迷茫中我逐步明确了自己的学术研究方向。

在先生的指导下，我逐渐进入了医学文献与文物的研究领域。承蒙先生不弃，参与了先生"川派中医眼科古籍整理研究"项目中《眼科奇书》的校注，我积极查阅相关资料，逐字校对，先后数易校稿，终经先生审改定稿，让我体验了古籍整理工作的艰辛与不易。

2021年先生知道我对文物方面的兴趣后，又邀请我参加其主持的国家中医药博物馆课题"国家中医药博物馆基本陈列秦汉时期学术大纲"，并指导我撰写其中"社会文化概况"的初稿。参与课题过程中先生引导我积极思考，让我从资料查阅、研究思路、大纲撰写等各方面有了全方位的认识和感悟，获得了研究方法和工作能力的提升。在参与课题的过程中，先生介绍我认识一些中医文物界的前辈，让我关注他们的研究成果。其后我申报的项目和撰写论文也深受先生影响，力求思路开阔、考证扎实、内容精益求精，使我坚定不移地走上了中医文物的研究之路。

先生知道我医学基础较为薄弱，就经常给我提供一些重要学术讲座信息，让我有机会得以提高。先生也常常将他看到的项目申报消息转发给我，鼓励我积极申报。回望从师之路，有先生这位学术道路上的谆谆长者，深感幸运。

宋姗姗

医学硕士，成都中医药大学中医文化学专业在读博士研究生，研究方向为医疗社会史。硕士毕业于成都中医药大学中医五官科专业。参与科技部项目2项，国家自然科学基金1项，部省级课题2项，厅局级课题4项，公开发表学术论文10余篇，参加校注整理古籍《眼科要旨》《伤寒集验》《伤寒述微》3部，参编《中医名词考证与规范》（第四卷）、"十四五"规划教材《中外医学史》《融合出版数字化资源》等学术著作3部。2021年读博伊始，即参与先生主持的国家中医药管理局"《中华医藏》眼科、咽喉口齿科提要编纂"项目，开展中医五官科古籍文献的研究。近年在先生的指导下，着手中医眼科、喉科文献的版本调研工作，对一些重要的眼科文献，如《审视瑶函》《银海精微》等，考证其版本系统及文化特色，并据此结合知识史的研究方法和路径，撰写博士学位论文《以"翳、障、盲"为代表的眼病知识演变及文化内涵研究》。研究过程中，常得先生启发和帮助。

近年来，参加《中华医藏》五官科文献的版本调研和提要撰写的研究工作，主要负责文献版本系统的相关内容，特别是《眼科龙木论》《银海精微》《审视瑶函》等几种重要文献的版本，并在先生指导下完成《银海指南》提要的撰要和修改定稿。

论著提要

川派中医药名家系列丛书

和中浚

和中浚先生署名发表的论文计180余篇，撰写专著和整理出版的古籍共30余种。其论著从撰写眼科病症与文献的论文开始，以其多年眼科临床为基础，结合中医医史文献的研究方法，对眼科文献从目录学、版本学、学术史等切入，成就卓著。并先后涉及医学史、中医文化与文物、外科文献、中医养生、中医博物馆建设、出土医简、川派中医等研究，显示其深厚的学术修养和文化视野，其中尤以眼科、外科文献、出土医简、川派中医等用力较多，影响较大，学术优势明显。

其对眼科文献的学术源流关系、主流文献的学术成就和特点等有全面而深入的研究，有不少学术创见，相关著作如《中医必读百部名著·眼科卷》《中医古籍名家点评丛书·审视瑶函》等较集中地反映了研究成果。

外科文献研究中，先生对早期外科文献的成就和特点、外科学术流派、外科与道家文化的关系、外科手术器具的命名与分类等研究较有特色，颇多创见，在其指导的硕博士论文和整理出版的相关外科古籍中亦可以体现。

出土文献研究主要集中在成都老官山汉墓《六十病方》的研究上，其论文问世既早，影响亦大，如《老官山汉墓〈六十病方〉与马王堆〈五十二病方〉的比较研究》等。

先生所著论文以主题明确，内容深入，富于创见为特色，如《药用杵臼考——兼谈药用杵臼与乳钵的关系》《明清外科刀具的命名、功能及分类》等广受关注，其中《孔子修身养德与中医养生》《百年来中医理论发展特点和启示》《老官山汉简的书法特点及在隶变分期中的早晚》等颇受学界重视，先后分获《中医药文化》杂志改刊10年优秀论文二等奖和年度优秀论文一、二等奖，《医史教材应有述有论》在2001年申报《中国医学史》第七版国家规划教材全国同行评议中名列第一。

主编的著作《中华医学文物图集》是先生成名作，在同行中影响很大，获中华中医药学会 1992—2002 年中医学术著作二等奖和教育部人文社科成果三等奖，2023年中华中医药学会制定的《中医药文化遗产分类及代码》类目名称中不少与该书有关。其参加编写的《百年中医史》(副主编)、《川派中医药源流与发展》(副主编)分别获中华中医药学会中医学术著作一、三等奖。

截至2024年5月，据"中国知网"统计数据可知，其论文《中医养生方法的归类及其内涵和特色》被引量为 24 次，《明清医家对中医四诊全面发展的贡献》被引量为 20 次；据"维普中文期刊服务系统",《眼科熏眼法及熏眼方药的治疗特色》被引量为 5 次,《从几种眼科文献提要看学术源流研究的重要性》被引量为 7 次。

一、专著及古籍整理著作提要

（一）专　著

1.《中华医学文物图集》

该书由和中浚与吴鸿洲教授共同主编，先生执笔，全国中医院校医史博物馆参与，主要展示全国中医院校医史博物馆馆藏精品、研究成果及收藏资料，是先生的成名作。先生在参加《中国医学通史·文物图谱卷》的编撰工作之后，感觉医史界把注意力主要集中在中医类博物馆藏品上，对考古出土文物和全国综合类博物馆的藏品和书法绘画等其他资料的关注不够，相关研究范围较为局限且力度薄弱，从而进行达 10 年的深入研究。

著名考古学家，时任中国历史博物馆馆长俞伟超先生为本书题序，给予高度评价，认为"全书文字深入浅出，明白晓畅，为广大读者识别、理解（文物的）医学功能和意义提供了方便……书中选择文物较精而品类齐全……其参考文献和收藏单位等相关资料，一应俱全，体例十分严谨。""为了编撰此书，作者穷十年之功，遍涉文物考古界、科技界、医史界、历史艺术界等各方面的相关研究成果，对一些过去人们较少讨论的内容，则潜心研究，尽量补充……可以说，这是迄今有关中华医学文物最全面的论述。"

该书创见颇多，概述如下：

第一，该书首次对有关医学文物的概念进行了明确定义，提出医学文物"指具有一定医学意义和功能的文物，它在我国众多文物中，属于按专业功能和用途分类，主要从科学价值角度进行认识和研究的文物类别。"医学文物有着狭义和广义之分。先生在概述中提出"与医学有关的文物，过去人们常常称为医史文物，把它作为一种历史的见证和医学成就的象征，本书突破了这一传统概念，将其内涵加以扩展，命名为医学文物，决定从中医学术的角度，按文物的医学用途和功能进行分类,使其医学的价值和意义更加突出",其认识较既往有着很大程度的创新。全书共列有"医学文物""药学文物""卫生文物""少数民族医药文物"和"养生保健文物"五类,在"医学文物"下分类列有"医学文献""医疗器械""医疗器具""医学模型"等;"药学文物"下分类列有"出土药物""制药工具""煎药服药用具""盛药贮药器"等;"卫生文物"下分类列有"饮水排水类""预防消毒杀虫类""个人卫生类""环境卫生类"。其分类和命名方法尽管还有一些不尽完善之处,但就当时而言,学术上已属前所未有的重要创举,在此前医学文物主要按历史时期和器物质地分类的基础上有了较大提高。该书从文物的科学价值入手,抓住了文物的中医药特征,突出了中医药特色和学术价值,是学术上的重大开拓和创新。

第二,本书收录的文物范围更加广泛,医史界既往从未关注过的一些文物在本书首次展现。如川大博物馆馆藏方以智山水长卷、薛雪山水立轴、曾懿花卉条幅,广州中医药大学博物馆药王韦慈藏像,成都王家葵藏清代阿胶仿单等,以及一些医学书画、印玺等,令人耳目一新,其新面世的资料达70%以上,实属不易。

在文物出版社和一些文博单位的支持下,故宫博物院、南京博物院、浙江省博物馆、湖北省博物馆等单位的一些与医学有关的资料在本书披露,如杨凝式"神仙起居法帖"、曾鲸绘张卿子像、半跪式针灸铜人、毕沅墓出土眼镜等,为该书大为增色,让医史界大开眼界。特别是其中一些首次发表的资料,如北宋定窑出土的"尚药局"款瓷药盒,洛川县博物馆的"人生长寿"画像砖等,弥足珍贵。

第三,本书对收集的医学文物进行了一定程度的研究和介绍,打破了既往与医学有关的文物图册以图为主、缺乏研究内容的文字介绍,甚至不少器具名称都未予标示的情况。书中正文首列 3500 余字的"概述",对相关历史进行了回顾,就不同历史时期代表性医学文物的品类和学术价值进行了讨论,对其功能和器型特点等进行了初步研究。同时书中每一件文物都有较为准确的名称,器物的文字介绍主要围绕其医学功能、用途、性质、意义及价值着墨。如药葫芦中对葫芦的医学意义、药用葫芦的认定、与葫芦摆件的区别等,就与其他文献的讨论内容和着眼点有明显不同,使本书充满了中医药文化特色。

第四，本书列有100余篇参考文献，为读者了解本书的研究基础、主要学术观点的文献依据，以及进一步深入研究提供了便利，表现了作者严谨的学风。参考文献的范围，除文物、考古、中医药、历史等相关文献资料之外，还涉及书法、绘画、印玺、科技史等有关论著，由此可见作者在学术上的勤奋，对现有研究成果的广泛搜集和利用，以及在此基础上的思考和创新。

中华医史学会时任主任委员梁峻和著名学者李经纬先生署名在《中华医史杂志》为本书撰写书评，给予该书高度评价，认为是"一本内容丰富的医学文物精品集"。该书获中华中医药学会1992—2002年中医学术著作二等奖和教育部人文社科成果三等奖，2023年中华中医药学会制定的《中医药文化遗产分类及代码》类目名称中不少与该书有关。美国国会图书馆曾发邮件联系先生要求收藏该书，可见其影响远播海外。

2.《图说中医学史》

该书由和中浚主编，广州中医药大学郑洪、上海中医药大学吴鸿洲、北京中医药大学马燕冬任副主编，系"十一五"国家重点图书出版规划项目，全书共32万余字，精装，彩印，由广西科学技术出版社出版。

全书按历史发展阶段共分为6章。其特点首先是图文并茂。正如广州中医药大学终身教授邓铁涛先生在序言中所指出的，该书"采用图文并重，图文参照的形式进行编撰，收入众多医药文物和名医画像、人物图像、名著重要版本书影以及与医学社会环境有关的图片，配图近500张。以上特点使该书在保持学术性的同时增强了可读性……更好地达到了普及学术、促进中医学传播的作用。"亦如山东中医药大学王振国教授在序言中所说，该书："采用图文并重，互相参照的形式进行编撰，以论带述，以述证论……达到以文释图，以图知文，使两者相辅相成，融为一体的目的。"该书的图片中不乏既往医史界罕见资料，如明代南都繁会图中人参行、药材铺、戴眼镜老者等。著名医史学者，时任中国中医医史文献研究所副所长朱建平研究员在《中华中医药杂志》发表书评《一部科普与学术兼顾的中医学史——<图说中医学史>》，认为该书"图像与文字两全""是一部雅俗共赏的中医史著作""其中大量图片对于读者增加阅读兴趣，直观地认识历史事件和人物，特别是名医形象文献版本等很有帮助"。

其次，该书的文化特色非常鲜明。诚如邓序和王序所评价的那样，"全书从中医药文化大视野的角度切入和展开，不仅注重中医学的人物、著作等学术要素，而且也注重与哲学、文化、经济等社会史的紧密联系。""该书不仅仅站在中医学自身的立场和范围内来认识医学史，而且更注意从中国文化的大视野切入和展开，即医学内外史兼修……全书以中医学的历史和发展成就为主线，并对'仁医仁术'等中医学的思想文化内涵进行了适度挖掘，在正反两方面都有一定阐述。"如"西晋隋唐时期突出了儒释道与中医学的关系，对儒释道与医学的相互影响与交融有深入浅出的阐发，宋金元时期着力于儒家思想对中医学的渗透以及儒医产生的社会背景及特征的阐述，多发前人所未发。"朱建平认为"该书史论与史述相结合，如各章概述，注意把各历史时期的政治、社会、文化的特点和医学的发展有机地结合起来。"

再次，是内容的创新。一是在章节标题上就颇用心思，每一章标题皆用两组4字词语作为主标题以画龙点睛地概括该章特点，并用副标题进一步补充说明，如第二章"四部经典，垂范千年——以四大经典为标志的中医学理论体系的形成"，第四章"不为良相，则为良医——朝廷重医、医学专科的成熟和金元医家的创新"等，每一节的标题亦如章标题，如第五章第一节"鸿篇巨制——明清中医学的主要成就"，第六章第二节"阋墙之争——中西医论争与中医抗争运动"等，这样使该书的标题既生动形象，又明确醒目，给读者留下深刻印象。较过去一些医史教材中的标题与内容时有一定出入，难以总结概括章节内容有了显著提高。

正如该书前言所说，作者"力求给读者一些新的资料、新的思考和新的视角，并充分反映近年来的研究成果"。因此，"秦汉时期重在对出土医学文献和四大医学典籍进行独到阐释，在几乎不引用原文的基础上，深入浅出地抒发了研究经典著作的心得体会。""明清时期中医学的内容繁复而多元，于每节篇首或篇末都有概括性文字提示，或承前启后，或简述源流，或提示要点。""近代中医随着社会的变革而起伏动荡，作者将注意力更多地集中在与中医学兴废攸关的大事件和医学出现的新变化上。"现代部分采用"结语"的形式用"大事记"的写法举要交代了新时期党的中医政策、中医学重要的事业发展和学术成就。朱建平认为"全书资料丰富，卓尔不群。""（第二章）让这些已被学者重复过成百上千次的内容深入浅出地呈现在读者面前，老生常谈的内容令读者每有新鲜之感。""第五、六等章的文字清新流畅，作者的论述颇有大将风度……第六章的作者对近代中医学史有多年研究积累……把近代中医的生死存亡与近代社会的巨变紧密地联系在一起，紧扣读者心弦。"

著名中医文化学者温长路在江西中医学院学报发表《梦回缤纷五千年——〈图说中医学史〉述评》，认为该书"运用断代阐释和交错表述相结合的表述手段，把中医学的形成、发展史进行了一番系统的梳理，以图文并茂的形式立体勾勒出了她在历史长河中曲折—艰辛—壮丽—辉煌的全方位坐标……（该书）是一部可以信赖的高水平之作。"

（二）古籍整理

1. 《带您走进〈审视瑶函〉》

《带您走进<审视瑶函>》一书由人民军医出版社于2008年出版，32开，17万字，由中国科协科普专项资助出版，系中华中医药学会"带您走进中医古籍丛书"系列古籍之一。该丛书由李俊德、王奕任总主编，和中浚为分册主编，汪剑为副主编。

《审视瑶函》是一部重要的眼科古籍文献，是中医专科临床必读著作之一，荟萃了古代眼科文献《证治准绳·杂病·七窍门·目》《原机启微》的精华及《审视瑶函》作者自己的学术成就，内容博而不杂，全而有要，在眼科理论、病证及治疗等诸多方面代表了古代中医眼科的学术水平，对眼部结构尤其是内眼结构和视觉功能的认识特别突出，尤其对黑睛疾病、瞳神、眼外伤等病证的描述较为准确，对多种病证的鉴别诊断以及预后转归有清楚的介绍，十分契合"带您走进中医古籍丛书"的入选要求。

该书由"丛书"序、前言、目录、正文构成。

"序"介绍丛书的编写背景、目的、选书标准、丛书定位等关键信息。

"前言"简要阐明《审视瑶函》的入选原因、学术源流与特色，以及《带您走进〈审视瑶函〉》一书的主要内容、体例、特色等内容。

全书正文共七章，分别从学术源流、学术特色、学术影响、病机阐释、名方解析、病证精华、针灸特色七个方面，详而有要地介绍了《审视瑶函》的内容与学术渊源，剖析了学术特色与价值，展示了中医眼科学诊治精华，为读者提供了快捷掌握、运用其治疗方法的途径，并于每章正文后附以参考文献，既符合丛书编写要求，又突出《审视瑶函》自身的内容和特点。每章标题以来源于《审视瑶函》原书的四字短语为主标题突出该章主要特色，如"摘要删繁""涵光毓采"等，以副标题言明主要内容，生动有趣，文采斐然，颇为点睛。

第1章谈由来。首先介绍了《审视瑶函》的书名、主要内容和结构、成书背景等基本信息，继而通过探究其学术源流，指出《审视瑶函》对《原机启微》《证治准绳》等书内容的继承，考证其作者主要为傅维藩，全书最后成书于清顺治八年（1651），初刻于康熙六年（1667）。

第2章言成就与特色。从前贤医案、广集方药、针灸文献三个方面分别阐述了《审视瑶函》总结前人眼科学术成果时博采精辑的继承特点，继而分述凡例、诊法、识病、用药、方剂、外治法等，指出其对病证要点的认识和描述、方药的选择，以及外治法的运用相比早期眼科专著更为成熟之处，对其学术价值和地位予以较高评价。

第3章述影响。通过对其版本流传和文献对比，结合现代评价和研究，指出《审视瑶函》是清代以来最为流行的眼科著作之一，版本总数超过50余种，在现代多次点校出版，是一本在现代受到学术界普遍高度评价、影响巨大的重要古代眼科文献，由此读者可明了《审视瑶函》在中医眼科学术界的地位与价值。

第4章释病因病机。阐释"原机十八病"的病因病机学说，并重点阐述其价值。每病先引原文，再挖掘阐释原文之义，并引他书予以比较、印证，助力读者了解《审视瑶函》原书内容，充分体现了该书的普及性特征。

第5章析名方。先总述《审视瑶函》方剂的来源、特色、治法分类，再按疏风剂、清热剂、补益剂等8类治法逐一介绍，每类方剂先简略介绍适应病症、组方特点，再逐一介绍每首方剂的来源、组成、用法、功用、主治、方解、运用、按语、方歌、现代研究等内容，并于"方解"处着墨较多。

第6章析病证精华。先简要介绍该章主要内容，再选取《审视瑶函》卷三至卷六具有代表性、临床常见眼病45症，依胞睑、两眦、白睛、黑睛、瞳神、其他眼病6类分别按临床表现、病因病机、治疗、讨论、预后发展、现代研究等几个部分进行阐述，便于读者识病、辨病和施治，揭示《审视瑶函》内容的系统性、普及性与实用性。该章节每于"讨论"处呈现创见，既阐发原书之长，又指出其不足。

第7章总结针灸特色。介绍了《审视瑶函》针灸部分的内容、特色，指出了该书以针灸方法所治疗疾病的病名、病因病机、穴位、预后、禁忌等内容，并挖掘这些针灸内容在现代临床中治疗头痛、口眼㖞斜、内障眼等9种疾病的价值。指出"眼科针灸要穴图像"图文并茂，颇具特色。

第5、6、7三章以全书约三分之二的内容系统深入地介绍《审视瑶函》的方剂、病证、针灸等临床内容，见解独到，突出了《审视瑶函》的临床价值和鲜明的学术特色。

《带您走进〈审视瑶函〉》一书既有较高学术水平，又具一定的科普特色，古今结合，观点科学、重点突出、文字典雅、表述准确，内容兼顾学术与科普，文字注意深入浅出，兼具学术性、可读性、实用性、趣味性、文化性，具有导读和构架学术与科普桥梁的功能，是一本雅俗共赏的优秀中医名著读本。

刘安《屏风赋》言："根深枝茂，号曰乔木。"先生以多年临床与学术积累，为该书的成功奠定了深厚的基础，为深入浅出地介绍《审视瑶函》助益颇大，为科普著作的编写提供了良好借鉴，提示我们优秀科普作品的编撰，需要编者对内容的学术性有深入认识和深厚积累。

2.《中医必读百部名著·眼科卷》

该书为中华中医药学会组织编写，李俊德、高文柱主编，和中浚为眼科卷主编，杨鸿，汪剑，周华祥等参加校按，包括《眼科龙木论》《银海精微》《审视瑶函》三种著名眼科文献，共48万余字。2008年由华夏出版社出版。

该丛书要求采用最佳版本为底本，认真校勘，随文注释，每种书前撰写导读，分章节加按语，分门别类，结集出版。王国强序中提出："导读主要介绍作者生平、成书年代、主要内容、学术价值和影响、本书校注的原则和方法等。其中重点内容是古籍的学术价值及影响，特别是对中医理论与临床的指导作用；还刻意引证了古今名医对该书的评价，以现身说法的形式把读者带进书中来，对原文的整理以点校为主，注释简明扼要……按语则紧扣各书的内容，以自然章节、门类为单位，通过简洁的文字表述，把学术亮点突出出来，对读者真正起到辅导作用。"眼科卷完全按照这一要求撰写。

其三种文献书前分别撰写了一万字左右的导读。其中《眼科龙木论》"导读"对其多种书名进行分析，认为书名《眼科龙木论》最为简单明了，而且有版本根据。其作者旧署"葆光道人"和"龙树"名不副实。其学术与早期眼科专书《龙树眼论》"审的歌"和宋代《三因极一病症方论》《铜人腧穴针灸图经》《证类本草》《太平圣惠方》等有一定渊源关系，认为成书于宋元时期。全书10卷，可分为三部分，其中卷1~卷6的"七十二证"为全书核心内容。其突出的学术价值主要鉴于其作为中医眼科早期专著的学术地位。随之对该书的四个主要学术贡献进行总结：①首创眼病内外障分类法；②初步形成眼科辨证论治体系；③早期记载"五轮""八廓"学说；④较早反映印度医学在中国的传播。并就该书对宋金元综合性医著特别是对明清眼科专著的学术影响进行了逐一讨论，认为其现代价值主要表现在其文献价值及其病症名称和方药在当代的实际运用上。

《银海精微》导读对其书名、作者及成书时间进行考证研究，认为"银海"代指眼目，原署孙思邈为托名。其成书时间原众说纷纭，虽近年多倾向于宋元或元末明初，但提出可靠资料的不多，先生分析比较了诸种认识之后，根据其指导的研究生范玉兰和汪剑的最新研究成果，即书中东垣和丹溪的学说的内容是《银海精微》内容的重要组成部分，从而提出其成书当在丹溪学说兴起之后，即明代前中期可能性大的最新观点。

《银海精微》主要内容分为三个部分：第一为眼论，第二为主体病症81症，第三为眼科诸方及其他。认为该书与《眼科龙木论》、东垣学说和丹溪学说、宋元多种方书都有着学术渊源关系。其学术价值主要是率先运用五轮八廓于临床，对眼科检查的看眼法、查翳法有突出贡献，注重眼病的鉴别诊断，对病症的认识较为全面、准确。选方用药实用有效，方剂配伍倾于精专。外治的针拨内障、夹法和烙法记载较为详尽。该书对后世有着重要影响，如《四库全书总目提要》对其有较高评价，《眼科启明》《秘传眼科七十二症全书》《眼科金镜》《眼科要旨》等书的不少内容源于本书。该书的不少病名和方剂在现代眼科著作中有较多引用。

《审视瑶函》导读对其书名进行解释，考证作者为傅仁宇、傅维藩父子两人，其初稿完成于崇祯十七年（1644），最后成书于顺治八年（1651），初刻于康熙六年（1667）。该书内容博而不杂，全而有要，在眼科理论、病证及治疗等诸多方面集中了古代中医眼科成熟时期的学术成果，对眼部结构尤其是内眼结构和视觉功能的认识特别突出，尤其对黑睛疾病、瞳神、眼外伤等病证的描述较为准确，对多种病证的鉴别诊断以及预后转归有清楚的介绍，书中近百首方剂为古今医家喜用的眼科名方。其学术价值和特色为：①荟萃了古代眼科文献《证治准绳·杂病·七窍门·目》《原机启微》的精华，特别是前者的病症和方药，后者的眼病病因病机、病症和方药；②《审视瑶函》作者增补的内容，特别是补充和完善眼论，新撰歌括，补充大量方药，记载针拨内障，保存已佚针灸文献；③力主开通明目，反对滥用寒凉。其巨大影响体现在其为清初以后最为流行的眼科著作，版本达 50 余种，与其相关的眼科文献有《眼科全书》《青囊完璧》《眼科启蒙》《眼科指南》等近 10 种。现代出版的多种医学名著全书、丛书本多收入其书，多种眼科著作对其有高度评价。

《中医必读百部名著·眼科卷》一书的"按语"主要围绕章节内容的学术源流、内容特色、学术价值、临床意义等进行分析讨论阐释，总结归纳概括，辅助读者尽快学习掌握该书内容要点和特点，便于读者临床运用。一书在手，眼科主要文献的来龙去脉，内容特色和学术要点一清二楚，对眼科古籍文献的阅读与利用提供了很大的便利。

3.《中华大典·医药卫生典·医学分典·眼科总部》

《中华大典·医药卫生典·医学分典·眼科总部》一书于 2014 年 8 月由巴蜀书社出版，约 125 万字。《中华大典》是中华人民共和国国务院批准的重大文化出版工程，由任继愈任总主编，《中华大典·医药卫生典·医学分典》由马继兴、郑孝昌为顾问，李明富、赵立勋、黄英志为主编，和中浚为《中华大典·医药卫生典·医学分典·眼科总部》主编。

该书由《中华大典》前言、《中华大典》编纂通则、《中华大典·医药卫生典》序、《中华大典·医药卫生典》凡例、《中华大典·医药卫生典·医学分典》编纂说明、《眼科总部》提要、目录、正文、引用书目组成，全书使用繁体字。

《中华大典》前言明确规定《中华大典》是以我国历代古籍文献为基础编撰的一部大型工具书，以提供准确详实、便于检索的汉文古籍为编写目的。

《中华大典》编纂通则阐述了《中华大典》的性质、规模和体例、经目、纬目、书目、版本、校点诸原则。《中华大典·医药卫生典·医学分典·眼科总部》的编写完全遵循该原则要求。

《中华大典·医药卫生典》由《医学分典》《药学分典》《卫生学分典》组成，《眼科总部》为《医药卫生典》下《医学分典》的三级经目。《中华大典·医药卫生典·医学分典》编纂说明指出《医学分典》分为医学通论、基础理论等十七个总部，《眼科总部》列有题解、论说、综述、著录四项。

《眼科总部》提要为主编和中浚先生所撰，首先言明其编写严格按照《中华大典》和《医学分典》的相关规定，历经多年多人，克服了多数眼科文献未曾整理刊行、分藏各地图书馆、同书异名现象较多、资料收集难度较大等情况。在编者多年眼科古籍文献研究的基础之上，在成都中医药大学国家重点学科眼科学建设经费的资助下，通过遍访全国各地图书馆馆藏眼科古籍，对大量的眼科抄本、简陋刻本予以去伪存真，精选底本，再校点、分类，方成其书。编者为反映眼科古籍作者及文献线索，对部分眼科古籍的序跋予以收录，并对多达数百种的眼科病症名称予以归纳与合并，但保留个别独立病症，使收藏的眼科病症既有系统性，更凸显眼科古籍特色；收录方剂以首见为主，兼收晚出但成就或影响更大的方剂，并收录多首富有眼科特色的外用方药，突出眼科临床外治特色。提要中指出《眼科总部》的编写，以全面系统反映中医眼科全貌和发展脉络为宗旨，据中医眼科的学科特点分纲目编写。

《眼科总部》正文系统囊括中医眼科古籍文献，下设部与分部，按经纬类分各部分具体内容，对一些文献尤其是早期文献中将理论、病症、治疗，甚至预防、禁忌同述的情况，按其主要的内容属性进行安排，其他要点则据其内容归入他类，以求不致割裂原文。《眼科总部》正文前四部分为眼科总论、基础理论、病因病机与疾病诊断，其中"眼科总论部"分题解（阐明眼科名称、含义、概念、特点）、论说（言眼科理论）、综述（言眼科相关性状、特点、地位等）、著录（眼科重要著述成书经过、价值、版本诸项）四部分，并收录部分眼科著作序跋等内容；"基础理论部"分为眼的结构生理、眼与脏腑经络、五轮八廓三个分部，阐明眼科基本理论；"病因病机部"分六淫、七情、眼论三个分部，阐明眼科疾病的病因病机；"诊法辨证部"分诊法、辨证两个分部，凸显眼科诊法与辨证特色。第五部"病证部"，主要论述眼科病证临床表现，以眼科疾病发病部位为主要根据进行分部，分为眼睑（28证）、两眦（1综述、5证）、白睛（21证）、黑睛（1综述、29证）、瞳神（1综述、47

证)、外伤(1综述、8病证)、其他疾病(26病证)共计七个分部,为读者全面认识各种眼科疾病提供了全面而系统的文献资料。第六部"治法用药养护部"分内治、外治及内外兼治、针灸、养护及导引、禁忌咒禁五个分部,便于读者系统了解眼科治法。第七部"医案部"按52种病证分列各证医案,便于读者借鉴前人临证经验。第八部"方剂部"以方剂首字笔画排序,按方剂名称、出处、方剂内容的顺序,分别列出2105首方剂,大大便利了读者检索和利用这些眼科方剂。书末"引用书目"详细列出了92种所引书目的书名、年代、作者、版本信息,并对个别书名的简称进行了备注。

该书将秦汉以来共百余万字的中医眼科古籍予以纲举目张地按类汇总,收集眼科古籍文献的源流与诸家学说于一书,集资料性、学术性、经典性、简便性"四性"于一体,其收载的眼科文献体量之大、内容之全、版本之精、来源之清晰,均为此前类书所未有。《眼科总部》所涉眼科古籍书目众多,版本情况复杂,且涉及多种刻本、抄本,幸赖先生以数年中医眼科古籍文献与临床研究沉淀的功底,先期在全国范围内的各个图书馆开展了大量的文献调研,对多种眼科古籍进行了深入研究,呕心沥血,披沙拣金,方成其书。《眼科总部》为保存中医眼科古籍文献作出了巨大贡献,体现了先生传承发扬中医眼科文献的拳拳之心,为中医临床从业者、中医文献研究者及中医爱好者提供了一部可靠的眼科古籍文献类书,为中医眼科临床、教学、科研工作的开展提供了重要的参考文献,是中医眼科古籍文献整理上的一部重要的工具书,将广裨后学。

4.《中医古籍名家点评丛书·审视瑶函》

《中医古籍名家点评丛书·审视瑶函》一书于2018年由中国医药科技出版社出版,25万字,是"十三五"国家重点图书出版规划项目"中医古籍名家点评丛书"之一,吴少祯任丛书总主编,张同君编审,和中浚为该套丛书编委、本书的主要点评人和参与整理者,袁开惠参加该书整理,特别是对四篇序言的大量疑难字词和典故进行了考证和注释,汪剑参加该书有关《原机启微》内容的点评。

该书由出版者的话、余瀛鳌序、目录、全书点评、方名索引组成。

先生从事中医眼科临床工作多年,眼科古籍文献研究经验丰富,成果丰硕,先后主持了四川省教育厅"中医眼科学术源流研究"、四川省中医管理局

"中医眼科文献的数字化研究"、国家教育部人文社科基金课题"眼科古籍文献的目录学研究"、国家中医药管理局中医药古籍保护与能力建设项目的眼科文献整理与研究等科研项目,并先后出版《中华大典·医学分典·眼科总部》《带您走进〈审视瑶函〉》等眼科专著,发表《与〈审视瑶函〉有学术源流关系的几种眼科专著》《〈审视瑶函〉原刻及早期刻本》等学术论文,正是丛书所需的精通中医眼科临床、深研古籍文献的点评专家。

在"全书点评"中作者指出《审视瑶函》成书于明末清初中医眼科学术趋于成熟之际,具有确立了眼科专著体例,内容全面,吸收《证治准绳》《原机启微》眼科学术精髓,比前代眼科著作学术思想更为成熟等主要学术特点,提出学习时要有的放矢、扬长避短地熟悉全书内容结构和特点,要学眼论、识眼病、背名方,为读者认识和研读《审视瑶函》点明了纲要。

正文部分精选成都中医药大学图书馆收藏的清康熙六年(1667)醉耕堂本为底本,注评结合,首次对《审视瑶函》4篇原序中的大量疑难字词和典故进行注释,接着是对《审视瑶函》原序文及正文的精要或疑难之处撰有225处点评,这些点评将中医理论和临床实践结合,为读者全面地展示了《审视瑶函》的内容要点、学术源流、学术特色,卷末附有333首名方的索引,便于读者查阅。该书校注精良,较《中医必读百部名著·眼科卷》中《审视瑶函》的相关内容有明显提高。便于读者阅读原文,领悟原作文辞典雅、旁征博引之美。点评内容据文义而评,于文中要害处或有价值处给予针对性点评,其点评内容主要有:

对原文涵义或要点的阐发:如第97页点评"阴弱不能配阳之病"言明了内障目病病机,第100页点评"心火乘金水衰反制之病"时言明了外障目赤的病因病机,第101页点评指出"内急外驰之病"即倒睫拳毛病,并分析其病机。又如第170页点评指出"阳漏症"之要害在于以白昼发病,第171页点评"脾病"总结了眼睑疾病多湿热的特点。这些点评直击原文要害,揭要义予读者。

对原文临床价值的阐述:如第30页对卷首"前贤医案"的点评中,指出医案的来源,阐明部分医案存在唯心主义色彩较浓的缺点,指出医案中诊病重视患者全身情况,且善用扶正补益与汗吐下三法对医家的启发价值。可贵的是,点评者还在此提出了医案学习的要点在于了解前医治疗不效的原因所在，揣摩医家诊治切入点、辨证立法与选方用药的依据，实乃授人以渔之言，增强了该书培育后学的作用，凸显了"点评"之效。

对文献来源与价值的探析：如在第 15 页对程序的点评，指出了序文对考证作者与著作学术渊源的珍贵价值；第 18 页点评傅维藩自序为证明《审视瑶函》全书最后成书于 1651 年、初刻于 1667 年提供了有力证据，为古籍文献研究中不能仅凭学者序言判断成书和刊刻时间提供了有力案例，具有学术研究借鉴价值。又如第 283 页的点评，以黄龙祥先生《中医针灸名著集成》为证，指出卷六第 277~283 页"眼科针灸要穴图像"中图文并茂介绍的 13 种常见眼病的针灸治疗内容为明以前已亡佚的资料，指明了该部分内容对保存古代针灸治疗眼科疾病资料的珍贵之处。另如第 34 页对"动功六字延寿诀"的点评，既解析了其主要功用、动作要领与特征，又简单梳理了该要诀在陶弘景、邹朴庵、龚廷贤间的传承与演变过程，对眼科专著中养生功法的价值与特色予以中肯评价。

对方药治法的分析：如第 122 页"赤痛如邪症"点评指出该症十珍汤、酒调洗肝散用大队滋养肝肾药，乃因此症以肝肾阴虚发热头痛为主，为读者点明处方用药之意。又如 131 页"血灌瞳神症"点评指出该症危急严重，所列 3 首方剂或效力不逮，乃建议可另选生蒲黄散或手术外治法用于治疗，既强调了该症需倍加重视，又为读者提供了原书之外的更多治法选择。又如第 146 页"凝脂翳症"点评除指出该症为严重破坏视力的危急重症、对视力损伤极大外，还认为该病治疗方剂四顺清凉饮子为《审视瑶函》首创的眼科清热解毒名方，既点明该方效用，又对《审视瑶函》的学术创新之处予以彰显。

对其学术源流的阐释：如第 36 页在对"太极阴阳动静致病例"的点评中指出该段内容与《内经》、李杲之间的学术渊源，第 37 页的点评中指出该段文字出自《儒门事亲》，并指出该段提出了著名的"目不因火则不病"论，并指出该段文字对后世目病的病因病机与治则的重要影响。又如第 47 页对"八廓所属论"的点评，指出此文出于《证治准绳·杂病·七窍门》，又在此基础上将八廓以八方配位及脏腑配属命名，强调八廓的脏腑病理基础，既剖析了《审视瑶函》八廓所属论的理论来源，又点明了其创新与发展，并肯定了其学术价值。此处点评，言简意赅，充分彰显了点评者的学术积淀。另如 151 页于"聚星障症""海藏地黄散"之后的点评，指出多种不同形状的星障或聚或散,是现代临床多发病症,指出了该处文献的当代临床参考价值,并指明海藏地黄散原名地黄散,出自《备急千金要方》,指出了该方的来源,又阐明了《审视瑶函》所借鉴的学术来源。

指出古今眼科治疗方法的差异及现代临床进展:如第 173 页对"夹眼法"的点评,指出了夹眼法能解决古代内服药物不能改善的倒睫症状,阐明夹眼法的古代临床价值,同时也指出现代临床采用睫毛内翻术治疗,言明古今治法差异与当代进展。又如第 223 页指出"能远怯近症"、第 224 页"能近怯远症"均指出现代佩戴眼镜是口服药物外十分重要的矫正方法。

该书点评,随文而评,与以往针对古籍专书研究的学术论文专论学术观点与价值相比,更便于读者领会与认识原文的精髓与价值。点评全面系统,广涉医学理论、学术源流、文献价值、现代临床进展、优点与不足等内容,有效助力中医从业者和中医爱好者在有限时间内研读古籍原文,并能及时了解其中精义,其效用性、学术性、可读性、操作性很强,充分展示了先生于中医眼科古籍文献与临床多年积累的深厚功力与深刻认识,确为一本广泛适合中医眼科临床、教学、科研的重要参考书,是中医药爱好者的优秀读本。

5.《中国古医籍整理丛书·眼科启明》

《眼科启明》是《中国古医籍整理丛书》之一,国家中医药管理局"中医药古籍保护与利用能力建设项目"研究成果,清代邓雄勋著,和中浚、杨鸿校注,2015 年于中国中医药出版社出版。

整理者在"校注说明"中对作者邓雄勋的里籍、生年、学医过程、稿本基本情况等进行介绍,特别是对该书与《银海精微》的关系进行了揭示。以清·周亮节同治六年丁卯(1867)《银海精微》校正醉耕堂本为主校本进行校注。全书多处据校本对误文、脱文校改,随文对原书疑难生疏字词进行了多处注释。于"校注后记"中对作者及成书,版本考证,学术源流及特色撰写了约 6000 字的研究成果。认为作者邓雄勋为晚清广东南海人,曾在广州一带行医有年,颇有声名。其光绪十一年(1885)稿本为国内现存孤本,上下二卷,共二册。藏广东省中山图书馆,全书 117 页,楷书,单页 10 行,满行 25 字,是一部以《银海精微》为基础改编的眼科著作。其卷上为五轮八廓、经脉、七情、内外障、选方用药、治法及眼科理论,以外障为主的 48 证;卷下为内障为主 14 证,以及诸方、丹药炼制、方歌、药性、医案等。

全书较为全面地阐述了眼病理论及证治方药，兼述古方歌括、药性便览，并附医案治验。通过对《眼科启明》与《银海精微》内容逐项列表对比使两者的学术关系一目了然，总结认为《眼科启明》中病症及方药主要承袭《银海精微》的内容，但文字有所精简和改变，多篇眼论、药性、医案等内容或新撰、或改编、或增补、或新署标题，使其眼科五轮八廓理论和辨证选方一气呵成，较《银海精微》更有条理，内容更加简明，不再显得程式化，属于一部以《银海精微》为基础改编的眼科著作。其学术特色首先是其新撰"眼科总论"中提出的眼病病因病机归于肝经气血窒碍的认识，以及在此基础上进一步提出的目病外障必从肝经着眼，内障必从肾经着手，皆以调气活血为根本的观点。先生认为古代眼科文献中除《目科捷径》列有"气血凝滞论"外，其他文献罕有如此鲜明的理论认识。其次，书中在"临证法则"中特别强调"眼科以望、问二字为提纲"也深得眼科诊断要领。

本书的校注曾得焦振廉先生指导帮助。

二、论文提要

（一）眼　科

1.《试论黑睛翳的分类和退翳明目法》

《试论黑睛翳的分类和退翳明目法》发表于《成都中医学院学报》1985年第 2 期 10～11 页，是和中浚先生早年在成都中医药大学（原成都中医学院）附属医院从事眼科临床教学期间发表的首篇论文。

文章首论黑睛翳的分类，指出《证治准绳》的分类法多据直观描述分类，不尽科学。临床上常用的新翳、老翳分类法，乍看以病程为依据，实则是以病因病机的本质差异为依据，较为科学。继以《河间六书》热翳、冰翳、陷翳之说为据，结合临床症状与疾病病机，以有无病邪为主要依据，将黑睛翳中病邪活跃、正邪交争、病势处于发展变化之中者称为新翳；将外邪已消退、正气受损、病势缓和或静止者命名为老翳。这种分类法，综合考虑到病因病机与病势进程，较此前的分类法更直抵疾病本质特征，更为科学合理，为确定治法治则奠定了认识基础。

随后，先总论退翳明目为治疗黑睛翳的总体治则，再分述新翳治法重在发散，老翳治法须点服并行。文章认为退翳和明目二法相辅相成，赞同张景岳早期退翳以防新翳转老翳的主张，强调退翳明目法应贯穿于黑睛翳变治疗的全过程。新翳由外邪上攻所起，故首选疏风热退翳药发散以祛邪。新翳初起时以羌活胜风汤祛风散邪，外邪入里化热时以新制柴连汤发散透热，邪气渐定而正气伤损时以海藏地黄散滋阴降火或羚羊角散燉发退翳，黑睛翳后期外邪衰减而正气虚亏导致迁延难愈时须扶正以退翳。老翳难治，宜点服并行，内外兼治，以石燕丹、七宝散等点药名方直达病所，以求快捷。陈达夫教授以家传之"涩化丹"温涩化翳，实属独创而富有特色的外用眼药散。

该文基于先生的临床观察与思考，内容紧贴临床，辨病因，分病类，据病程病势以定治法与方药，既溯源古代治翳文献，又结合近现代治翳方法，介绍了陈达夫先生温涩治翳的独特方药，可操作性强，于临床医生有很有指导性、借鉴性，临床价值十分突出。文章小题深作，从理论到治法、方药，系统而深入地探究眼科临床中的实际问题，反映出先生对临床疾病的解决思路。与先生后期侧重文献、文物研究的论著不同，该文是展现先生早期眼科临床认识的成果之一。

2.《试论〈眼科龙木论〉的学术成就》

《试论〈眼科龙木论〉的学术成就》一文发表于《陕西中医》1986年第7卷第4期182~183页，是先生早期的论文之一，也是先生眼科古籍文献研究的起点之一。

《眼科龙木论》成书于宋元年间，是著名的早期眼科专著，是构成中医眼科独具特色的理论和治疗方法过程中非常重要的环节，具有十分重要的文献和临床价值。文章以该书内容为主要依据，通过与其他眼科古籍的比较，分别从理论贡献、辨证体系成就、文献价值、治法特色四个方面，逐一归纳论证了《眼科龙木论》的学术成就。

文章首先充分肯定了《眼科龙木论》的理论价值，提出它创立以病位为纲的内外障病证分类法，成为眼科病证的基本归纳方法；以内外障为纲、病证为目的编写体例，深刻影响了后世多部眼科名著的编写体例，成为近代眼科及当代"中医眼科学"教材的病证归纳纲领，近现代医家由此发展出眼科内外障辨证方法。

其次，认为该书七十二证的命名和分类方式，确定了中医眼科疾病的命名模式和归纳方法，既全面概括了宋以前的眼科疾病，又将此前仅以症状命名眼病的方式演变为病因、病机、病位特征相结合的方式，奠定了眼科病证学基础，并为后世所沿用。

其三，认为该书歌论并举的形式，保存了《龙树眼论》《眼论审的歌》的珍贵内容，并将二者有机结合，增补方药，使其更加适合临床使用，具有重要的文献价值和临床价值。

最后，认为该书病证使用内外合治的治疗方法，其治法方药集唐宋目治成就之大成。以脏腑失调为眼科内服用药的依据，相比于前代主要选择经验方，极大提高了眼科方剂的理论性和系统性；内服方剂尤以调整肝肾为重，运用大量清肝泻火解毒方药，使该书成为眼科早期通腑泄热法的集中代表，深刻影响了《医宗金鉴》《审视瑶函》等书的眼科方药，其外治法的种类、适应证均较前代更加广泛且更合理。

文章从眼科理论到治法逐一展开论述，逻辑清晰，层次分明，深入挖掘了《眼科龙木论》的文献价值、理论价值和临床价值，全面反映了《眼科龙木论》作为早期眼科名著的地位、成就与特点，凸显出该书对中医眼科理论和临证的指导意义，既有利于眼科临床工作者汲取该书学术成就用于临床实践，又便于文献研究者深入认识该书学术特色。先生当时为眼科临床一线医生，文章反映出先生在运用现代眼科知识的同时，注意挖掘眼科古籍的当代价值，从中汲取养分，提示先生早年所具有的学术眼光。

3.《试论〈银海精微〉的学术成就》

《试论〈银海精微〉的学术成就》一文发表于《中医药学报》1988年第2期17~18页，系先生与王明杰教授合作研究的成果之一。该书作者原署孙思邈，实为元末明初成书，为中医眼科史上有着重要影响的早期眼科文献。文章从理论、诊法、治法三个方面分别论述了早期眼科名著《银海精微》的学术成就。

首先，《银海精微》对眼科基本理论"五轮八廓"学说的形成和发展具有独特而重要的贡献。在该书"五轮八廓总论"中进一步明确论述了五轮的名称、部位、脏腑归属的关系，将五轮学说初步融合于眼病80症中，用以分析病机,指导治疗。将五行生克乘侮规律渗入五轮学说,阐明脏腑关系,进一步充实和完善了五轮学说,集中反映出五轮学说的临床应用。在五轮学说基础上,大体沿用《世医得效方》命名和脏腑方位配属,增八卦命名,构建出八廓图示,并举例说明八廓学说的初步运用。

其次,诊法上十分注重眼病的检查和鉴别诊断。看眼法、察瞖法、审瞳仁之法等多有创新。其中,看眼法重视检查眼部病变的步骤和要点,强调检查时应姿态端正,手法轻柔。其"瞳神干缺外障"纠正了《眼科龙木论》将本病归为外障的失误,并详述症状与病程,是数百年前较为准确的记录虹膜炎并发症和后遗症主要体征的珍贵资料。同时全书重视眼病鉴别诊断,将不同眼病分类排列编写,便于读者识病辨病。

再次,《银海精微》发展创新了眼科的治法。在遣方用药上,《银海精微》除引用前代方剂外,自创了大量方剂。这些自创方增加了眼科药物品种,方剂配伍灵活,用药精专,创新使用活血、利水、退瞖诸药,被后世《审视瑶函》《眼科篡要》《医宗金鉴》及现代高等中医教育眼科教材等引用,具有重要的临床价值。在其外治法上,《银海精微》清晰记载了针拨内障、夹法、烙法等外治法及外用眼药的制备方法,对《审视瑶函》外治法有深刻影响。

最后指出《银海精微》的体例略显繁杂,部分内容出现错杂矛盾的现象,认为或与该书系汇集多种早期眼科资料而成有关。当然,瑕不掩瑜,尚不足以影响《银海精微》的学术价值。

文章深入挖掘《银海精微》的学术成就,以文献内容为基础,以临床应用为导向,从理论、诊法、治法三个主要方面阐明该书的文献价值、学术价值、临床价值及学术影响,条理清晰,层次分明,观点鲜明,论据可靠,是先生早期眼科古籍文献的研究成果。

4.《〈审视瑶函〉原刻及早期传本》

《〈审视瑶函〉原刻及早期刻本》全文约4000字,收录在陶广正、吴熙主编的《医学求真集览》(中医古籍出版社2003年出版)一书70～75页。该文通过对《审视瑶函》原刻本及早期传本的内容、序言的解读与比较论证,厘清了《审视瑶函》与《眼科全书》以及《证治准绳》眼科之间复杂的学术渊源关系,为研究《审视瑶函》与《眼科全书》的作者及版本传承提供了重要的认识。

《审视瑶函》是一部在中医眼科发展史上承前启后、继往开来的重要文献。文章鉴于《审视瑶函》与诸多清代眼科著作的密切关系，特别是与《眼科全书》的关系一直未能厘清，以及《审视瑶函》在一些重要学术著作中号称有崇祯甲申刻本、崇祯间刻本等疑雾，认为考证《审视瑶函》与《眼科全书》的作者、成书和刊刻时间，对正确认识它们之间的学术源流关系有重要价值。

为揭开疑团，文章首先以《眼科全书》康熙八年（1669）古香堂刻本篇首题名及该版卢序为据，认为《眼科全书》实为王协据一种眼科抄本刊刻，并进而主要以王协本人的"眼科全书抄刻始末述"为据，发现《眼科全书》的抄录、流传和刊刻时间与过程明显存在蹊跷。更重要的是通过对比《审视瑶函》与《眼科全书》的内容和体例，发现该书与《审视瑶函》的内容非常相近，主要表现为语言文字上初稿的粗糙和修订后成熟的区别，其最大的区别仅表现在体例上。故提出《眼科全书》系抄录《审视瑶函》崇祯甲申年（1644）初稿而成的观点，提出《眼科全书》只是《审视瑶函》的一种早期传本的重要结论。

其次，文章以《审视瑶函》康熙醉耕堂本篇首的程正揆序为重要证据，结合傅维藩自序进行分析，同时参考陈盟、陆彬序，指出《审视瑶函》的作者应为傅仁宇、傅维藩父子二人。其刊刻的最早时间为康熙六年（1667），实无崇祯甲申刻本的可能性，崇祯甲申刻本完全属于伪造和伪托，是书商有意删去题于康熙六年程正揆序的结果。现传世的六卷本是傅维藩与表弟文凯在傅仁宇崇祯甲申初稿的基础之上，历经八年修订而成，其内容并非全部源于《证治准绳》眼科部分。

整篇文章思路清晰，既考证严谨，又引人入胜。文章从文献成书和版本疑云引入，再抽丝剥茧地逐层解惑，论述环环相扣，以文献的序文和内容比较的线索为证据，一步步地引导读者拨开围绕着《审视瑶函》与《眼科全书》关系的迷雾，特别是其成书时间的疑雾，云散月见，提出了明确的结论，阐明了《审视瑶函》系傅仁宇、傅维藩父子两人所作，初刻于康熙六年。该文是研究《审视瑶函》与《眼科全书》作者、学术渊源与版本鉴别的重要文献。

5.《〈联目〉眼科文献勘误》

本文为先生考证中医眼科古籍文献目录学的代表作，发表于《中医文献杂志》2005年第1期23~25页。为先生教育部人文社科课题"眼科古籍文献的目录学研究"（编号：05JA87001）的成果之一。

古籍文献研究常常要借助于目录工具书，然而目录学著作中也难免存在讹误。先生根据近年收藏的眼科文献以及在全国各地图书馆实地调研，总结指出《全国中医图书联合目录》（以下简称《联目》）中眼科文献主要存在"误载、漏载、书名错误""同书异名、同名异书""版本失误"等贻误，并一一勘正。

本文所列勘误多达数十则，均建立在扎实的文献基础上，使其结论真实而可信。

一是从原书内容入手，指出《联目》误载情况。如《心眼指要》《眼学偶得》不属于医学文献。列举《联目》中大量同书异名与同名异书的问题，并予以纠正，提出修改建议。如建议"《目科正宗》（09031）和《目经大成》（09032）应予合并，两书可按不同版本处理"。

二是综合内容特点、医书时代特征、版本等，避免孤证，考证成书年代。如关于《眼科良方》成书年代下限，认为"该书内容简明，不符合明代后期医书内容偏于多而全，喜总结汇聚的特点，与晚清普及医书及各科实用方剂流行相吻合，兼之此书各种版本都来源于晚清多种传世抄本，提示此书多成书于清代。"

三是根据所藏、所见、所查，对《联目》眼科文献版本失误予以纠正。如"《审视瑶函》（09008）康熙六年刻本与道光十年刻本时隔163年而未见其他刻本，颇令人生疑，经查南京医科大学有嘉庆己卯年同文堂刻本，山东中医药大学有嘉庆二十五年庚辰（1820年）山渊堂木刻本。"

张之洞谓："一分真伪，而古书去其半，一分瑕瑜，而列朝书去其十之八九矣。"做目录学研究，辨章学术，避免讹误至关重要。本文对《联目》眼科文献勘误方面的成果，可作为当代中医眼科文献目录学的重要参考。

6.《从几种眼科文献提要看学术源流研究的重要性》

本文为先生关于目录学研究的代表作之一，为先生教育部人文社科课题"眼科古籍文献的目录学研究（编号：05JA87001）的成果之一。2006年发表于《辽宁中医杂志》第33卷第9期1082～1084页，论文以《银海精微补》《眼科启明》《眼科良方》为例，对文献提要撰写时忽视学术源流关系的现象提出批评。

古籍文献提要是目录学重要的内容，通过提要可让读者了解原书梗概，是治学之门径，有解题钩玄、辨章学术的功用。提要的学术质量和水平实乃关键。先生根据平生所学所考，对《中医古籍珍本提要》中《银海精微补》的提要进行点评，指出该书提要忽视了学术源流考证这一最为关键的问题，"此书提要未能一针见血地指出其内容中约半数出自《眼科龙木论》这一要害问题，而这恰恰是提要中最应该指出的关键问题，这一问题不予道破，提要的目录学价值势必大大削弱。"先生在指出和纠正《中医古籍珍本提要》这一疏漏的同时，并没有因此否定全书的学术水平与重要学术价值，认为该书的文献品种和版本的珍稀程度、文献的数量、提要撰写的整体水平等诸方面，在当时均属一流，难能可贵。

文中对收藏在广东省中山图书馆的《眼科启明》这一未刊稿从著书之旨、文献内容、学术价值和源流等方面进行提纲挈领的论述，通过比较研究，发现《眼科启明》的主要内容源于《银海精微》，补充了《中国医籍大辞典》中该书提要"学术源流"未能交代这一学术源流的重要疏漏。

先生在文末指出"可见从学术源流的关系进行文献研究何其重要，如果只是孤立地就一种文献研究一种文献，只是就文献本身的内容撰写提要，将无从发现和揭示大量重复抄汇的内容，无法真正对文献内容进行深层次的总结"，强调"文献提要撰写时不应满足于文献中的一些表象，应从学术源流关系的角度力争对现象的本质予以彻底揭露"。先生言辞恳切，道出文献提要的撰写要具有"辨章学术、考镜源流"的功用，发人深思。强调学术源流在文献提要的重要性，期望文献工作者努力发掘文献的学术本源，通晓各家之说，做好考证工作。据百度学术，该文被引13次。

7.《〈眼科金镜〉的学术源流、成就和特色》

该文发表于《中国中医眼科杂志》2009年2月第19卷第1期47~49页，全文约5000字，是先生主持的国家教育部人文社科规划基金课题"眼科古籍文献的目录学研究"（编号05JA870001）的成果之一，该课题是先生临床文献研究内容之一。

《眼科金镜》为近代刘耀先所著，颇受学界重视。文章通过文献研究法、对比研究法，在全面对比《眼科金镜》与《原机启微》《审视瑶函》内容异同后，提出以下观点。

首先，从学术渊源上来看，《眼科金镜》大量承袭了《原机启微》和《审视瑶函》的内容，其中尤以《审视瑶函》为最，近三分之一。在此基础上，《眼科金镜》对眼科病症要点进行了更为细致而准确的观察和鉴别。作者刘耀先个性率直，观点尖锐，褒贬分明地评价和赞誉《眼科龙木论》《审视瑶函》，贬斥《眼科百问》，亦褒亦贬《银海指南》。

其次，《眼科金镜》在治法上主张内外兼治。刘氏虽力主内治，但对点洗无效的病症采取手术疗法，批评《银海指南》废弃外治思想。作者运用针拨内障术颇有心得，并有多例成功案例。内治欣赏清散消滞、清和滋润之法，反对滥用寒凉，多用东垣升阳益气之类方剂及滋阴养血、益精升阳发散之药，内治用药不偏不倚，平稳灵活，自创方用药亦趋于平和。

其后，文章据书中病案时间考证《眼科金镜》的最后成书时间应以保阳益文印刷局1926年出版石印本之前的1924—1925年较为可靠，否定了通常认为其成书于1911年的主张。全书分为四卷，主体内容由眼论、内障、外障、其他眼病、方药五个部分构成，以内障、外障分类为主，对同症异名情况进行了一定整理，全书结构清晰，分类方式较《证治准绳》等更为合理。

文章针对既有研究予以补阙，思路明晰，厘清了《眼科金镜》的成书时间与学术渊源，总结了其编写特色与学术成就，充分肯定了该书的文献价值与临床价值，但又指出评价时不能过分拔高。全文观点鲜明，评价客观公允，是眼科古籍文献研究的优秀成果，也是研究《眼科金镜》内容与价值的重要参考文献。此文在先期参加于重庆召开的中华医史学会学术会交流时曾受到著名学者郑金生先生的好评。

8.《〈眼科启明〉与〈银海精微〉的源流关系及其学术特色》

该文发表于《中医眼耳鼻喉杂志》2012年第2卷第3期125~128页，全文约5000字，是国家中医药管理局"中医药古籍保护与利用能力建设项目"四川项目组（编号：2010GJ09）的阶段性成果之一。先生是国家中医药管理局"中医药古籍保护与利用能力建设项目"四川项目组的负责人，负责对30本眼科、外科、针灸推拿科古籍的整理、点校研究，是"中医药古籍保护与利用能力建设项目"的重要组成部分。

《眼科启明》清光绪十一年（1885）稿本为现存孤本，是一部主要结构和内容基本完整、成书时间清晰的眼科著作，文章针对既有研究成果的不足，进一步揭示该书的学术思想与特色。

文章首先介绍《眼科启明》的作者及成书过程，考证作者为邓雄勋而非邓鸿勋，邓氏继承僧人授予的眼科内外障治法，博采群书，分条著述，汇妙术妙方而成《眼科启明》，全书内容完整，全面阐述了眼病理论、证治方药、古方歌括、药性便览，并附医案治验。

论文指出该书与《银海精微》存在学术源流关系，总结其学术特色。文章系统梳理《眼科启明》与《银海精微》相关联的内容，通过具体内容与文字比较，构建了《眼科启明》与《银海精微》学术源流关系比较表，逐一列出 31 类内容对比关系图，并分析论证二者之间增、删、改、补、新撰等学术关系，认为《眼科启明》主要内容承袭自《银海精微》，并予以精简、改编、补充，较原书具有更强的条理性、可读性。在学术思想上，《眼科启明》继承了《银海精微》从五脏立论、运用"五轮八廓"学说、眼科轮脏理论、辨证方法等主要特色，但作者以自己未学外治而删去"针灸刀割之法"内容，失去了《银海精微》在外治手术和针灸方面的特色；同时，《眼科启明》修正了《银海精微》体例杂乱的不足，强调眼科须尤其重视望诊和问诊，主张眼科病机要害在肝经气滞血瘀，确立理气活血为眼科核心治则，让《眼科启明》成为观点鲜明、颇具学术价值者的古代眼科著作中的一种。

文章全面研究《眼科启明》的作者、成书时间、主要内容、学术源流、学术特色，结合其成书时代的社会背景和医学发展水平理性、客观、公允地评价其学术特色和价值，提炼其主要内容，着力于学术源流，凸显其学术价值，论据可靠，观点鲜明，既全面系统又重点突出，完整呈现了"中医药古籍保护与利用能力建设项目"对古籍文献的研究内容与研究目的，展现了该大型古籍研究项目的学术优势，是"中医药古籍保护与利用能力建设项目"系列论文中的成果之一。

9.《〈眼科集成〉学术思想和特色研究》

本文发表于《中医文献杂志》2013 年第 6 期 10~12 页，是国家中医药管理局"中医药古籍保护与能力建设项目"（编号：2010 GJ09）《眼科集成》一书校注研究的成果之一。

《眼科集成》由晚清重庆医家陈善堂著，书共 2 卷，分上下册，共 7 万余字，成书于光绪十八年（1892），现存 1920 年渝城治古堂刻本。文章认为该书系精选前贤妙论，搜集眼科名方并加以增补发挥而成。具有按五脏列方、用药厚重与灵巧并行，药物寒热并用，攻补兼施，治法多元等特色。陈善堂用药量重力猛，喜用温散治疗寒郁凝滞病症，颇见胆识和功力。

文章述论结合，呈现为以下特点：

其一，学术渊源。文章从该书以"集成"命名着手，分析其内容来源有三：部分注明出处的内容摘录自傅仁宇等10余位医家，其中尤以王子仙、张盖先为多；其中一些已佚内容较为珍贵；一些内容有可能系作者自撰。

其二，特点突出。文章指出其用药厚重与灵巧并行。如大黄平胃散中枳实六钱，防风八钱，石膏二钱，而在加味石膏汤中，石膏为二两，可见药物当重则重，当轻则轻。其以重药猛取的用药风格与组方者丰富的临床经验和不俗的胆识有关，与清代四川流传的《眼科奇书》有相类之处。

该书在眼科清热或补益方的基础上，擅长寒热并用，攻补兼施，治法多元，从多种病因、病机角度进行章法严谨而又灵活的组方用药治疗复杂眼科病症。如治疗拳毛倒睫、冷泪多眵的防风饮，以补气、和血、清火毒、散风热的药物配伍等。

文章充分肯定了《眼科集成》以量重力猛药物和温阳散寒治目的鲜明特色和卓越胆识，认为编者在当时眼科"目不因火则不病"的主流学术主张之下，能有如此卓见，值得赞叹，其学术观点与四川火神派、《眼科奇书》用药风格一致，又与《目经大成》《目科捷径》的温补用药相呼应，实属少见，是颇有特色的眼科文献。

其三，阐明价值。文章认为《眼科集成》是集眼论、病症、方剂并重的眼科专著，其以按脏列方的方法编列五轮基础方，实现了据五脏选方的多个不同理论层次，体现了作者"贵据五轮以认症"和不执成方、酌症增减的辨证用药思路，为以五脏为核心提供了新的选方用方思路和方法，展示了五轮学说在眼科方剂分类中的重要作用。

对《眼科集成》学术思想和特色的研究，弥补了此前目录学中仅有该书线索及简介、未见专题研究的缺漏。

10.《川派中医眼科学术特色溯源》

该文为先生论述川派中医眼科学术传承的代表作。先生于1976年回校进修眼科，其后结业留学校专攻眼科，后至四川医学院进修眼科临床。嗣后，长期从事古籍文献研究，深耕中医眼科文献多年，对全国中医眼科古籍如数家珍。

论文发表于《中医眼耳鼻喉杂志》2013年第3卷第2期61~65、69页，为先生作为四川项目组负责人承担国家中医药管理局"中医药古籍保护与利用能力建设项目"中医眼科、外科、针灸30种古籍整理任务的研究成果。也是先生参加《川派中医药源流与发展》研究，撰写"五官科学派"中眼科历史医家、代表著作和学术特点的主要内容。纵览全文，可以感受"考镜源流"之力，是一篇筚路蓝缕之作。

先生曾言川派中医名家辈出，在全国影响很大。川派医家用药不拘一格，或厚重或灵巧。其中中医眼科特色鲜明、在诊治眼科疾病中具有独特优势。文中在回顾四川古代7位眼科代表性医家的生平、学术成就和9种已刊眼科专著基础上，对古代川派中医眼科学术特色进行钩索。

先生从史志、地方志、古籍著述中搜集梳理有关古代四川眼科医家生平记载及其成就，对传世的川派眼科著作进行点评与总结，如"最具四川特色者为流传巴蜀的《眼科奇书》和渝州陈善堂编著的《眼科集成》""王锡鑫（1890—1889）……其著作以文字通俗易懂，内容简明适用为特色"，作者指出"清代及民国年间四川医家编写及由四川医家在川刊行的眼科文献共9种，约占全国现存总数的八分之一"。文中对《眼科秘书》《眼科奇书》《眼科仙方》《一草亭眼科全集》《眼科切要》《日月眼科》《光明眼科》《眼科集成》《眼科捷要》九种川派眼科文献从作者、内容、版本、刊刻、流传沿革等方面提要式予以概述，每种文献特色跃然纸上，可窥一斑而知全貌。

论文从医家、文献到学术特点层层递进，以"川派中医眼科学术特色"部分最为精彩。文章旗帜鲜明地总结提出"辛温发散治外障""用药厚重寓灵巧""从内科攻眼科""善用秘验方"是川派中医眼科学术主要特色，其论述深刻而精确。

学术特色的挖掘与总结往往最能体现一个文献学家的学术功底，也是文献研究中的难点。先生对眼科古籍文献了然于胸，且在临床治疗中颇多心得体会，才能突破陈说，见解独到地提出"至清晚期流传于川的《眼科奇书》在主张'外障是寒'的基础上独创四味大发散……以辛温发散寒邪峻剂治疗外障，随症加减，忌服补药、凉药，实为外中医眼科治法方药振聋发聩的重大学术突破。"

从浩如烟海的医典与零散的史料中钩沉川派眼科学术史,殊非易事,却势在必行。清代学者王船山先生说:"学成于聚,新故相资而新其故;思得于永,微显相次而显察于微。"本文对川派中医眼科学术特色的全面总结与研究,除揭示文献内容,览录而知其旨外,还为后代治学论史的学者开展研究提供参考。

(二)外　科

1.《明清外科刀具的命名、功能及分类》

本文于1999年发表于《中华医史杂志》第29卷第1期48~52页,是国内较早关注古代中医外科手术刀具研究的学术论文。

先生在清代外喉科文献所绘刀具图形基础上结合江阴明墓出土外科手术刀具,从明清刀具形状及功能入手讨论其命名,并进行分类归纳总结。将《疡科会萃》《外科医镜》《外科图说》《沈元善先生伤科秘本》《外科心法真验指掌》《外科明隐集》《喉科心法》等明清文献所载30余种外喉科刀具,归纳为柳叶刀、弯刀、斜刃刀、平刃刀四类。每类刀具总述其形状、功能,比较明清文献刀具区分的要点并逐一归类,如"柳叶刀因刀身似柳叶而得名……清代孙震元《疡科会萃》铍刀中的一种和《外科医镜》中所绘'大小薄口刀'可归入此类""弯刀指刀身和刀柄整体弯曲,尤以刀刃处明显弯曲为特点的刀具。它主要用于切割伤口内溃烂腐肉""斜刃刀刀型较为复杂,有长短尖斜各式,适应病症也略有不同。其中短式包括大小开刀、铍刀、大中小匕、斜式短刀等八种,主要用于外科肉薄处疮疡切开""平刃刀刀刃在前段,使用时具有较大的前冲力,切割力较前面三类都大,是其特点……《外科明隐集》中月刃刀和平刃刀属于此类。"认为刀具或直或弯等整体形状和刀刃的圆弯斜平是其功能和分类区别的要点。从而古代文献上纷乱复杂的各种外科刀具的名称和类型由此有了统一科学的名称和分类,便于认识研究和掌握利用。文中每类刀具后均附刀具图式,直观形象地展示每类刀具特点,也是本文特色之一。

最后,先生归纳总结明清外科刀具演变特点,指出"早期刀具的要害在刀刃处，刀柄不甚明显，多数较短，形状也不大规则"，而后期的外科刀具明显看出受到近代西方医学外科手术刀的影响，"其较长的刀柄与刀刃部有明显的部位分割，既便于手持，又可降低术者手部对刀具或伤口的污染，是外科刀具进步的表现"。

综上，本文系统深入地总结了明清外科刀具的形状、功能并进行分类归纳总结，对各种刀具特点进行了分析研究，为我们深入认识古代外科刀具的特点提供了重要参考，为中医外科手术器具系统深入研究的开创之作。

2.《〈外科精义〉的学术地位、成就和价值》

该文2011年发表于《中国中医基础医学杂志》第17卷第8期847~848页，是先生深入研究外科单本文献的重要论文，也是先生主持的教育部人文社科课题"基于古籍文献的中医外科发明创造研究"的阶段性成果之一。先生开展这一课题后，即决定对有代表性的外科文献的学术源流、学术特点和成就以及其发明创造价值等进行系统梳理。

研究认为元代太医齐德之的《外科精义》为外科文献的承前启后之作，它从早期外科专著内容较为单薄、主要以痈疽为主的病症而趋于丰富和多元，如补充和论述了附骨疽、阴疮、疔疮、时毒、瘰疬、痔漏等一些新的病症。前代分散的外科理论和临床经验在本书得以专科化和系统化，其治疗方法多样而规范，处于外科专著从早期迈入成熟前的枢机时期。该书上承前代精华并参以个人经验，使专著的规模较前代大幅扩充，内容逐渐系统，更为重要的是增加了医家的个人见解及其使用外科方药经验在文献中的比重，开外科学派不同学术思想先河，全书列医论35篇，其中仅脉诊就达7篇，对诊断辨证、病症、治则治法、预后等分别进行了专题讨论，对前代较少论述的论疮疽肿虚实法、辨疮肿浅深法有新的总结，医论与方剂之间的对应关系更趋紧密，从而提高了它的学术价值。

其次该文对外科治疗原则和方法进行了论述，对内消法和托里法的最早出现提出了新的认识并进行深入论述，进一步阐明了其具体内涵和发生发展的历史过程，对该书于内消法和托里法的贡献给予了实事求是的肯定。全书列方145首，方剂多标有出处，其中载有齐氏经验方，并在卷上理论病症治疗中提及的方剂，以及在下卷中每每有多次出现，或作为主方，从而将上卷理论、病症、治疗和下卷收载的方药进行了有机的融合，使各部分之间的联系更趋紧密，彼此呼应。先生认为该书的成就与元代战乱的社会背景、元代将外科与骨科分设，本书作者齐德之在太医院任职等都有着一定的关系。从而为明代外科的成熟创造了学术条件。

该文是在现有研究该书共识基础之上取得更为全面系统深入的重要研究成果，对该书有不少新的认识与评价。其研究使先生从多篇早期外科专著的研究过渡到明清外科文献和学术成就、学术流派的研究之中。

3.《中医外科"正宗派"学术源流论》

本文 2012 年发表于《中国中医基础医学杂志》第 18 卷第 2 期 124～126 页，是先生研究中医外科学术流派的代表作，也是先生主持的教育部人文社科课题"基于古籍文献的中医外科发明创造研究"的阶段性成果之一。

先生认为学界对中医外科学术流派的研究主要围绕《外科正宗》《外科证治全生集》《疡科心得集》本身及相关少数文献集中讨论，特别是涉及的医家和文献有限，不足以反映中医外科学派的全貌。故从学术源流发展的角度进行开拓讨论，现概述如下：

一是注意对《外科正宗》之前的医家和文献进行探讨。从文献学、中医学的角度论述《刘涓子鬼遗方》《外科精义》《证治准绳·疡医》《外科启玄》等书的诊治特色和学术思想，先生认为龚庆宣《刘涓子鬼遗方》一书中有诸多切开排脓治疗痈疽的著名记载，主张内治与多种外治及手术方法并用，可推为正宗派的滥觞，元代齐德之已具外科"正宗派"雏形，明代王肯堂和申拱辰的学术风格亦属此派。同时，先生发现"明代万历以前著名的外科专著基本上都是内服外治并行，外科医家基本上没有考虑忌讳外科手术的问题"。认为内外并重的风格是中医外科治疗的主流，也是正宗派的重要特色，其学术思想不完全始于陈实功。

二是对《外科正宗》之后的医家和文献进行论述。先生通过梳理《外科大成》《医宗金鉴·外科心法要诀》《外科心法真验指掌》《外科心法要诀》《外科明隐集》等医家文献，厘清中医外科流派传承关系，指出《外科正宗》《外科大成》《外科心法要诀》三者之间学术传承的脉络清晰，清代祁坤、祁宏源等与陈实功一脉相承，形成了关系最为紧密的金鉴派。金鉴派是属于正宗派中的派中之派。

先生认为，如按现有对正宗派认识的标准进行衡量，正宗派可能囊括清代乾隆以前外科多数著名医家及其后相当数量的外科名家，这是外科学术的主流，也是外科治疗的基本方法，正宗派队伍庞大，名家辈出的原因正在于此。"内外并重"是中医外科同时也是正宗派的不二法门。全生派反对的是施行外科手术和外用腐蚀药，这是问题的焦点所在，是正宗派与其他外科学派的重要区别。应该全面分析是否真正"内外并重"，方能考虑是否为正宗派。

文末，先生总结性指出外科学术流派与中医其他学术流派比较，医家之间的师承关系不是非常明显，主要基于相同的学术思想倾向。因此，先生强调学派划分的标准应进一步严密、细致和深化，如考虑重脾胃、重温补、重气血、重痰湿、重膏丹等，会更有利于展开研究。研究的层次也可考虑从理论主张向选方用药等方面深化，通过研究方药的使用等进一步地总结医家的学术特色。

全文通过中医外科"正宗派"学术源流的研究，发现现有"正宗派"认识和划分存在诸多局限，提出与既往不同的确立外科学派的创新性观点，全文分析透彻，见解深邃，全面且深入地研究了中医外科学术流派一些核心理论问题。此文对其硕士生王缙后来外科学术流派研究的博士论文有诸多启示。

4.《道教文化对中医外科学的影响》

本文2012年发表于《中医药文化》杂志第7卷第6期8~12页，全文约5000字，全面论述了道教文化与中医外科学的关系及其影响。也是先生主持的教育部人文社科课题"基于古籍文献的中医外科发明创造研究"的阶段性成果之一。

先生从三个维度展开论述。首先，对"道教炼丹术与中医外科丹药"之间的关系进行揭示。文中提到："这里有两个关键地方需要厘清。其一是外丹到底在什么年代以及怎样被医家应用到外科临床的，从外丹盛行的魏晋隋唐到明代丹药外用，二者之间有着较长的时间历程，其转化过程需要进一步揭示；其二是外用丹药的药物和炼制方法与炼丹术是否一脉相承，二者之间的联系也需要明确。"先生利用近现代相关研究成果结合古籍文献、医学文物资料，深入揭示了二者之间转化过程，指出"二者丹药炼制的原理、方法和使用药物基本相同，二者属于一脉相承的学术关系"，"中医外科丹药的发明多与道医有关，由于其功效奇特，受到明代医家的重视，对它进行了记载和改进，从而成为外科治疗不可或缺的重要手段"。

其次，对道家辑录的外科文献进行考述。以著名道医的外科著作作为切入点，通过医家生平、著作序跋等阐明医家所受儒、道、医学思想修养的影响，从而发现医学与道教二者的紧密联系。列举现存最早的外科专著《刘涓子鬼遗方》中的丹药应用，《卫济宝书》自序所反映的宋代道家对外科医术的掌握不仅仅限于方剂，而且还涉及针灸，从而总结出"一些外科技术来源于道家，或由他们掌握传承，这些应与二者的文化渊源有关，以致道家在涉及临床医学时往往更多地偏爱外科"。提出著名道家赵宜真辑录外科文献不是出于偶然，而是源于其济世活人抱负的观点。

最后，先生从道家思想对外科医家的人文影响入手进行论述。如名医沈之问，号无为道人；龚居中，号如虚子；陈士铎，号朱华子；孙震元，号秋水道人；祁坤，号生阳子；王维德，号定定子。发现10余位外科医家的别号均与其道家思想倾向有关。重点对别号洄溪道人的徐灵胎道家思想渊源进行回溯。指出他是有较高学术成就和文化修养的外科医家，其生活环境、生平经历、友人交往以及著述作为等提供了更为丰富的文化渊源线索和佐证，充分证明其道家别号具有深刻的文化倾向。同时，先生还注意到中医外科方剂名称也常常体现出道家信息，特别是各种外科外用丹药，指出"如此之多的外科方剂名词与道教文化有关，不可能是某种巧合，只能从文化上具有的某些共性才能得以解释"。

本文义奥辞达，文化内涵丰富而且深刻，基本厘清了炼丹术与外科丹药之间的复杂关系，同时从文献、人文的角度系统地阐明了道教文化对中医外科学的影响，道教与中医外科学的关联于此得以有新的认识和诠释，为中医外科文化源流领域的研究提供了全新的视角，研究的外延同时得以系统提升。

5.《魏晋痈疽和明代梅毒发生与流行的社会因素研究》

本文2012年刊于《云南中医学院学报》第35卷第1期篇首，是先生负责的教育部人文社科课题"基于古籍文献的中医外科发明创造研究"的阶段性成果之一。文章从魏晋和明代两个不同的历史时期选取在当时社会广泛流行的外科痈疽和梅毒两种病症，考察其在中医外科学史的发生和流行特点及其社会因素。

首先，先生系统地梳理魏晋战乱及服食丹石与痈疽发病的关系。文章从现代研究成果、史籍记载、外科古籍文献内容进行比较研究。一是论证魏晋战乱是造成疾病发生和流行的根本原因，发现魏晋时期痈疽疮疡是外科最为多发的病证，注意到当时外科病症往往统称为痈疽，史籍中记载的多种外科文献每以痈疽冠名，而金疮等外伤就是当时造成痈疽的最重要原因。二是战乱所导致人体机体衰弱、脏腑功能下降、气血紊乱、环境污染等成为痈疽疮疡类疾病发生的重要内因，同时上层人士膏粱厚味、过食肥甘、内生火热，也是导致痈疽发病的另一重要原因。三是服用金丹石药的风气在魏晋时期形成高潮，成为痈疽发病的又一重要社会因素。

其后，通过分析我国古代不同时期流行梅毒的两种说法，从内外史的角度，探讨了梅毒流行与对外开放及明后期社会风气的关系。先生指出，梅毒（杨梅疮）在明以前的医学文献记载罕见，而至明代，不仅在医学文献屡次记载，而且在文人的文学作品和笔记中也有充分反映。认为明代中后期梅毒的广泛流行与对外商贸开放、纵欲风气有关。明代以前和明代中后期梅毒记载的资料反差如此之大，其根本原因就在于当时疾病流行的范围和造成的影响大小截然不同。文中列举汤显祖为屠隆所写的十首七绝诗、鲁迅《中国小说史略》、近年学者吴存存论述晚明风气研究的论著等例证，说明明代中晚期淫秽腐化堕落的社会风气是梅毒在明代大肆泛滥的根本原因。

本文史料扎实、涉猎广泛，从内外史角度同时进行考证论述，全面剖析造成这种现象的思想文化和社会因素，实为医疗社会史研究中有一定深度的文章。先生以此文先期参加"第四届中韩医史学术交流会"，受到学界关注。

6.《〈外科证治全生集〉与〈洞天奥旨〉学术思想的比较研究》

本文2012年发表于《中华中医药学刊》第30卷第3期459～461页，为先生研究中医外科学术流派的代表作之一，是先生主持的教育部人文社科课题"基于古籍文献的中医外科发明创造研究"的阶段性成果之一。

学术界普遍认为《外科证治全生集》（以下简称《全生集》）是外科全生派的代表性著作。先生在研究中发现从学术源流而论，把外科病症分为阴阳两类、主张"以消为贵，以托为畏"等的学术思想大多并不始于王维德，如明代薛己早已论及外科阴阳辨证，更重要者实属清代陈士铎。本文通过对两位医家著作的比较研究，梳理二书的学术关系，从而更全面地认识全生派。

现概述如下：

首先，先生围绕外科辨证核心"分别阴阳二治"进行论述。先生指出，外科分别阴阳并非王维德《全生集》独创，实自古皆然，特别是明代以后医家论述较多，如薛己、李梴、张景岳等。评判性指出王维德过分强调望诊，"以赤白明阴阳""以红白分痈疽"的偏执看法。对陈士铎重视脉诊，列举《洞天奥旨》中辨识阴阳在外科病症的重要性，从多角度进行认识，已注意到阴阳不同层面的种种变化。治疗方面，先生指出陈士铎主张温药治疗阴证的认识，可以认为是后来王洪绪阳和汤治疗阴疽的理论渊源。正如文中所说"两相比较可知，陈士铎早就重视阴阳概念在外科的运用，比王维德主要从病症角度的阴阳认识要全面，对阴阳病机以及从治疗角度阐述的深度和范围明显超过王维德"。

其二，文中从"惟主内消，恶用刀针，擅长补法"的角度进一步辨析和评述两书的不同特点。从《全生集》可看出王维德对陈实功等医家采用手术治疗和外用腐蚀药的治疗方法非常反感。先生指出，这是清代中医保守治疗思想的集中反映，是学术上的某种后退，不值得吹捧。疮疡及外科治疗不可回避手术方法。而同样忌讳刀针的陈士铎则较为客观，《洞天奥旨》中指出刀针的必要性和适用范围，强调了内治法的优势，将刀针作为一种内治法的补充治疗手段，注意到刀针治疗的利与弊，提出"惟主内消，不喜外刺"的治疗倾向。先生在文中还指出"陈士铎还从疾病发病本质上提出重视内治，以内治为主，外治为辅的原因，响亮地提出了'总之，疮疡贵内外兼治'这一外科著名的治疗原则"。此外，先生就"内治"这一核心问题对两位医家进行比较研究，提出"王维德有关痈疽治疗最重要的特色理论在'二者俱以开腠理为要……'强调麻黄开腠理的重要作用""'无脓宜消散，有脓当攻补'是王维德提出的内治原则……提出了必须使用解凝散寒药，反对清火解毒治疗痈疽的重要理论"。先生经过对比，发现陈士铎将疮疡致病因素分为阳毒和阴毒，强调散补并用，但有轻重之分，补重于攻；补法与攻散二法的关系中其要旨始终不离补法，可见补法在《洞天奥旨》内治法的重要地位。

综上，本文通过对《全生集》与《洞天奥旨》比较研究，发现二者在重视阴阳辨证、力主内治，反对轻用外治以及温药治疗阴证等方面有着相同的学术主张，存在学术渊源关系。前者主要在阴疽的治疗上更具优势，后者相关论述内容更早且更为丰富，见解较为合理。先生提出，就通常所论的外科全生派及力主内治的外科学派而言，不能忽视《洞天奥旨》的学术贡献，应从外科学术流派的角度给予它更高的学术地位。本文分析全面、见解新颖、论据充分、结论可靠、补充了现有中医外科学术流派研究中存在的不足。

7.《古代医家热衷外病内治诸因素研究》

本文 2013 年发表于《中华中医药学刊》第 31 卷第 11 期 2343～2345 页，为先生主持的教育部人文社会科学研究项目"基于古籍文献的中医外科发明创造研究"的阶段性成果之一。

先生在研究中医外科医家时发现宋代以后，尤其是明清时期，很多医家热衷于外病内治，一时成为热门。本文针对这种特殊的中医文化现象，从中医整体观与医家自身文化修养等角度进行认识和剖析。

首先，文章指出中医整体观是中医学的重要基本理论，在外科理论中也居于核心地位，从而成为外病内治最重要的理论基础。文中就早期中医经典《内经》对体表疮疡与脏腑的关系展开论述，考订后世外科医家、外科著作中的诸多认识，层层递进论证，从中医整体观中脏腑经络气血与疮疡的关系、内科与外科的本末关系、外科医家对脉诊的态度三个维度进行阐释，明确了整体观在外科理论中的核心地位。

其次，文中通过列举在古代外科颇多建树医学大家的生平和学术成就，指出这些医学理论渊博，临床经验丰富，多以内科为主，兼通各科，旁及外科的医学名家，很少专门从事外科，其主张外病内治属于充分发挥其自身学术优势所必然。此外，先生还指出儒学对古代中医医家的影响，文中提到"粗略统计，在长于外科或者对外科较有研究的著名医家中，不少医家有着儒学的基础或背景""可见儒医从事外科者不少，儒学的'仁'、'孝'、'中庸'等思想对他们影响很大""身体发肤，受之父母，不敢毁损"。这是医家主张内治的儒学文化因素。通过丰富的内治方法，可以充分发挥和提高内治效果，使外科治疗的整体水平得到提高，是其积极作用。当然，也应该注意到其弱化外治方法消极的一面。

综上，先生认为古代医家热衷外病内治是诸种医学与文化因素综合影响的结果，它使内科的辨证治疗方法更好地渗入外科，对外科治疗水平的提高有着积极意义，同时更应注意它对弱化外治法特别是手术方法的消极影响。全文考证论述精到，内容层层深入，充分揭示了古代医家热衷外病内治现象背后深层次的文化内涵，洵为中医外科学术史研究中的一篇佳作。

（三）中医学史、出土医简

1.《晚清四川普及类医著的产生和影响》

本文于1994年发表于《中华医史杂志》第24卷第1期20~22页，为国内较早从社会史、文化史等角度解析中医普及类文献的学术论文。

中医古籍是中医知识传承的基本载体。先生关注到普及类中医著作的大量产生是清代中医学术发展的重要特点之一，成为晚清四川中医著作之主流。论文首先从当时四川经济、人口和医家特点三方面探索其风行一时的历史原因。经济方面，先生指出晚清四川经济逐年有所发展，为中医事业发展和中医学术的兴旺提供了重要的客观条件，且雕版印刷业有较大发展；通过比较康熙、嘉庆、光绪时期四川人口变化，提出"清末四川人口的急剧增加是中医普及类书籍得以流行的另一个重要因素"。基于对晚清四川医家特点的认识，以及通过对普及类医书中序言文字的收集分析，总结川籍医家的撰写动机、写作过程和医著特点，发现"晚清四川医家本身的素质是产生普及类医书的第三个重要因素"。这一研究已认识到社会文化对医学的渗透和影响，注意利用各类史料，将社会经济、社会生活、社会环境等过去不太被关注的场域纳入到医学史研究范畴，打破历史学与医学的学科壁垒，内外史兼而论之。

在此基础上，本文第二部分主要围绕晚清普及类医学著作的成就和影响进行论述。根据晚清普及类医学著作的来源和刊行流传情况将其分为两类："第一种是医家在本人学习心得和临床经验基础上，选择辑录或改编一些历代医著，以伤寒、金匮、脉诀、药性、汤头等内容为主。""另一类普及医书与中医科普大师陈修园著作有关，或仿其例，或附刻陈著，因而多在全国有一定影响。"并进而举例说明，前者如万县王锡鑫《医学切要全集》、双流刘仕廉《医学集成》、中江廖云溪《医学五则》、著名医家唐宗海的普及医著《医学一见能》等。后者则与中医科普大师陈修园有关,或仿其例,如三台胥紫来《闽蜀医学三字经》;或改编陈氏著作,如周云章《简易医诀》,专取陈氏著述内容的王鸿骥《医书捷钞》、刘绍熙《公余医录抄》等;或附刻于陈修园的多种医书之中流传,如黄钰《平辨脉法歌诀》《本经便读》《名医别录》。论文系统地梳理了晚清四川普及类著述的不同类别特点,探索其历史流派,点评其学术价值,展示了中医医史文献学家穷源溯流的治学研究风范。

本文将研究视角放在社会、文化、经济等因素如何影响和产生晚清四川普及类医著上,以及对四川中医普及著作的分类及学术影响等进行讨论,将社会史、中医史二者有机结合,是国内早期开展跨学科研究的学术论文之一,也是川派中医研究中的早期重要成果之一。

2.《明万历医学鼎盛的社会诸因素》

《明万历医学鼎盛的社会诸因素》一文收录在《东西方医学的反思与前瞻》上篇"学术论坛"部分,位于全书前列,全文约5000字。《东西方医学的反思与前瞻》由廖果、梁峻、李经纬主编,中医古籍出版社2002年出版,收录了"中西医药学发展论坛"的主要论文,汇集了大量史学和文献研究的研究文章。

作者敏锐地注意到万历年间是我国古代医学繁盛发达的时期,出现了《本草纲目》《证治准绳》《外科正宗》《针灸大成》等一大批具有划时代影响力的医学巨著,涌现了王肯堂、张景岳、陈实功、杨继洲、龚廷贤、缪希雍、孙一奎等大批著名医家,人才济济,精作频出。文章以这一突出社会现象为线索,切入点较为独到,充分揭示影响明代中医学术发展的社会因素,其立意精妙,对当前中医发展和研究当有所启示。

文章从四个方面分析论证了社会因素是影响万历年间医学鼎盛的客观原因:

首先结合既往印刷史研究成果,认为在万历年间经济繁荣的基础上,以造纸业和印刷业发展为技术条件,允许私刻且刻工低廉、书商有利可图、刻书为荣的社会风气等因素助推了医著的编撰与刊刻,继而带动了医学的传播、提高,推动万历年间医学巨著频频问世,名著频出,花叶递荣。

其次,以《明史》文献、定陵出土的御药房金罐为文献和文物的二重论证,从万历皇帝38年的患病史谈起,指出此期名医杨继洲、龚廷贤、徐春甫、马莳等人皆与宫廷医学有着学术渊源，认为万历时期宫廷医学在医生选拔制度和君王重视的共同影响下，具有不俗的实力。此处环环相扣，由表及里，揭示出人才选拔制度与行政支持对医学繁盛的影响力。

再次，文章认为万历期间社会发展、商业繁荣、交通进步、各地人员来往频繁的社会现实，让医家游学和师从多师成为可能，医家从闭门独学演变为师从多师、外出交流与名医切磋，对李时珍、孙一奎、缪仲淳、王肯堂等名医医学的提高均有一定关联。

最后，文章剖析了万历儒医队伍的来源，以弃官从医的王肯堂、罢官免职的武之望、先儒后医的李时珍等人为例，说明万历儒医队伍的来源多为先儒后医或弃官从医之人，他们兼具较高的文化修养和具有一定的临床积累，所著医著常常有着较高的学术水平，极大地推动了万历年间医学的发展和进步。

论文始终围绕影响医学发展的社会因素展开论述，形散而神聚，分述而紧扣总纲。

文章视角独到，内容丰富，综合运用印刷史、社会史、经济史、考古学、学术史等多学科知识，研究医史发展而不拘于医史现象，重点着眼于医学而不孤立地认识医学，注意内史和外史紧密结合，以文献材料与文物实物互为证据。从医学现象分析医学史发展规律，思路清晰，论证严谨绵密，环环相扣，颇为精彩。该文彰显出先生多年深耕中国医学史、中医学文物研究，融会贯通的深厚功力。

3.《医史教材应有述有论》

《医史教材应有述有论》一文发表在《成都中医药大学学报（教育科学版）》2000年第2卷第2期47~48页。文章以五版《中国医学史》教材及其修订版为主要研究对象，面对医学史教学学时减少的现实，提出叙述与评论相结合的教材编写建议。文章引起医史教学界重视，在申报第七版《中国医学史》教材主编时在全国同行评议中名列第一，其后和中浚先生先后担任普通高等教育"十五"国家级规划教材、新世纪全国高等医药院校规划教材《中国医学史》副主编（中国中医药出版社2003年出版）、《中外医学史》教材第二主编（中国中医药出版社2005年出版），参加两部教材编写与这篇文章中的真知灼见有着很大的关系。文章提出，医史教材编写应该在如下几个方面有新的创新：

第一，阐明医学发展规律。医学史教材应在介绍史实与成就的基础上，总结经验，阐明规律。文章肯定了前几版教材在介绍基本史实方面的成绩，强调要掌握"医学发展规律"的新观点，指出教材各章节标题可提纲挈领地起到揭示发展规律的作用。然而现有教材存在着揭示规律的力度不足、篇幅不够甚至阙如的遗憾，对各历史时期医学发展的主要特点、主要成功经验、发展缓慢的原因、医学进步的社会文化因素等内容注意不够，同时指出教材除应侧重总结中医学发展的成就之外，也需注意适当分析影响中医学发展缓慢的原因。

第二，观点鲜明，主次明晰。既往教材编者常通过史料陈述时间接表达自己的看法，但缺乏直接评论或鲜明观点，降低了教材的吸引力和质量。教材应有鲜明的思想观点，有史有论，述评结合，富于可读性，并做好在阐述个人观点的鲜明特色和教材规范性要求之间的平衡。同时，教材应避免面面俱到的编写方式，内容庞杂的章节要突出重点，抓住要领，处理好各部分内容的主次关系，以便在学时有限的情况下，突出教学重点。

第三，揭示医学发展与文化、社会发展的紧密关系。医史教材不应孤立叙述各个时代的社会背景、政治、文化、科技等内容，而应结合最新研究成果，强调社会文化因素对医学发展的影响。例如儒医的产生与宋代重文轻武的国策相关，儒医崇古尊经的思想、经学学风又对医学经典的整理与注释产生了深远影响。

第四，图文并茂。文章认为应借鉴史学著作和其他中医教材的编写方法，适当使用史料图例，辅以文字，使教材图文并茂，直观形象，让教材增色，便于理解。这一认识后来在先生主编的《图说中医学史》中得到充分发挥。

文章观点鲜明，切合全国医学史教学实际，提出教材编写应遵从论从史出、史论结合的原则，不仅对医学史教材的编写意义重大，也是医学史乃至其他史学论著撰写的重要思想原则，是一篇具有很高思想认识境界的教学研究文章和史学研究论文。

4.《对新世纪规划教材〈中国医学史〉中一些标题的商榷》

该文发表于《中医教育》杂志 2006 年第 25 卷第 2 期第 50~51 页。是先生阅读普通高等教育"十五"国家级规划教材《中国医学史》(中国中医药出版社 2003 年出版）后对一些问题的认识和感悟。

文章首先对新世纪规划教材《中国医学史》具有的诸如突出中医学主体内容、不同历史时期内容比例安排得当等优势进行了充分肯定，然后指出其存在的一些问题，对该版教材中的一些章、节、三级标题的使用进行了商榷，逐一分析，于文末对中国医学史的教材编写提出了中肯建议。

文章认为，新世纪规划教材《中国医学史》的标题存在以下问题。

第一，提法不够准确。例如第七章"中西医的交汇与冲突"，"冲突"在先为重，应置"交汇"之前，且"交汇"一词略显生硬；第八章标题"中医学的新生"之"新生"不足以概括中医学在现代 50 多年天翻地覆的变化；第四章第四节"药物学的发展"中"二、药物种类的丰富扩张"中"丰富""扩张"二词并列，词义有重复，且"扩张"与"丰富"两者语义不尽协调。

第二，未点明要害。例如第五章第五节标题"学派的争鸣与各家学说"，未能点明学术界公认的金元医家敢于疑古、创新这一要点，影响学生正确认识金元医家。又如第七章第一节标题"中医学的一般状况"中的"一般状况"用语模糊，不能展现本节讨论近代中医学的成就和特点的主要内容。

第三，标题与正文不符。例如第八章中第五节标题"中医现代化的前景与展望"下面内容是在论述现代几十年来中医学的研究概况和研究成果，对"前景和展望"讨论很少，文不对题。又如第二章第三节药物知识"一、有关药物的数量和种类"，其正文主要讨论的是早期文献对药物的记载及认识，而非论述药物的数量和种类，题目与内容不符。

第四，文字不够严谨。例如第四章"医学各科的充分发展"中的"医学各科""充分"说法与史不符，魏晋隋唐时期针灸、外科、儿科等临床各科虽已独立成科，但还未到充分发展，其他很多科亦未单独成科，似应与第五章"临床经验的积累"互换。又如第四章第一节古医籍的整理与注释部分，"二、《伤寒杂病论》的整理注释"中的"注释"一词，于史不合，王叔和、孙思邈主要是整理《伤寒杂病论》，宋以后的医家才开始注释，不应在标题中重点强调"注释"。

最后，文章指出教材编写应在教学研究积累的基础上，及时反映学科最新研究成果，展开学术讨论，探索更新沿袭多年的内容，集思广益，提高教材编写质量。

文章以章、节、三级标题为经，以诸类不足为纬展开论述，经纬分明，层次清晰，重点突出，述论结合，论从述出，点评切中要害，意见中肯明确，展现了先生对中医发展史的深入认识，对中国医学史教材编写的深刻思考，可为中国医学史教材以及其他中医类教材的编写提供借鉴。

5.《明清医家对中医四诊全面发展的贡献》

本文于2008年发表在《江西中医学院学报》第20卷第5期35~37页，为先生参加的国家文物局重点项目"古代医疗技术及诊治保健器具发明创造项目可行性研究"的研究成果之一。

本文全面论述了明清医家对中医四诊全面发展的贡献以及意义。先生提到："明清以前，医家往往多重望色与诊脉，四诊中脉诊的地位特别突出，脉学文献成为诊断学专著主流，一枝独秀。"文中列举明清诸多医家对只重脉诊现象的批判，如刘纯《医经小学》批评说："今之医但看《脉诀》以为诊视，越（阅）诸方书，便可治病，以为简便。"汪石山的"矫世惑脉论"、李中梓《诊家正眼》、周学海《形色外诊简摩》也有同样的批评。说明明清医家已充分认识到不重视四诊的严重性，从而使这一现象从根本上得到扭转。先生注意到明代已产生四诊并论的多本诊断学专著，如《医宗金鉴·四诊心法要诀》《四诊韵语》《四诊集成》等，可以看出明清四诊出现较前代更加全面的发展，"特别是清代的《四诊抉微》，书中望、闻、问、切四诊并行论述，内容较丰富、影响较大"。由此，明清四诊并重的局面逐渐形成，四诊合参的地位较前代更加突出。

在此基础上，先生进一步对明清望诊地位的提高和闻诊、问诊内容的加强进行论述。文中提到"清代望诊更为医家看重，不少医家力主望诊为四诊之首"，如陈治《诊视近纂》首论望诊，次述其他诊法；林之翰《四诊抉微》主张"望尤为切紧"；周学海《形色外诊简摩》更提出"以望为三诊之本"等。嗣后，舌诊和斑疹诊断随着温病学的发展，在临床上更加受到重视，产生了专论专著，如《活人心法》《舌鉴辨证》《伤寒观舌心法》等10余种。此外，文中还对明清医家对闻诊、问诊的重视进行论述，同时也认识到明清脉学发展趋于稳定和定型规范，出现由繁返约的趋向。

文末，先生肯定了明清医家对四诊发展的贡献，认为："四诊方法的全面运用和发展，其意义非同小可。它大大扩展了诊断的手段和范围，特别是通过重视问诊，使病人的过去史等资料得以详尽地收集，对病人就诊的目的和自我感受有了更可靠的了解……因而诊断的结果也就更为准确，诊断的水平必然提高，这是前所未有的积极现象，它为辨证论治提供了必要的素材和重要的基础条件。"

全文文辞简约，评述客观中肯，系统地阐述了明清医家对中医四诊全面发展的贡献以及意义，明清医家关于四诊并重的突出地位于此文得以充分展示，是一篇有关中医诊断学史的重要论文。

6.《明清时期辨证重于用药思想和辨证纲领的形成》

本文 2009 年发表于《江西中医学院学报》第 21 卷第 6 期 26～28 页，是先生深耕明清中医学术史的研究成果之一。

中医辨证论治的思想和方法虽确立于《内经》和《伤寒杂病论》，但至明清时期，辨证重于治疗的思想始得以进一步全面推行，其辨证纲领得以逐渐丰富。本文通过系统深入研究，深挖明清时期辨证重于用药思想和辨证纲领背后的因素，提要如下。

该文从"辨证重于用药思想的确立"和"明清医家提出了多种辨证纲领"两方面展开论述。文章开篇即提出明清之前医家著作主要内容以病症方药为主，主动的辨证意识特别是辨证的目的并不强烈，遂娓娓道来明清时期辨证意识日渐深入人心的缘由，即"方药的积累迄明清时期已非常丰富，病人的病情又较以往更为复杂，病人对医家的技术水平要求越来越高，因而以往仅据病症出方或主要依靠经验效方的简捷方法已不能有效地提高临床疗效"。继而，先生列举明代医家著作中主张辨证识病的论述，如明初戴元礼《丹溪心法》、程玠的《松崖医径》、喻昌强调"先议病，后用药"、徐大椿《兰台轨范·序》等，章楠在《医门棒喝》中首次提出"辨证论治"的概念，说明从明代开始医家强调辨证识病的重要性，是临床居于第一位的大事，特别是识病辨证作为保证有效治疗必要前提的观念越来越为医家所重视。

其次，文中指出，明清时期随着医家四诊水平的提高，辨证思想和辨证方法较前代得到进一步发展与重视。如楼英在《医学纲目》强调辨证纲领分为气血表里上下、虚实寒热先后两个层次；龚信《古今医鉴》从八脉引出辨证八要；张三锡《医学六要》篇首完整提出了沿用至今的"八纲"

概念；张介宾《景岳全书》列"阴阳篇"与"六变辨"；李中梓《医宗必读》则列十四纲；清代《医学心悟》再次推行八纲概念，将其作为辨证总纲。说明当时对辨证纲领的认识，医家有着内容不一的多种模式，阴阳、表里、寒热、虚实八纲辨证是后来强调辨证方法规范化的结果。先生总结提出："八纲辨证的普遍采用，使医家对病变性质有了提纲挈领的掌握，辨证结果很自然地循着这一思路产生，可避免出现原则性错误，为医家提高辨证水平作出了重大贡献。"

综上，先生认为明清时期随着辨证的重要性和辨证纲领二者相辅相成的发展和成熟，极大地推动了中医学趋于鼎盛，是这一时期特别值得一提的重要特色。本文所考文献全面，所举医著论述代表性强，是对明清时期辨证重于用药思想和辨证纲领的全面论述和总结，也是对明清医学史研究的佳作。

7.《老官山汉墓〈六十病方〉与马王堆〈五十二病方〉比较研究》

本文 2015 年发表于《中医药文化》第 10 卷第 4 期 22～34 页，1 万余字，是国内最早关于成都老官山汉墓医简《十六病方》的研究成果。

成都老官山汉墓医简发掘之后，2013 年 3 月先生便受成都市文物考古研究院邀请前往鉴赏。其后，也应该院之邀发表对医简学术价值的评价。对这千年难遇的惊世发现，先生一直密切关注并投入精力。牵头对《六十病方》进行系统研究，先后撰写或指导发表相关学术论文十余篇，是国内对老官山汉墓出土文献文物研究的先行者。本文将其与马王堆医书进行比较研究，发现两书异同，从而突出《六十病方》的内容、学术特点及其价值。全文分"两书中的相似之处"和"两书的不同特点"两大部分。具体如下：

首先是"两书的相似之处"。先生通过比较研究，发现两书有三处类似。

一是"学术地位大体相当，涉及临床学科基本相同"。《五十二病方》现存 9910 字，医方总数 280 个，用药 254 种，载病名 100 余个，涉及内、外、妇、儿、五官科等学科，以外科病症为主。《六十病方》经初步研究，全书约 9000 字，用药达 200 余种，记载病症近百个，医方总数 81 首以上，涉及临床学科与《五十二病方》相同，但以内科病症为主，二者各有侧重；涉及的医简数量，特别是文字总数超过墓中其他医书，居于突出地位。先生总结认为"二书在两座汉墓医书中的学术地位大体相同"。

二是"篇题结构基本一致，编排体例大体相同"。先生分析两书篇题特点之后，指出"两书篇题主要结构基本相同，都具有文献目录的性质"，"二书的主要体例和内容均为先列病症名称，再出方药、治疗方法、服药方法以及预后、禁忌等，其内容编排和体例大体相同"。

三是"药物名称大多相同，治法、剂型、制药及剂量相近"。先生于文中提到："有意义的是一些中药药用名字也相同，如方风（防风）、薑（姜）、厚柎（厚朴）、朱臾（茱萸）、犁廬（藜芦）等"，两书剂型以汤和酒剂为主，"外治方法中多数与《五十二病方》相同"，"《六十病方》中药物用量主要使用汉代通行数量单位'分'，药散用方寸匕和撮数计，其他多数药物用量的物量词与《五十二病方》相同"。

其次为重点讨论比较"两书的不同特点"。

第一，先生指出"病症名称、学科特点及学术水平不同"。《五十二病方》病名与现存中医文献的病名概念多数关系不大，较为生僻，先生通过引用当代研究成果，揭示其与中医典籍和主流文献联系不够密切的原因。先生列表系统分析《六十病方》60余种病症名与《内经》《伤寒论》《金匮要略》病症名称关系，表明"它应该是一种在当时较为成熟，经过较为规范编纂的医学文献，从而与帛书《五十二病方》中那些主要反映民间医药经验和较为冷僻的病症名称有着较大区别"。同时，对《六十病方》病症名称进行深入分析，其病名有的直接点明致病原因，有与病症结合的，也有按照病机命名，还有综合命名法，同时存在叙述病名与交代症状不分的情况。

第二是"主要药物品种及治疗方法不同"。《五十二病方》使用药物较为原始，如"羊矢、桑树液汁、活鱼等"，直接利用不予加工或非常简易加工的药物。而《六十病方》主要药物和用药方法为历代医学文献记载较多，古代沿用至今，如"酒、姜、桂、附子、乌头、半夏、石膏、大黄等"。文中着重分析了《六十病方》使用频率最高的"酒"，与其他药物同用同服可增强药效（数量高达30余方），指出书中多处出现的"直温酒中饮之"这种较为特殊服药方法，同时举例说明酒还用作炮制加工药物辅料。此外，先生还通过分析药物在两书中使用频率、引用原文对比两书药物功效和治疗方法，进一步阐明了《五十二病方》以单验方为主，呈现散的民间用药经验风格，以外治法为主；而《六十病方》使用复方，出现多种药物的复方配伍，以内治法为主，书中明确熬药方法、材料加工、用量、治疗部位及注意事项等。

在此基础上，先生提出了两书第三处不同在"方剂的结构和药物配伍不同"。通过比较两书方剂中药物数量多寡的不同，发现《六十病方》是以复方方剂结构为主的方书，复方是全书的主流和重要特色，也是其与《五十二病方》最重要的区别之一。同时论及《六十病方》主要药物使用频率及呈现出的用药规律，并将其与《伤寒论》进行对比，提示《六十病方》的主要药物配伍与经方关系密切，是经方之嚆矢。其配伍以辛温药为主，在药物组成和配伍上已经达到较高的水平，与《伤寒论》方剂中的主要用药配伍原则和方法有着某种渊源，提示它应该是由富有临床经验的医家编撰的方书，而不完全是民间散在经验的简单汇集，从而与《五十二病方》相区别。

第四，先生通过指出两书在中医理论、脏腑概念、证候、脉学及病案记录方式诸多不同，进一步表明两书在理论和学术特点的不同。文末，先生提纲挈领地点评《六十病方》，总结认为"应属迄今最早、内容完整、复方数量最多的医家编撰的方书。在中医学史特别是中医临床和方剂学史上占有重要的学术渊源地位。"

本文论述逻辑严谨，通过对人们较为熟悉的马王堆《五十二病方》与成都老官山汉墓《六十病方》的比较，从而突出了后者的学术地位和价值，直观地反映了两汉时期中医学的学术轨迹与差异，是国内较早深入研究老官山汉墓医简的学术论文。见刊后，受到国内外学者关注。有鉴于此，2017年受邀至日本京都大学作"成都老官山汉墓《六十病方》题名简病名研究"报告。并为《中医年鉴》收载。其后撰写了《成都老官山汉墓〈六十病方〉和〈武威汉代医简〉的比较研究》作为姊妹篇。

8.《百年来中医理论发展特点和启示》

该文刊登于《中医药文化》2019年第14卷第1期13~19页，全文8500余字，获选《中医药文化》杂志2019年度年度优秀论文二等奖。文章是朱建平研究员主持的中国中医科学院基本科研业务费自主创新团队重点项目"百年中医史研究"（ZZ060801）的后期成果之一。"百年中医史研究"2018年获中国中医科学院科技进步二等奖，其核心成果《百年中医史》（上海科技出版社2016年出版）获国家出版基金资助，是"十三五"国家重点图书出版规划项目，先后获得2019年度中华中医药学会学术著作一等奖、第三十届华东地区科技出版社优秀科技图书一等奖。和中浚先生作为项目主要成员和《百年中医史》副主编，主要负责1912年后百年来中医基础理论（王缙执笔）、外科、五官科的撰写任务，并担任后期学术发展和"医家传略"等内容审稿专家，为项目研究作出了重要贡献。本文在该书"中医基础理论"内容的基础上进一步进行回顾总结和反思。

文章首先界定中医理论的概念，明确讨论研究范围，提出文中所述中医理论主要以中医基础理论、中医诊断学内容为主，偶涉《内经》等相关基础学科。

其次，据史以论，归纳中医理论的总体发展特点为：

第一，中医理论的学术地位显著提升。民国废医案唤起了中医理论研究的觉醒，中医学界开始重视中医理论的系统研究。20世纪50年代后，高等中医院校的教材编撰，从现代科学角度对一些重要理论概念进行阐释，为中医理论发展奠定了基础。

第二，中医理论学术体系逐渐形成。文章回顾了中医基础理论的早期研究，高度认可秦伯未的贡献，分别阐述了中医基础理论系统和中医诊断学体系的形成过程。现代中医理论通过采用现代语言叙述，在全国统编教材的促进下逐渐形成。全国中医院校统编第1版到第7版教材是当代中医基础理论与中医诊断学逐步构建成型的过程。中医基础理论和中医诊断学统编教材第1、2、3版基本确定中医理论体系，在第5版教材中理论体系开始成型，现代中医基础理论在第8版教材正式定型。文章强调了中医体质学、中医藏象学、病因、病机、治则等领域的重要创新点，肯定了血瘀、络病、痰病、瘀毒、玄府学说等理论创新和临床实践，认可"环境毒邪"等中医病因学理论，突出"辨证"在中医诊断学中的核心地位。文章通过简洁语言，勾勒出现代中医理论的发展简史、其渊源及重要创新。

第三，研究方法日趋丰富。受现代医学和各类科学技术的影响，百年来中医理论研究方法从文献整理逐步演变为中医理论研究、中医临床研究、动物实验三大类别数十种具体研究方法，围绕"证"的本质、诊法客观化研究等研究内容尝试进行了大量客观化、指标化研究。"973"计划中医专项理论研究对中医药科学内涵相关问题做出了有益探索，取得了有价值的成果，惜仍缺乏根本性的创新突破。

第四，学术队伍不断壮大。随着各类中医教育和科研机构的建立，中医理论研究形成了以专业科研机构、高等中医院校、相应协会及专业出版物为三大门类的研究队伍，研究成果丰硕。

第五，基础理论创新亟待突破。文章认为百年来中医理论以传承总结为主，研究呈现为程式化、模块化特征，亟待在创新研究上取得突破。

最后，文章以史鉴今，提出发展建议，认为中医理论研究应既述兼作，传承创新，通过基础理论创新研究，突破百年来中医学创新的最大瓶颈；同时研究内容应环环相扣，减少理论体系内部之间的断点，进一步提升中医理论的系统性、完整性、严密性；保持原创优势，不滥用现代科学，充分利用中医学与传统文化的天然联系，借助博物学理论体系，探索出一条具有中华文化和中医特色的理论研究之路。

文章眼光敏锐，笔势雄健，史论结合，论从史出，透过高等中医院校的建立、中医院校统编教材的编写促进现代中医理论构建这一富有时代特色的典型事件，紧紧抓住中国社会发展与中医理论发展的紧密关系，揭示影响中医理论构建与发展的社会、经济及专科学术史的各种因素，深入挖掘废医案、中医学术与事业的发展、经济建设对环境及疾病的影响等重要事件对百年中医理论发展的影响，为中医学术史的研究和撰写进行了系统深入的总结思考。

9.《百年来中医临床发展特点与启示》

《百年来中医临床发展特点与启示》一文刊登于《中医药文化》2019年第14卷第5期27~35页，全文11000余字。文章是朱建平研究员主持的中国中医科学院基本科研业务费自主创新团队重点项目"百年中医史研究"（ZZ060801）的成果之一。

文章论从史出，史论结合，在《百年中医史》研究的基础上，从中医临床总体与发展历程两个方面，结合我国百年来社会、经济、人文的演变对中医临床的影响，对1912年以来百年来中医临床的发展成就与特点进行全面有要地总结归纳，并以史鉴今，在充分肯定成就的同时，也中肯指出专科细化、部分中医内容西化倾向等现象的消极影响，为中医现代化发展提出建议，展示出医学史研究的学术价值和社会价值。

文章首先简要回顾了百年来中国社会和中医发展史，扼要点明中医临床的突出地位和贡献，并总结百年来中医临床总体发展特点为：

其一，疾病谱发生变化，临床追求创新，优势得以显现。受自然环境改变、经济繁荣、人口增长、生活方式改变、国际交流增多、药物滥用、新型病毒产生等诸多因素影响，人类疾病谱发生变化，中医临床相时而动，积极寻求创新，在治疗病毒类、心脑血管类、代谢性、肿瘤、自身免疫性疾病等方面的优势得以进一步明确和突出。

其二，中医诊疗场所门诊与病房齐头并进。从传统门诊为主体的个体医疗方式转变为以医院为主的团队医疗形式，传统门诊与医院病房并存，中医与西医互补发展。

其三，人才培养途径多样化。中医院校培养的中医人才逐渐超过师承人才，成为中医临床、教学和科研队伍的主力，逐步形成了本、硕、博学历教育，在职教育，临床师带徒等多种人才培养模式。

其四，学科不断分化。受西医学影响，中医呈现分科细化特征，虽有利于医生深化专科造诣，但若专业知识过于狭窄则不利于医生从整体把握疾病。对此，文章提出应夯实专科人才的中医内科学基础，做到精于内科、兼通各科。

其五，临床与教学科研产业日益密切。20世纪80年代后，中医临床与教学、科研的关系日益密切，21世纪后出现了临床、教学、科研、保健、产业、文化六位一体发展的新局面，中医科研基于临床需求，由个案验案总结向大样本统计转变，引入随机、双盲、循证医学研究等研究方法，临床辨证诊疗进一步规范化，各科诊疗指南和技术操作规范逐步健全，科研成果丰硕，先后获得国家科技进步奖等奖励，并产生重大国际影响。

其六，文章以时间为脉络，总结百年来不同历史时期中医临床学术与事业的发展特点和成就，早期（1912—1949）遭受冲击，艰难发展；中期（1949—1978）受到重视，蓄势待发；后期（1978以来）全面发展，规模宏大。

最后，文章通过总结百年中医临床发展史，认为中医现代化任重道远，深入发挥中医特色是提高临床疗效的关键；中医学在发展中应找准自身优势，充分利用现代医学的检查手段，更好地实现中西医优势互补，继承传统特色与改革创新，与时俱进，赓续辉煌。

文章立意高远，视野宏大，条分缕析，切中肯綮，既充分表现出一名中医老人的殷切之心，又理性客观，不虚美，不隐恶，展现了史家风骨。

10.《老官山汉简的书法特点及在隶变分期中的早晚》

《老官山汉简的书法特点及在隶变分期中的早晚》全文约13000字，为先生与王丽、周兴兰共同撰写，发表在《中医药文化》杂志2020年第15卷第1期54~64页，是国家社会科学重大项目"出土先秦两汉医药文献与文物综合研究"（19DA195）的阶段性成果，获评《中医药文化》杂志2020年度优秀论文一等奖。

文章综合运用文字学、书法学、历史学、考古学知识，采用文献研究法、对比研究法、归纳法、二重论证法等研究方法，在分析成都老官山汉简的单字笔划和结构特点的基础上，从整支和多支医简书法的角度进行研究，重点围绕其篆隶关系及与阜阳汉简、银雀山汉简的书法进行比较讨论。

文章分析了大量老官山汉简单字，在参考既有秦汉简帛文字书法与隶变研究成果的基础上，与马王堆汉墓简帛和张家山汉墓竹简等进行比较研究，总结归纳老官山汉简书法笔画具有以下特征：变曲为直，以折代转；逆入重按，平出露锋；捺重钩长，弯折夸张；方多圆少，方圆并见；粗细变化，笔划分明。结构上的特点表现为：隶主篆次，结构方整；端庄舒朗，朴拙稳重；过渡隶书，初见楷意；扁纵并行，上紧下疏；多形并见，前后同存。文章指出，总体上老官山汉简篆书风格已明显减弱，其隶书传承了秦简的风格特点，首次提出老官山汉简中隶书出现不少楷书的早期形体和笔划特征，表现出朴拙厚重、端庄舒朗、扁纵并存的特点，兼有少许篆楷笔意的书写风格。

为进一步确定老官山汉简的隶变分期，文章参考胡平生、陈侃理、王宇枫、周景环等学者在汉简文字、书法方面的研究成果，参照姚宇亮汉简隶变五期分期法、陆兰军隶书演变四期分期法，通过对比银雀山汉简、阜阳汉简、老官山汉简的大量例字，并据其书体笔意特征，推测老官山汉简的抄写时间当在景帝或武帝初期，与其考古认定的墓葬时间相近，属于隶书迈向成熟的过渡期。

文章附有3张老官山汉简图片，1张《仓颉篇》隶书图片，银雀山汉简与老官山汉简隶书字体比较表格图1张，阜阳汉简、银雀山汉简与老官山汉简比较表格图1张，列举有大量简帛单字图片，包含了大量珍贵的第一手图片和资料,在当时老官山汉简尚未完全公布的情况下,其文献性和学术价值尤其显得突出。

文章结构清晰,观点明确,材料新颖,引证丰富,论证严谨,结论可靠,确为汉简文字学与书法研究的优秀论文。

11.《川派中医学术特色研究》

该文系应《南京中医药大学学报(社会科学版)》约稿撰写,全文共12000余字,为先生与江花、王丽共同撰写,发表于《南京中医药大学学报(社会科学版)》2022年第23卷第6期371~379页。该文与全国多个中医学术流派同期介绍,全面而深刻地展现了川派中医的学术特色,被《南京中医药大学学报(社会科学版)》公众号作为当期宣发论文之一。

文章首先从四川地理环境与历史特点论起,四川盆地全年降水多、日照少、云雾大、风速低,造成全川湿气偏胜,而重庆等长江沿岸夏季又多酷热,形成复杂多样的地理、气候条件。文章深入分析了四川特有的地理环境、气候特点在构建川派中医学术特色中的重要基础作用,指出其与孟河、吴门、海上医派等局部地理环境范围较小,自然环境条件较为单一的地区存在明显区别,故而其学术特色也更为复杂而多元。

清代以后四川人口增多,其中外来人口比重较大,历史上发生过多次移民,特别是明清时期的"湖广填四川"时间长,来源广,涉及的人口数量巨大,因此,四川的移民文化类别复杂,必然要影响到医学。近现代以来,客寓四川的名医较多,如沈绍九、郑怀贤、王渭川、胡光慈、宦世安等对四川的中医学都有贡献,其中如南京张简斋用药简练,对重庆名医陈源生有着重要影响,南京承淡安针药并用的特色被乐山江尔逊传承。

从四川历史文化而言,儒学、易学对川派中医影响较大,最典型的如槐轩学派刘沅太极学说对火神派郑钦安"阳者阴之主"学说的影响,医家唐宗海对易学的研究等。

文章在既往川派中医研究成果的基础上,梳理了汉代以来的四川中医药学术发展,以近现代川派医家和四川中医现代发展为侧重点,以四川在全国中医药最富有特色的"中医之乡"和"中药之库"为主线索,对川派中医学术特色进行再次总结、思考和凝练,深刻分析了川派中医学术特色的形成基础和文化渊源。认为川派中医学术特色是在巴蜀地区复杂的地理和气候环境的自然条件基础之上，在本土文化与移民文化碰撞融合、儒学和道学与医学相交融的巴蜀历史文化背景中，在川内外医家持续不断的学术交流融合之中形成的。

文章分别总结了川派中医和川派中药的学术特色，认为川派中医在学术上具有历史悠久、海纳百川，守正创新、敢为人先，兼容并包、辛辣厚重与平和醇正、寒热两法并行，善用热药与针药兼擅等多元化的学术特征。而川派中药则具有药材道地、类多量大，医药兼擅、方药并重，着力"性效"、重视临床的重要学术特色。其认识水平较此前的相关论述有一定提高，有着更高的视野，内容也更为全面和系统。

该文概述了四川中医药两千多年学术发展的突出贡献与鲜明特色，以及历史和人文特色，充分展示了素有"医乡药库"之称的四川中医药学术的历史沉淀与学术魅力，融入了先生参加川派中医研究十余年来的不懈思考，为其总结川派中医学术特色的呕心之作。该文撰写过程中曾得王明杰教授指导。

（四）中医文化与文物，中医养生

1.《药用杵臼考——兼谈药用杵臼与乳钵的关系》

本文是先生中医药文物研究的代表作之一，全文9000余字，发表在《四川文物》1998年第6期31~37页。全文系统总结研究了多种质地药用杵臼的特点，揭示其与药用乳钵的关系。特别是对历史文献对杵臼的制作、质地、加工，汉代考古出土杵臼器型特点有系统论述。

其一，从文献学和历史学入手，系统考证药用杵臼出现时间及其在中药加工的应用。论文首先提出了杵臼作为药物和食物加工工具的概念，是最早使用、沿用时间最长、迄今仍在中药房和日常生活中焕发生命力的加工器物的特点。作者广泛收集医药文献及历史资料有关药用杵臼的记载，发现迄今最早的医学文献《五十二病方》中已有杵臼记载以及"舂之"等加工使用方法，说明最迟在战国已有木质杵臼在我国医药史上的实际使用。其次，引唐代《备急千金要方》《雷公炮炙论》，宋代《太平御览·器物部》中对不同材质药物杵臼的记载,如《备急千金方》中明确记载金属杵臼的实际使用,《雷公炮炙论》涉及铁杵臼、石臼、木臼三种不同质地杵臼,尤其是《太平御览·器物部》"杵臼"条和"钨锵"条下的明确记载。据此,先生指出"汉末和魏晋时期,已有专门用作药用的药杵臼,从上层社会到民间,概莫能外,民间更把它置于急用之物的首位,说明其普及程度"。

其二,从文物考古学的角度,系统总结杵臼形制特点,考证历代出土杵臼的药用根据。先生为撰写这篇文章,特地去成都市文物考古队、成都文物处、四川大学图书馆查阅历年《文物》和《考古》杂志,然后通过列表展现汉墓考古出土金属杵与臼的形状、规格,特别注意其中广州南越王墓出土的铜铁杵臼和江苏仪征石碑村汉墓出土铁杵臼与药物同时出土的有关情况,先生指出"如以此两处的铜铁杵臼作为认识药用杵臼的重要依据,或视作药杵臼的标准器,可以帮助我们认识其他杵臼是否属于药用杵臼的问题"。文中以此思路展开,从形制、杵臼加工受力等分析图表中 9 座汉墓出土金属杵臼药用的根据。考虑药用杵臼加工对象多为矿物类药,金属杵臼受力大,不易破碎,此种铜铁杵臼用作药用的可能性较大。同时指出上述铜铁杵臼虽器形偏小,但从汉代药物剂量入手,多数情况能够满足使用要求,汉代铜铁杵臼可作为药用。

其三,从出土杵臼残留朱砂入手,抽丝剥茧,揭示杵臼与乳钵的关系。杵臼在旧石器时代就有发现,如地臼、石臼、陶臼,虽发现较早,但主要是加工谷物的工具。那么,杵臼从什么时期开始具有研磨药物功能?杵臼与乳钵之间有何联系?文中从著名的殷墟妇好墓出土的玉杵臼中残留有朱砂入手进行考证,既往医史界曾有学者将此引为早期中药粉碎工具的例证,但先生指出,把玉臼中的朱砂视为药物,是受朱砂多作药用这一概念的影响。妇好墓出土玉器中,还有一件玉调色盘,盘心染满朱砂,表明此墓中的朱砂是作绘画之用而不是药用,它和朱砂的多种用途有关。

朱砂用作药物,最早见于《五十二病方》,《神农本草经》更将其列为上品。朱砂入药或用于炼丹,都要研磨加工。妇好墓出土的玉杵臼是用作研磨朱砂的工具,可从其臼口内沿与杵腰相互砥砺磨损的光滑宽旋纹可以发现,这是长期旋转研磨所留下的磨损痕迹。文中指出,妇好墓的玉杵臼从使用对象、加工方法、器物使用磨损的改变等方面分析,都具有研磨的功能。同时,从器形分析，玉杵臼平沿厚壁、中心有深孔、下腹内收、平底等造型特征属于杵臼，从功用上提示早期杵臼兼有研磨功能。先生又引西安何家村窖藏出土的玛瑙臼和玉杵为例，其玉杵既短又宽，玛瑙臼器明显较矮，器形不适用于上下捣杵之用，但能用于旋转研磨，其器形特征符合与其同出矿物药的加工要求。妇好墓玉杵臼与何家村出土杵臼的使用功能相同，但妇好墓玉臼器形高、孔径深，保持了臼的基本器形特征。而何家墓的玛瑙臼形矮，横径长，横径为高度的4倍，已明显显示唐代以后药用乳钵敞口、浅腹、圆弧内底的特征。

论文引唐代《备急千金要方·药藏第九》卷一所载药用工具，论述当时已把臼和钵作为不同工具。说明瓷钵于此期已正式列为专用药具。又引《千金翼方》"研钟乳法"，说明研磨方法和工具此时已经定型，以使用瓷制研药钵为对象。先生总结提出杵臼与乳钵之间关系的特点是"杵臼和乳钵的功能在使用时两者常有交叉，玉杵臼和玛瑙臼玉杵具有研磨功能，瓷钵在研磨药物之前每每需要先将药物捣碎以便于研磨"。同时，还提到"乳钵器壁及底部均较厚而坚实，以承受撞击力，如仅仅只用于研磨，则无须这种结构。"道出乳钵器形与功能之间联系。

论文对"乳钵"的名称进行了考证。如在唐代丹经《庚道集》较早出现，《雷公炮炙论》有明确记载，且将杵臼和乳钵的器形和功能分列。明代《遵生八笺》也将乳钵和舂臼分别列出，此时它们已成为药房不可或缺的两种不同加工器。明清以后传世的杵臼和乳钵各地都有发现和收藏，表明后世这两种器物一直是功能完全独立的工具，在中药加工中广泛应用。

其四，通过汉代画像石有关玉兔捣药图案，补充了药用杵臼资料，创新发现药用杵臼与庖厨杵臼通用的可能性。论文从汉代画像石、画像砖"玉兔捣药""玉兔捧臼献药"图案入手，发现其捣药、献药所用杵臼就是药杵臼。另外，明定陵出土的玉耳饰中有单独的玉兔和杵臼的造型，从古代传说和艺术形式的视角补充了药用石质药杵臼的资料。

论文还注意到民间作为食物加工器杵臼与药用杵臼的关系，提出庖厨所用杵臼与药杵臼有通用的可能。如一些中药特别是香类药，常常是饮食烹饪中的重要调味品，一些滋补类中药也常常是人们喜爱的食品，都同样需要杵臼加工杵捣，两者之间有兼用可能。在考古出土资料的生活饮食器中也有杵臼发现，如浙江温州五代、北宋数座土坑墓。

纵观全文，从常用中药加工工具药杵臼入手，系统考证了药杵臼、乳钵的来源和特征、厘清了两者之间的关系，特别是强调铜铁杵臼与墓葬中矿物药及其他相关药具的关系，杵臼标准器等问题。所运用文献与文物二重考证方法，其研究思路对当今的中医药文物研究具有一定的启发和指导意义。该文后来受到台湾著名历史学者李建民的称赞，在近年黄璐琦本草考古团队的文章中被数次提及，也为张如青、郑洪教授承担的国家社科重大项目等研究引用。

2.《孔子的修身养德与中医养生》

该文于 2010 年发表于《中医药文化》杂志第 4 期 30~34 页，是先生对中医养生与儒家思想关系探讨的研究成果之一。

本文对儒家的修身养德与中医养生两者之间早期的不同宗旨与后期的融合，孔子的修身养德是否出于养生的目的等问题进行溯源和探讨，针对它们之间的不同内涵特点和中医养生的文化渊源展开论述。

首先是回顾儒家的"修身与养德"观念的产生。先生以《礼记·大学》中关于修身的著名论述，重点讨论孔子的修身理论，指出"格物、致知、诚意、正心"是修身方法、"齐家、治国平天下"是修身目的，其中"修身"是关键，是齐家治国平天下的基础和前提，认为"（孔子的儒家学说中）修身完全是从政治和道德的角度出发，是讲为人处世的道理和方法，并不是立足于养生"的立论。先生指出："作为儒家文化开创者孔子的修身养德是儒家伦理思想的核心内容，所提倡的修身养性的理论和方法，其实质在人的道德伦理修养，主要围绕人性的自我完善立论，其最初的出发点与养生的宗旨追求尚有较大距离，其本义尚未直接与养生发生联系。"

其次，先生以养生的目的作为切入点，对"仁者寿，大德必得其寿"与养生之间的关系进行溯源。先引《论语》《礼记》《大学》关于长寿的养生格言，说明"德"与"仁"之间关系非常密切，有着重要联系；同时阐释了"仁者"与"大德者"能够长寿的原因，也就提示孔子是从长寿者应该具备的道德修养角度在讨论这一问题，属于一种广泛意义上的养生思想方法。此外，还关注到后世常常引用的孔子著名"君子三戒"，先生指出后世著名学者如梁代皇侃、宋代陈祥道儒士和明代御医俞桥对孔子"三戒"从养生角度的注释发挥，在学者不断推崇和渲染下，孔子对于品德修养的要求逐渐被纳入养生学范畴。但先生也指出孔子的修身理论与中医养生在目的宗旨上本有所不同，它主要是从人的道德修养要求进行论述，或属于广泛意义上的养生思想方法。

第三，先生承上述观点，继而从医学史角度剖析"养德与养生的融合"。论述了中医养生学理论的发展变化，指出汉以后中医养生学在不断总结吸收道、儒、释的养生思想和内容时体系日益扩充，儒家的养德思想开始被养生学家引入和逐渐融进中医养生学术体系，演变成为养生的基本要求之一。

最后，文章探究养德融入养生的多方面和深层次的原因。认为一是因为儒家学说作为封建社会的主流思想，不可避免地要向社会的各种文化活动渗透。文人儒士家境富裕，有较高的精神境界和思想追求，乐于讲求养生，他们也是儒家队伍的主体。二是与汉以后文人热衷于养生有关。如魏晋名士多好谈养生，多喜服食系人所皆知，唐宋文人喜论养生亦复不少，明代亦有此遗风，且不少著名的养生著作为儒士所撰写等。三是指出儒医兼有儒学和医学的双重身份背景，也是将儒家养德修身学说和养生融合起来的重要原因。四是指出医家只是构成养生学队伍的主体成分之一，魏晋以后除道家之外，文人儒士也成为养生学队伍的重要成员，从局外人变成了主人翁。由于以上种种原因，儒家的养德思想自然而然地渗透和融入养生学之中。先生认为，养生是一种社会文化现象，必然涉及到较多的思想道德要求和相应的行为方式，也就不可避免地要与儒学的思想文化观念发生联系，将养德引入和融进养生学的体系之中，使其成为中医养生学的基本要求和重要特色之一，从而丰富了中医养生精神层面的内容。这表明中医养生既是医学命题，也与社会文化息息相关。

该文论述过程层层递进，逻辑严密，内涵深刻，从医文结合的视角阐释了儒学修身养德与中医养生之间的演进变化关系，启发后学，可以说是研究中医药文化的重要论文。其后该文获《中医药文化》杂志改刊10年优秀论文二等奖。

学术年谱

川派中医药名家系列丛书

和中浚

- 1965—1966 年：就读于成都中医学院，得邱明扬（《内经》）、凌一揆（《中药》）、邓绍先（《伤寒论》）、李克光（《中医诊断学》）等教诲。
- 1967—1969 年：温江和盛镇"复课闹革命"。
- 1969—1970 年：重庆第一中医院临床实习。
- 1970—1971 年：成都军区崇庆军垦农场劳动锻炼。
- 1971—1974 年：重庆市城口县修齐区卫生院，中医师，门诊及培养赤脚医生等。
- 1974—1976 年：万县分水区卫生院、万县卫生进修学校，中医师，教师。
- 1976—1977 年：成都中医学院附院眼科进修，学习和掌握白内障和多种外眼手术，学习陈达夫先生眼科经验方。
- 1978—1979 年：成都中医学院"68—71 级"毕业生进修班，聆听陈潮祖（《方剂学》）、郭子光、李明富、张发荣《中医内科学》、张之文（《中医温病学》）等老师授课提高。
- 1980—1981 年：成都中医学院附院眼科工作。
- 1981—1982 年：四川医学院附院眼科进修，得连金贤教授指导视网膜脱离手术等。
- 1982—1989 年：参加附院眼科临床，同时参加学院眼科教学，发表《试论黑睛翳的分类及退翳明目法》（1985）、《试论〈眼科龙木论〉的学术成就》（1986）《眼外伤内治八法》（1987）、《朱洪文老中医治疗角膜炎验案》（1987）、《试论〈银海精微〉的学术成就》（1988）、《内眼病辨证进展》（1988）等眼科论文。
- 1989—1990 年：筹建成都中医学院医史博物馆，到上海、北京、洛阳等地参观学习，到省内各地调查收集中医药文物，到北京联系川籍名医亲属收集名医史料。
- 1991 年：筹建 2 年的成都中医学院医史博物馆开馆展出，李经纬、萧承悰教授等参加开馆仪式。《评〈彝族医药史〉》发表。执笔撰写的《中医大学生学习指南——评〈中医学习学〉》发表。参加编写的《四川省医药卫生志》由四川科技出版社出版。

- 1992年：晋升副研究员。
- 1993年：参加编写《四川中医药史话》（编委）出版。
- 1994年：《晚清四川普及类医著的产生和影响》发表。
- 1995年：担任四川省中医药学会医史文献专业委员会主任委员至2010年。"四川医史文物及遗迹的考察研究"获四川省科技进步三等奖。
- 1996年：执笔撰写的《西汉人体经脉漆雕的价值和意义》发表。
- 1997年：担任中国博物馆学会高校博物馆专业委员会常委到2011年。
- 1998年：《西汉人体经脉漆雕研究》获四川省科技进步三等奖。《药用杵臼考——兼谈药用杵臼与乳钵的关系》《略论古代熬药温药器》《〈外科心法真验指掌·刀针图式〉评述》发表。
- 1999年：《明清外科刀具的命名、功能及分类》《医学考古与医学文物研究》发表。晋升研究员。
- 2000年：《中国医学通史·文物图谱卷》（编委）出版。《医史教材应有述有论》《评邓铁涛主编的〈中医近代史〉》发表。
- 2001年：与吴鸿洲共同主编《中华医学文物图集》出版。
- 2002年：担任中华医学会医史学分会常务委员到2012年。《熏眼法及熏眼方药的治疗特色》发表。《中医药博物馆的概况、作用、困难和发展》收载于《中国医史文献研究所建所二十周年纪念文集》，《明万历医学鼎盛的社会诸因素》收载于《东西方医学的反思与前瞻》，两书由中医古籍出版社出版。
- 2003年：参加编写的国家规划教材《中国医学史》（副主编）出版。《〈审视瑶函〉原刻及早期刻本》收载于《医学求真集览》，《与〈审视瑶函〉有学术源流关系的几种眼科专著》收载于《中华医药文明史集论》，两书由中医古籍出版社出版。
- 2004年：增列为成都中医药大学博士生导师。《中华医学文物图集》获中华中医药学会科学技术奖学术著作二等奖。《明清方剂学理论的成熟与普及》收载于《医论集粹》，由香港亚洲医药出版社出版。

- 2005 年：与张大庆共同主编新世纪全国高等医药院校教材《中外医学史》出版。主持教育部人文社科课题"眼科古籍文献的目录学研究"。参加的"国家重点医药卫生文物的收集调研和保护"课题获中华中医药学会科技进步二等奖。应香港浸会大学中医药学院院长刘良邀请到香港指导筹建该院中医药博物馆。《〈中国医籍大辞典〉中眼科文献的漏误》《〈联目〉眼科文献勘误》发表，《从眼科文献看儒学尊经崇古思想对中医学的影响》收载于《中国医药文化遗产考论》(中医古籍出版社出版)。

- 2006 年：《中华医学文物图集》获教育部人文社科优秀成果三等奖。为中国传统医药申报世界非物质文化遗产委员会办公室专家小组成员，与汪剑在北京参加世界中医药联合会"名老中医学术思想总结"工作半年，成功申报国家文物局"指南针计划——中国古代中医学发明创造研究"课题，《对新世纪规划教材〈中国医学史〉中一些标题的商榷》《从几种眼科文献提要看学术源流研究的重要性》《〈眼科良方〉的成书年代及内容特色》发表。

- 2007 年：担任成都市博物馆协会副会长。承担科技部支撑计划项目"民间方药挖掘整理及评价研究"子课题。

- 2008 年：《带你走进〈审视瑶函〉》出版。《中医必读百部名著·眼科卷》出版。《明清医家对中医四诊全面发展的贡献》发表。

- 2009 年：应邀到韩国首尔参加延世大学举办的第二届中韩医史学术会。主持的教育部"眼科古籍文献的目录学研究"结项。主持的教育部人文社科课题"基于古籍文献的中医外科发明创造研究"立项。担任中华中医药学会医史文献分会、中医药文化分会常务委员，中国药文化研究会专家委员会专家。《加强中医养生特色研究，提升研究水平》《从〈内经〉与道家"静以养神"的关系看中医养生特色》《〈眼科金镜〉的学术源流、成就和特色》《明清时期辨证重于用药思想和辨证纲领的形成》发表。

- 2010 年：参加国家中医药管理局"中医药古籍保护与整理能力建设"项目，承担眼科、外科、针灸类文献整理任务，担任四川项目组组长。主编的《图说中医学史》("十一五"国家重点图书出版规划项目)出版。为国家中医药管理局民间医药工作专家小组成员。《评〈中医方剂学发展史〉》《中医养生方法的归类及其内涵和特色》《中医高校博物馆及中医药博物馆建设的喜与忧》发表，《孔子修身养德与中医养生》在《中医药文化》杂志发表，其后获该杂志改刊10年优秀论文二等奖。

- 2011年：担任成都中医药大学社科联副主席。《早期外科专著关于痈疽的学术成就和价值》《〈千金方〉外科病证的分类及病名研究》《〈医理折衷目科〉的学术价值及特点》《〈外科精义〉的学术地位、成就和价值》发表。应邀到首尔参加"中韩第四届医史学术交流会"。

- 2012年：参加《百年中医史》（副主编）研究，承担中医基础理论、中医外科、眼耳鼻喉科及部分医家传略、医籍提要撰写，参加"《川派中医药源流与发展》研究"（副主编）和《川派中医药名家系列丛书》（副总主编）编撰。为汪剑《脉诀汇辨》题序。《〈眼科启明〉与〈银海精微〉的源流关系及其学术特色》《魏晋痈疽和明代梅毒发生与流行的社会因素研究》《中医外科"正宗派"学术源流论》《〈外科证治全生集〉与〈洞天奥旨〉学术思想的比较研究》《道教文化对中医外科学的影响》发表。9月退休。

- 2013年：任《中医文献杂志》编委。《川派中医眼科学术特色溯源》《白居易医药养生诗之我见》《民国年间中医眼科学术发展历史研究》《〈眼科集成〉学术思想和特色研究》《古代医家热衷外病内治诸因素研究》发表。

- 2014年：主编《中华大典·医药卫生典·医学分典·眼科总部》出版。聘为《中医药文化》杂志常务编委。在北京中医学大学参加"任应秋百年诞辰纪念会"。

- 2015年：《以中医理论创新探索为特色的名老中医经验总结——评〈王明杰黄淑芬学术经验传承集〉》《老官山汉墓〈六十病方〉与马王堆〈五十二病方〉比较研究》《成都老官山汉墓〈六十病方〉和〈武威汉代医简〉的比较研究》《民国时期中医外科、皮肤科发展概况》发表。中医古籍校注《眼科启明》《医理折衷目科》出版。

- 2016：参加编写和审稿的《百年中医史》（副主编）出版，《川派中医药的源流与发展》（副主编）出版，《揭秘敝昔遗书与漆人》（副主编）出版。为《栖芬室藏中医典籍精选》影印《秘传离娄经》出版撰写提要。《一部地域与时代特色浓郁的医学史著作——评〈岭南医学史〉》《廖平〈隋本黄帝内经明堂〉评述》发表。

- 2017 年：《首部系统辑录研究新疆出土涉医文书的力作》书评发表。与李继明、周兴兰应日本京都大学邀请去日交流"老官山汉墓医简研究"，报告《老官山汉墓医简〈六十病方〉题名简病症名释义》。

- 2018 年：为王明杰、罗再琼《玄府学说》撰序，为刘时觉《宋以后医籍年表》撰序。《诗情、画意、墨韵中的医学史——评〈中华医药史话〉》发表。担任世界中医药联合会"中医药文献与流派研究"分会常务理事。《中医古籍名家点评丛书·审视瑶函》出版。

- 2019 年：与汪剑共同承担"《中华医藏》眼科、咽喉口齿科医籍调研、复制和内容提要编撰"（类目 1）项目研究。为汪剑《蜀山医案》题序，为《川派中医药名家系列丛书·王明杰、黄淑芬》撰序。《首部系统总结发展玄府学说的创新之作——〈玄府学说〉评述》《百年来中医理论的发展特点和启示》《百年来中医临床的发展特点和启示》发表。其后《百年来中医理论的发展特点和启示》获《中医药文化》杂志 2019 年度优秀论文二等奖。

- 2020 年：《老官山汉简的书法特点及在隶变分期中的早晚》发表，其后获《中医药文化》杂志 2020 年年度优秀论文一等奖。《临床获效的用方思路——评〈铁杆中医彭坚汤方实战录：疗效才是硬道理〉》在《中国中医药报》发表。《中医古籍名家点评丛书·目科捷径》出版。

- 2021 年：《处厚方博——巴蜀名医处方手迹荟萃》（主审）出版。被聘为中国中医科学院中国医史文献研究所中医史学学科第一届专家委员会委员、成都大学附属医院中医传承工作客座教授。与陈塑宇合作完成《中华眼科史》中"中华眼科古代史"书稿。

- 2022 年：与赵琼等合作完成中医古籍《儿科醒》校注提交中国中医药出版社，与王丽等合作完成巴蜀古医籍《眼科奇书》《日月眼科》《眼科秘书》整理校注。《中医流派传承丛书·川派中医》（第二主编）由湖南科技出版社出版。主持的国家中医药博物馆"秦汉渊薮"（秦汉陈列大纲）修改定稿并结题。为秦巴文化研究会撰写《四川道地药材》初稿 1 万余字。《川派中医学术特色研究》发表。

- 2023 年：王丽申请的"川派中医和中浚学术经验总结与传承"由四川省中医药管理局立项。应陈仁寿教授邀请在"青囊读书会"讲授"川派中医特色研究"，应暨南大学曹晖教授邀请讲授"从中医药文物看儒医的文化修养"，应山东中医药大学张树剑教授邀请讲授"从冷门到热门——我的学术研究回顾与思考"。应郑洪教授邀请为《中医药文化与历史》撰写《学术研究是医学博物馆功能的枢纽》笔谈。去重庆巫山中医院，受聘冉雪峰陈列馆高级顾问，6月提交冉雪峰陈列馆陈列初步方案演示文稿初稿和文字稿。8月应邀为四川"国医大家学术经验传承班"，9月应成都市中医药学会邀请为"中医岐黄班"分别讲授"名老中医临床经验与学术思想举要"。审阅修改《川派中医药名家·和中浚》书稿。修改完善《中华医藏》提要和版本。12月，为成都中医药大学国学院研究生讲授"中医论著及标书的选题和撰写"。在全国中医医史文献学术会大会报告《〈六十病方〉与〈治六十病和齐汤法〉书名的比较研究》。

- 2024 年：与赵琼、林英合作整理的古籍《儿科醒》出版。参加编写的《中华眼科史》出版。中央电视台《焦点访谈》《新闻调查》栏目播放了对其进行的《天回医简》相关采访。《论学术研究在医学博物馆建设中的枢纽作用》收载于《中医药历史与文化》发表。撰写《〈美的历程〉对中医文化研究的启示》，收载于浙江中医药大学《中医药文化研究与实践》创刊号。10月，浙江中医药大学浙江中医药文化研究院学术委员会增补为委员；到重庆江津参加"任应秋诞辰110周年暨任应秋学术思想研讨会"，被聘为"重庆市江津区任应秋学术思想传承研究会特聘研究专家"。11月，到天津中医药大学参加《医藏》编纂项目常务编委会，被聘为《医藏》丛书临床各科部眼科类主编和郭霭春医史文献研究所客座教授。12月，为成都中医药大学国学院"医+文"科研思路与方法培训班讲授《形成学术优势的研究路径和方法》。

附 录

论文目录

（一）眼　科

[1]　　和中浚.试论黑睛翳的分类和退翳明目法.成都中医学院学报,1985,（2）：10-11.

[2]　　和中浚.试论《眼科龙木论》的学术成就.陕西中医,1986,（4）：182-183.

[3]　　和中浚.眼外伤内治八法.云南中医学院学报,1987,（1）：29-32.

[4]　　和中浚.朱洪文老中医治疗角膜炎验案,四川中医杂志,1987,（9）：35-36.

[5]　　和中浚,王明杰.试论《银海精微》的学术成就.中医药学报,1988,（2）：17-18.

[6]　　和中浚.内眼病辨证进展.浙江中医杂志,1988,（11）：524-525.

[7]　　和中浚,袁晓辉.熏眼法及熏眼方药的治疗特色.中国中医眼科杂志,2002,（4）：232-234.

[8]　　和中浚.《审视瑶函》原刻及早期刻本//医学求真集览.北京：中医古籍出版社,2003：70-75.

[9]　　和中浚.与《审视瑶函》有学术源流关系的几种眼科专著//中华医药文明史集论.北京：中医古籍出版社,2003：53-56.

[10]　和中浚.从眼科文献看儒学尊经崇古思想对中医学的影响//中国医药文化遗产考论.北京：中医古籍出版社,2005：51-53.

[11]　和中浚.《中国医籍大辞典》中眼科文献的漏误.中医杂志,2005,（11）：864-866.

[12]　和中浚.《联目》眼科文献勘误.中医文献杂志,2005,（1）：23-25.

[13]　和中浚.《眼科良方》的成书年代及内容特色.南京中医药大学学报（社会科学版）,2006,（4）：217-221.

[14] 王清华,和中浚.《目经大成》中诗歌体裁的运用.中医药文化,2006,（1）：25-27.

[15] 和中浚.从几种眼科文献提要看学术源流研究的重要性.辽宁中医杂志,2006,（9）：1082-1083.

[16] 和中浚,江玉.《眼科金镜》的学术源流、成就和特色.中国中医眼科杂志,2009,19（1）：47-49.

[17] 和中浚.《医理折衷目科》的学术价值及特点.中医眼耳鼻喉科杂志,2011,（2）：61-63.

[18] 和中浚,杨鸿.《眼科启明》与《银海精微》的源流关系及其学术特色.中医眼耳鼻喉杂志,2012,（3）：125-128.

[19] 和中浚.川派中医眼科学术特色溯源.中医眼耳鼻喉杂志,2013,（2）：61-65.

[20] 和中浚,章红梅.《眼科集成》学术思想和特色研究.中医文献杂志,2013,（6）：10-12.

[21] 和中浚,汪剑.民国年间中医眼科学术发展历史研究.中国中医眼科杂志,2013,（4）：283-286.

（二）外　科

[1] 和中浚.《外科心法真验指掌·刀针图式》评述.成都中医药大学学报,1998,21（2）：35-38.

[2] 和中浚.明清外科刀具的命名、功能及分类.中华医史杂志,1999,29（1）：48-52.

[3] 和中浚,王缙.早期外科专著关于痈疽的学术成就和价值.中华中医药杂志,2011,26（1）：25-27.

[4] 和中浚,周兴兰.《千金方》外科病证的分类及病名研究.辽宁中医杂志,2011,38（3）：387-389.

[5] 和中浚,江玉.《外科精义》的学术地位、成就和价值.中国中医基础医学杂志,2011,17（8）：847-848.

[6] 和中浚,任玉兰,谭红兵.魏晋痈疽和明代梅毒发生与流行的社会因

素研究.云南中医学院学报,2012,35（1）:1-4.
[7] 和中浚.中医外科"正宗派"学术源流论.中国中医基础医学杂志. 2012,18（2）:124-126.
[8] 和中浚,周兴兰.《外科证治全生集》与《洞天奥旨》学术思想的比较研究.中华中医药学刊. 2012,30（3）:459-461.
[9] 周兴兰,和中浚.《诸病源候论》中医外科病症特点研究.四川中医,2012,30（5）:15-17.
[10] 和中浚.道教文化对中医外科学的影响.中医药文化,2012,（6）:8-12.
[11] 和中浚.古代医家热衷外病内治诸因素研究.中华中医药学刊,2013,31（11）:2343-2345.
[12] 和中浚,王丽.民国时期中医外科、皮肤科发展概况.中华医史杂志,2015,（3）:167-171.

（三）中医学史、出土医简

[1] 和中浚.晚清四川普及类医著的产生和影响.中华医史杂志,1994,24（1）:20-22.
[2] 和中浚,易守菊.医史教材应有述有论.成都中医药大学学报,2000,（2）:47-48.
[3] 和中浚.明万历医学鼎盛的社会诸因素//东西方医学的反思与前瞻.北京:中医古籍出版社,2002:41-45.
[4] 和中浚,叶品良.明清方剂学理论的成熟与普及//医论集粹.香港·亚洲医药出版社,2004:170-171.
[5] 和中浚,欧阳利民.对新世纪规划教材《中国医学史》中一些标题的商榷.中医教育,2006,（2）:50-51.
[6] 和中浚,周兴兰.明清医家对中医四诊全面发展的贡献.江西中医学院学报,2008,20（5）:35-37.
[7] 和中浚.明清时期辨证重于用药思想和辨证纲领的形成.江西中医学院学报,2009,21（6）:26-28.
[8] 和中浚,李继明,赵怀舟,等.老官山汉墓《六十病方》与马王堆《五

十二病方》比较研究.中医药文化,2015,(4):22-34.

[9] 赵怀舟,和中浚,李继明,等.成都老官山汉墓《六十病方》和《武威汉代医简》的比较研究.中医药文化,2015,10(5):4-9.

[10] 和中浚,王丽.廖平《隋本黄帝内经明堂》评述.中医文献杂志.2016,34(6):58-60.

[11] 袁开惠,和中浚.张家山汉墓《脉书·病候》的病症总数考论.中医文献杂志2018,36(3):1-3.

[12] 袁开惠,和中浚,杨华森,等.老官山汉墓医简《六十病方》病名释难.古籍整理研究学刊,2018,(4):1-7.

[13] 袁开惠,和中浚.张家山汉代医简《脉书》目病病名释义考辨.简帛,2020,(1):129-136.

[14] 和中浚,王缙.百年来中医理论的发展特点和启示.中医药文化,2019,(1):13-19.

[15] 和中浚,王丽.百年来中医临床的发展特点和启示.中医药文化,2019,(5):27-35.

[16] 和中浚,王丽,周兴兰.老官山汉简的书法特点及在隶变分期中的早晚.中医药文化,2020.15(1):54-64.

[17] 和中浚,江花,王丽.川派中医学术特色研究.南京中医药大学学报(社会科学版),2023,23(6):371-379.

(四)中医文化与文物、中医养生

[1] 谢克庆,和中浚,梁繁荣,等."西汉人体经脉漆雕"的价值和意义.成都中医药大学学报,1996,(1):36-38.

[2] 和中浚.略论古代熬药温药器.四川文物,1998,(3):27-31.

[3] 和中浚.药用杵臼考——兼谈药用杵臼与乳钵的关系.四川文物,1998,(6):31-37.

[4] 和中俊.医学考古与医学文物研究.中医药文化,1999,(4):27-29.

[5] 和中浚.中医药博物馆的概况、作用、困难和发展//中国医史文献研究所建所二十周年纪念文集.北京:中医古籍出版社,2002:255-258.

[6] 和中浚,梁海涛. 加强中医养生特色研究,提升研究水平. 中华中医药学刊, 2009,（4）: 683-684.

[7] 和中浚,汪剑. 从《内经》与道家"静以养神"的关系看中医养生特色. 中华中医药学刊, 2009,（6）: 1143-1145.

[8] 和中浚. 中医高校博物馆及中医药博物馆建设的喜与忧. 成都中医药大学学报（教育科学版）, 2010, 12（1）: 49-50.

[9] 和中浚,江玉. 中医养生方法的归类及其内涵和特色. 中华中医药学刊, 2010, 28（3）: 453-455.

[10] 和中浚,罗再琼. 孔子修身养德与中医养生. 中医药文化, 2010, 5（4）: 30-34.

[11] 和中浚,汪剑. 白居易医药养生诗之我见. 中医药文化, 2013, 8（4）: 25-28.

[12] 和中浚. 论学术研究在医学博物馆建设中的枢纽作用. 中医药历史与文化（第五辑）, 2024: 279-293.

[13] 和中浚.《美的历程》对中医文化研究的启示. 中医药文化研究与实践（创刊号）: 72-77.

（五）书 评

[1] 和中浚. 评《彝族医药史》. 中华医史杂志, 1991, 21（3）: 191-192.

[2] 郁文骏,和中浚. 中医大学生学习指南——评《中医学习学》, 中医教育, 1993,（5）: 43

[3] 和中浚. 评邓铁涛主编的《中医近代史》. 中华医史杂志, 2000, 30（4）: 254-255.

[4] 和中浚,周兴兰. 评《中医方剂学发展史》. 中华医史杂志, 2010,（1）: 61-63.

[5] 和中浚,汪剑. 以中医理论创新探索为特色的名老中医经验总结——评《王明杰黄淑芬学术经验传承集》. 中医文献杂志, 2015,（6）: 58-60.

[6] 和中浚,王缙. 一部地域与时代特色浓郁的医学史著作——评《岭南医学史》. 中华医史杂志, 2016,（1）: 55-57.

[7] 和中浚,王振国.首部系统辑录研究新疆出土涉医文书的力作.中医药文化,2017,(2):61-64.

[8] 和中浚.诗情、画意、墨韵中的医学史——评《中华医药史话》中医药文化,2018,(3):93-96.

[9] 和中浚.首部系统总结发展玄府学说的创新之作——《〈玄府学说〉评述》.中国中医基础医学杂志,2019,(3):421-422.

著作目录

(一)专著

[1] 主编.中华医学文物图集.四川人民出版社,2001.

[2] 主编.图说中医学史.广西科技出版社,2010.

[3] 副主编.百年中医史.上海科技出版社,2016.

[4] 副主编.川派中医药源流与发展.中国中医药出版社,2016.

[5] 副总主编.川派中医药名家系列丛书.中国中医药出版社,2016—2020;西南交通大学出版社,2023—2024.

[6] 副主编.揭秘敝昔遗书与漆人.四川科技出版社,2016.

[7] 第二主编.中医流派传承丛书·川派中医.湖南科技出版社,2021.

[8] 主审.处厚方博:巴蜀名医处方手迹荟萃.国家图书馆出版社,2021.

[9] 编委.中华眼科史.科学出版社,2023.

(二)古籍整理

[1] 主编.带你走近《审视瑶函》.人民军医出版社,2008.

[2] 主编.中医必读百部名著·眼科卷.华夏出版社,2008.

[3] 主编.中华大典·医药卫生典·医学分典·眼科总部.巴蜀书社,2014.

[4] 校注.中医古医籍整理丛书·眼科启明.中国中医药出版社,2015.

[5] 校注.中医古医籍整理丛书·眼科集成.中国中医药出版社,2015.

[6] 校注.中医古医籍整理丛书·医理折衷目科.中国中医药出版社，2016.
[7] 提要.栖芬室藏中医典籍精选·秘传离娄经.北京科技出版社，2016.
[8] 点评.中医古籍名家点评丛书·审视瑶函.中国医药科技出版社，2018.
[9] 点评.中医古籍名家点评丛书·目科捷径.中国医药科技出版社，2020.
[10] 撰稿.续修四库全书总目提要·子部·医家类.14种眼科外科文献提要.上海古籍出版社，2015.
[11] 校注.中医古籍整理丛书.儿科醒.中国中医药出版社，2024.

（三）教　材

[1] 并列主编.中外医学史.中国中医药出版社，2005.
[2] 副主编.中国医学史.中国中医药出版社，2003.

序　言

（一）汪剑《〈脉诀汇辨〉校释》序（2012）

望、闻、问、切四诊，是中医收集患者资料，诊断判断病情的主要方法，也是辨证选方用药的前提和基础，故有"非诊无以知其病，非诊无以知其治"之说。四诊信息若有失误，则再高超的辨证选方用药终将无的放矢，甚至可能导致治疗与病情南辕北辙的严重后果。故古人非常强调四诊作为医家基本功的重要性，认为"医者人之司命，脉者人之大业"。古人于四诊之中，尤重切诊，脉学一枝独秀，成为四诊的主体，这与古人视切诊玄妙深邃、难于掌握有关。明清之后，望诊和问诊得到更大的重视，虽尚不足与切诊相抗衡，但四诊合参的思想得到医家的普遍重视，故虽言脉学，往往也兼及望、闻、问三诊。《脉学汇辨》就属于此类。

《脉学汇辨》如其书名所示，作者"溯流穷源，旁收曲采"，在汇集七十余种脉学文献的基础上，辩驳订正，如批判《脉诀》"误决死期，开妄人之簧鼓"等。同时在第七卷中兼论望、闻、问三诊，通过选录李中梓医案，进一步说明和印证脉学理论的临床运用。该书撰稿时间长达二十余年，稿凡七易，足见其不易。李氏在"自叙"中声称本书"汇古今之论脉者若干人,参以家学",虽为汇辑诸家之作,但文献的引征只是作者讨论脉学的基础,作者的心得和见解在书中比比皆是,如卷一诸论等莫不如是,这正是此书的精华所在。

校释者为了帮助读者更好地学习掌握此书,在对原书深入研究的基础上,于字句疑难之处详加注释,于每节后加按语提纲挈领,对该书学术特点和成书刊刻时间等进行全面研究考证,力驳旧说,每出新意。书中注释在释其本意及医理,结合此书特点进行解释的同时,还注意指出文献出处及其与原文的出入,如"因形气以定诊论"注,"太素脉论"注等。又如"脉有亢制论"注指出原书"《经》曰",不是出于《内经》,而是王冰注。按语多对原文有精到的总结概括,如在"脉位法天地五行论"按将该论总结为"本论分两纲三论",然后具体加以阐发。"三论两纲者,人身一小天地也,脉合五行也。两纲统摄后三论,而论左右寸关尺脏腑脉位之理。三论者,一从五行方位论,一从五行相生论,一从五行相克论。以阐明左手心肝左肾水、右手肺脾右相火之理。"寥寥数语,画龙点睛,颇见功力。按语也每每点明学术源流,如卷二"寸口取决"段后指出"此篇文末两段又有'大气'一论,系摘自喻嘉言《医门法律·大气论》"。"《内经》候法"按语点明其内容多出自张景岳《类经》与李中梓《诊家正眼》。这对于读者把握全书要领,学者进一步研究此书,无疑都将提供重要帮助。

整理者系学有专长的中青年学术骨干,皆经过中医硕博士研究生的深造,又先后从事中医临床及在中医院校教学科研工作多年,对如何提高学术水平,如何从古籍文献中吸收营养,如何将中医理论与临床诊断辨证治疗紧密结合有着深刻的认识和切身的体会,因而注释此书,能够有的放矢,于要害处着墨。

主编汪剑是我最引为骄傲的弟子之一,早在2005年他投我门下,读到他早年发表的几篇论文,特别是《寒热疑似证辨证治验》时,我就眼前一亮,深感他对中医学的认识领悟超迈同侪。这与他天生颖悟,刻苦好学,又长期沉潜诸书的性格分不开。2006年我们一起到京参加国家"十五"科技攻关计划"名老中医学术思想、经验传承研究"课题的"名老中医学术思想与临床思辨特点研究"总结长达数月,同时他在我主编的《带你走近<审视瑶函>》

中撰稿达 10 万字。2010 年我主编的《图说中医学史》由广西科技出版社出版,该书系"'十一五'国家重点图书出版规划项目",汪剑承担两晋南北朝一章 6 万余字的撰写任务,将儒、释、道三家对中医学的影响与交融阐释尤为透彻。迄今他已公开发表论文近 30 篇,其中多数是核心期刊,一些文章还置于篇首,已从多方面展现其才华。

近年来,汪剑任教于云南中医学院,主讲"中医各家学说"等课程,并与云南中医学院柳亚平博士合作承担了国家科技部专项课题"古代医家学术思想研究课题"中黄庭镜、倪维德、郑钦安、喻嘉言、雷丰、武之望、傅山等多位医家学术思想的研究任务。近期他们又承担了国家第三批古籍整理项目中两部近 40 万字的古籍整理任务。目前,两人在古代名医研究等方面已有着多项新研究成果。因此,我相信这样几位中医才俊的心血之作,是会受到读者欢迎的,故乐为推荐。

成都中医药大学博士生导师、研究员　和中浚
2011 年 7 月于蓉城西郊浣花溪畔

(二)王明杰、罗再琼《玄府学说》序

时值《玄府学说》初稿即将杀青之际,中医界翘首以待多年的国家中医药管理局《关于加强中医理论传承创新的若干意见》发布,文件指出目前中医理论传承和创新不足的现状,强调加强中医理论创新和内涵诠释,推动基于临床的中医理论升华和应用研究,提出新观点,创新、丰富、发展中医理论。中医学目前创新性理论正处于瓶颈期,临床实践迫切需要新的中医理论指导引领,《玄府学说》的成书可谓恰逢其时,既契合文件精神,更是指导中医临床的又一项理论创新成果。

气血津液精神是构成人体和维持人体生命活动的物质基础,其学说是中医理论中的重要内容。如果血行不畅,或积于脉内,或溢脉外则形成瘀血,由此总结的瘀血学说与活血化瘀治法已兴盛数十年。十余年来又有络病学说兴起,为中医治疗疑难病症提供了卓有成效的理论和方法,但它们论述的重

点在于血与络，对气、液、精、神涉及有限，气与血相较，"气为血帅"，"气行则血行"，气郁则精血阻滞闭郁。因此，尚需开拓新的理论思路，从更广阔的角度探索揭示人体病理机制。《玄府学说》正是在这种形势下应运而生。

本书主编王明杰教授 1977 年作为我国著名中医眼科专家陈达夫教授的研究生，在导师开通玄府独特经验的启发下，从 20 世纪 80 年代初起，在繁忙的教学临床之际，开展对玄府理论的研究，先后撰写了《玄府论》《刘完素玄府说浅识》《眼科开通玄府明目八法》《谈通窍明目》《开通玄府法——治疗疑难病的又一途径》等数十篇论文，指出"玄府"作为人体气机升降出入的结构基础，其开阖对人体气机运行，津液输布，精血渗灌、神机畅达具有重要作用，在生命活动中具有特殊意义。提出玄府分布广泛、结构微细、贵开忌阖的三个重要特征，认为玄府郁闭所产生的病变包括气滞、血瘀、水停、精闭、神阻等多个方面，不但涵盖的人体机能范围大幅度扩展，涉及的结构也更为广泛、更加深入、更加细微。最有价值的是玄府学说从根本上揭示了人体机能必须不断处于宣发畅通状态的重要特点。这样，由金代刘完素提出的玄府理论，在漫长的历史时期未能得到充分重视的情况下，在现代重新获得新的生命力。正如欧阳修所谓"善治病者，必医其受病之处。"玄府就是这样一个在辨证治疗中需要解决的关键着力点。作者提出"玄府郁闭为百病之根""开通玄府为治病之纲"的学术思想，为中医临床提供了辨证治疗的新思路，进而发现风药在开通玄府中的特殊作用，提出"风药开玄论""风药增效论"等新见解。在长达 40 年中始终专注于此，首次总结开通玄府的治法及药物，率先将开通玄府之法用于内科、外科、骨科等多种病症的治疗，形成日益壮大的研究团队，在全国中医界的影响逐渐扩大，得到国医大师郭子光的鼓励支持和王永炎院士等著名学者的肯定，近年更有全国各地多个学科的专家从不同角度积极地参与，不仅继承发扬了刘河间的玄府学说，更在其基础上进一步拓展与深入，不断取得临床治疗多种疑难病症的丰富经验。

一位学者能早期发现创新点，明确自己的研究方向不易；明确方向后能数十年坚持不懈，将其精力专注于此，使其概念逐渐完善，内涵不断丰富，范围不断扩展，认识不断深入亦不易；进一步将其认识不断升华，用以总结指导多种临床病症的治疗则更为不易。作者以"玄府学说"的研究为突破口，与其老中青结合的团队一起，始终于此用功，可以说在学术和事业上都占领了制高点。

全书内容丰富，从玄府概念的阐述诠释，到开通玄府的主要方药，以及多种疑难病症的临床运用经验，相关实验研究等一线贯穿，全面介绍了玄府学说的概念、内容、价值及临床应用心得。就理论而言，编者在全面收集历代相关文献，回顾玄府学说发生发展和历史演变过程的基础上，特别注意从发生学的角度探讨玄府学说的发生形成过程，运用诠释学的方法对玄府学说进行解释，明确其理论概念，阐发其理论内涵，规范其理论表述，全面把握其理论特质；如紧扣刘河间玄府学说的病机要害在玄府郁闭，从而产生开通玄府的治疗方法等。这就对其普及、推广、发挥、应用奠定了良好基础。就方药而言，全书系统论述了开通玄府药物和开通玄府方剂的特点及临床运用，既有中药新识，也有作者的经验方及古方新用，文中特别注意揭示方药在开通玄府时的奥妙所在，通过"方论钩玄"，举先贤见解，奠定其理论基础；在"开玄要点"阐明运用要领，于"开玄举隅"例举临床运用效案，案末再加按语画龙点睛。作者力图从不同角度和临床辨证治疗过程帮助读者认识领悟开通玄府的方法，启发读者将其得心应手地运用于临床。

获悉《玄府学说》的撰写已两年多了，课题研究先后得到四川省中医药管理局和国家自然科学基金立项资助，明杰兄言及作序，颇不敢当，但想到有责任为兄的中医理论新作呐喊呼吁，故提笔写下一些先睹为快的感受。

"看似寻常最奇崛，成如容易却艰辛。"我感觉王安石这两句诗表明了本书的特点。读者看完全书以后，也许会跟书中的内容产生共鸣，也许会为书中独到的学术思想击节赞叹，也许会在临床治疗中开拓思路。当然更希望广大读者置身其中，成为"玄府学说"研究队伍中新的成员，赋予玄府这一玄微幽深的学说以更多新意，使之发扬光大。此书能得到读者认可，能对发展中医理论和中医临床疗效的提高有所裨益，既是我所望，更是作者的企盼。

是为序。

和中浚
丁酉年孟夏于成都西郊补拙堂

(三)刘时觉《宋以后医籍年表》序

刘时觉教授近年佳作频出,欣闻其《宋以后医籍年表》又将问世,本属意料之中,又感意料之外。说意料之中,因时觉君数十年来潜心学术,焚膏继晷,厚积薄发,现在正是其收获的季节,成果频传,自是势所必然;言意料之外,是年表这种体裁,是件硬碰硬的苦差事,于历史时间上要精确到年,先后毫无腾挪回避的余地,需要的是在准确可靠原始资料基础上的研究结论,何况又是表格,惜字如金,完全没有自由发挥的空间,这不是自讨苦吃吗!

时觉君确实就是个爱自讨苦吃的学者。他本于2001年就已被评为温州市名中医,2008年又被评为浙江省名中医和第四批全国老中医药专家学术经验继承工作及学位指导老师。如果只上临床,带学生,那自会轻松得多。但他偏爱学术研究,多年来笔耕不辍,读万卷书,行万里路,四处奔波,八方考证历代中医文献。在中医理论、学术流派、医史文献研究上成果丰硕,除了在丹溪学派和浙江地方医史文献研究上声名卓著外,近年的《宋元明清医籍年表》《四库续修四库医书总目》《温州近代医书集成》《丹溪逸书》《解读中医——中医理论关键问题十讲》《浙江医籍考》《浙江医人考》《中国医籍补考》《中国医籍续考》《温州医学史》都是其呕心沥血之作,尤其是其中《中国医籍补考》和《中国医籍续考》更是本书的重要基础,两书共714万余字,载录古医籍6875种,皆有翔实精到的考证研究成果,更难能可贵的是作者亲见亲阅者高达6372种,占全部书目的92.68%,普通的中医医史文献研究者实难望其项背。

同时,2005年人民卫生出版社已出版作者的《宋元明清医籍年表》,是以年表形式研究医学古籍之先河,载录有古代医籍3635种,分公元、纪年、干支、作者、书名、考略六栏,后附书名索引、著者索引、分类索引,实为本书的前身。近年作者在此基础上,又走访国内60余家图书馆的古籍部,增加书目3000余种,更加重视版本资料,开始撰写本书。

虽然有如此扎实的研究基础,《宋以后医籍年表》似乎也就是水到渠成的事了。但说起来轻松，做起来确没有那样容易。首先，《中国医籍补考》《中国医籍续考》是以文献序跋等原始资料为基础，主要着眼于对现存古籍书目主要内容的调查和考证研究，仅其中作者的按语已达一百万字，进行了较为系统的研究考证，但本书系纵向的编年研究，立足点有新的变化，文字内容更是在前述二书基础上的提炼与升华，是研究的要点和结论。

中医文献始于汉代，现存文献以明清为大宗，其中辑录增补改编发挥补充等编写情况非常复杂，既往的中医医史文献和目录学著作不免存在一些错漏，如成书时间误记、作者张冠李戴、内容卷帙间有出入等。可见欲准确掌握古籍文献的作者、成书时间、出版年代、内容特点，谈何容易？作者以中医古籍的成书、出版、重刊时间的原始资料为基础展开研究，对文献的真伪和不同著述形式有诸多鉴别考证，其中考辨文献成书和出版时间，界定原著或鉴别属于改编补遗等不同情况尤为用力，同时注意版本流传，重视学术传承，终以纵向的编年史研究年表形式撰成本书。

君居东瓯，我处蜀西，远隔数千里之遥，难有机会面晤，但我素仰君之大名，早在1997年在《中华医史杂志》上读到他的《〈易简方〉系列著作考》时就留下了深刻的印象，2000年后又先后购藏其《永嘉医派研究》《丹溪学研究》和《四库续修四库医书总目》等书，对其道德文章有了更深地了解。2012年4月，时觉君成都访书，在我校图书馆古籍部初次见面，对其四处奔波，锲而不舍的求实作风深为感慨；当年7月，我们又在西安止园的"中医古籍保护与利用能力"第一批书稿的专家审稿会再聚，进一步加深对时觉君的印象。前几年他先后寄赠《浙江医籍考》《浙江医人考》《中国医籍补考》《中国医籍续考》数部巨著，深为其学术研究的全身心投入和学术成果所震撼，在我们编写《川派中医药源流与发展》和《百年中医史》时有多处引用，受益匪浅。时觉君僻处温州，以一己之力，苦心孤诣，著述高达上千万字，如果没有他对中医药的深切热爱，没有他多年来磨练积累的深厚文献功夫，没有他长期坚持不懈的决心和毅力，要完成这些研究是完全不可想象的。

现有的中医大型目录学著作，多出于众手，参加者动辄上百人，免不了会出现一些错漏讹误和内容之间的彼此抵牾，尤其严重的是同书异名的问题，甚至有本为一书竟出现20余种不同书名、作者及提要者，这与中医学重视学术的传承有关，但难免会造成在作者、书名、版本等方面的一些混淆乱象。《宋以后医籍年表》就是基于这一情况，帮你指点迷津，提示文献内容特点的著作，书中载录自北宋初至清末共952年间的现存中国医学古籍6743种，全书各条分列公元、年号、干支、作者、书名、考证内容、版本资料等七项，涉及撰作者或编校者姓名、籍贯、字号，书名（别名）、卷帙、年代，文献性质、序跋、内容、沿革、丛书子目、版本、馆藏等文献多方面要点，对书名及别名、卷帙、内容、沿革、版本等用力最勤，系作者在经眼的大量原始资料基础上精心考证研究和分析提炼，有不少独到的见解和研究结论。所附书名索引、著者索引，检索方便，便于查阅。本书是一部难得的中医古籍目录学的上乘之作，更是一部可靠的中医古代文献的重要工具书。一书在手，将使你获得大量准确的第一手线索和研究成果，或将成为中医学者案头的佳作。

故乐为之序。

四川省首届医疗卫生终身成就奖获得者
成都中医药大学研究员　博士生导师
和中浚
2018年元月于锦城西郊补拙斋

（四）汪剑《蜀山医案——经方临证知行录》序

医案整理是中医记录和学习名医临床经验的重要方法，也是中医学特有的一种文献形式。故章太炎先生说"中医之成绩，医案最著，欲求前人之经验心得，医案最有线索可寻，循此钻研，事半功倍。"这是就前人医案的学术价值而言。现代以来，名医医案层出不穷，名家个人医案如《蒲辅周医案》《施今墨临床经验集》《岳美中医案》等，对名医临床诊疗的独到辨证思路和选方用药特色有淋漓尽致的展示，很受业界欢迎，成为中医学术传承的重要途径。

但前人医案，虽辨证精到，选方用药独具特色，但四诊资料往往简略或不全，叙述时多先出辨证结论，再阐述辨证依据，理论上剖析入微，立足点有时难免有单薄之虞，这与古代医案记述的四诊资料偏重脉象或不少医案是医家后来追忆有关。现代医案，资料可靠且完整，但功力和新意似待加强。如何在二者中取其长，避其短是目前医案出版需要大力着墨之处。汪剑以而立之年，在现代医案的内容上进行了诸多新的探索。

汪剑从成都中医药大学毕业后，早年曾在四川省德昌县基层医院临床磨练数年，并师从四川省名中医刘兰华主任医师，对中医临床渐得心应手。2005年再返成都，先后在我门下攻读硕士，博士，后又在中国中医科学院从事博士后研究工作，在中医理论修养和学术境界上再进一步，得到全面系统的训练和提高，对古代名医学术思想和临床经验有了更深刻的领悟。在他攻读硕士期间，我特别安排他跟随医林名宿郭子光老师门诊，郭老遇到我时赞许说："你这个学生汪剑不错！不管问到他什么问题，基本上都能对答如流。"能得到郭老师如此高的评价，可见其中医基本功特别扎实，知识面也较广博。2010年汪剑读博士时，郭老已是首届国医大师，他再度随诊郭老，其临床水平自然随此不断提升。

名老中医医案通常是其学验俱丰时的成果，少有中青年时期的杰作。《蜀山医案——经方临证知行录》则打破这一常规，以其疗效卓著的临床成功经验成书，我自然赞赏其勇气，相信其书有诸多过人之处。其基础首先来源于其临床治疗的患者多，疗效突出的例证丰富。他坐诊云南中医药大学门诊部，日门诊量常达百余人，甚至有时日诊近两百人，年门诊量则在一万五千人次以上，患者遍及云南各地及西南诸省，远至东北、东南远海一带。一般临床医生很难有这样大的门诊量，何况他还要承担繁重的教学科研任务。

其次，其信心当来源于其学识。汪剑博士研究生毕业后，在云南中医药大学任教，主讲"中医各家学说""医古文""中国医学史"等课程。在教学上充分展露其才华，上课引经据典，循循善诱，深受学生拥戴，课堂上每每听者盈室，座无虚席，有时连过道上都站满了旁听者。其学术研究则成果累累，发表论文六十余篇，论文中每多新意，有不少令人拍案叫绝之处。已出版的著作达二十余部，其中主编六部，并获得国家社会科学基金、云南省哲学社会科学规划项目及云南省哲学社会科学优秀成果奖，被评为第九届全国高等中医药院校优秀青年。一位中青年中医学者，教学、科研、临床样样精通，既有时代和环境的因素，学校的支持，更有自身的聪颖和刻苦努力。深厚坚实的学术修养应是其出版医案的重要底气。

读完《蜀山医案——经方临证知行录》，作者在总论中对经方的论述首先让我眼前一亮。其一，书中医案首先较好地呈现了作者临症辨治的原始思路，其临床时辨证的切入点在何处，选用经方的依据是什么，这些都是难得一见的中医临床要点，医案著作给读者提供的不仅是医家辨证治疗的结果，更多是辨证的出发点，选方用药的理由等思路，我想这应当是为读者非常希望了解的要害所在。其二，全书以经方的临床运用为主，充分体现了作者擅长运用四逆汤、理中汤、小柴胡汤等经方的加减变化，长于将两种经方并用的特点，如吴茱萸汤合四逆汤治疗头痛伴呕吐抽搐，四逆汤合五苓散治疗肺癌晚期水肿腹水等。病案以经方为题，病案及按语中对使用经方的要点和经验进行了重点阐发，在帮助读者提高对经方认识等方面，会有一些新的启发。其三，辨证重视病机，敢于拨开迷雾，切中肯綮，果断用药，如四逆汤合五苓散治疗消渴燥热，吴茱萸汤合四逆汤治疗头痛伴呕吐抽搐、真武汤合补阳还五汤治疗硬皮病等。

本书附编虽由其门诊弟子撰写，但文笔生动有趣，中医新生代对临床的热情和纯真感悟跃然纸上，其认识角度也颇多新意，值得一读。

首届四川省医疗卫生终身成就奖获得者 和中浚

2019 年 10 月 8 日 于成都西郊补拙斋

（五）江花、江玉《川派中医药名家系列丛书·王明杰 黄淑芬》序

本书书稿甫成，王明杰、黄淑芬教授伉俪盛情相邀作序，初颇感踌躇。因二位均为我的学长，我视之为友亦为师，道德文章和学术造诣远胜于我。但想到我们相识相交 50 年，将他俩杰出的学术特长和研究成果向读者介绍，责无旁贷，故欣然命笔。

20 世纪 60 年代，我们曾在成都中医学院同学数载，70 年代末又同在母校进修研习，颇知他俩的学识修养。80 年代起陆续读到二位在《中医杂志》上发表的《陈达夫眼科学术思想和经验介绍》《李东垣眼科学术思想探讨》《试论瞳神》《虚喘用麻黄》《试论治血先治风》等高水平论文，钦佩有加。1988 年获赠明杰教授主编的《伤寒明理论阐释》，读到其立意极高的前言，透彻明了的见解和流畅的文字论述，不禁击掌称绝，暗自引为楷模。

此后我的工作由眼科转入医史文献领域，与明杰兄任教的中医经典及各家学说有了更多的交集，或共同参会，或合作撰文，每促膝而谈，常交流切磋。2015 年《王明杰黄淑芬学术经验传承集》出版，兄赠我读后颇多共鸣，很快写成书评《以中医理论创新探索为特色的名老中医经验总结》发表。2016 年又同获首届四川省医疗卫生终身成就奖，有幸再次相逢。兄邀我为其厚积薄发的力作《玄府学说》作序，更加深了我对他俩刻苦治学、不懈探索的心路历程的进一步了解。

二位学长植根泸州数十年来，共同致力于继承发扬中医药学，并取得诸多突出成就，却又各有特点。明杰教授侧重于理论探索，在玄府学说上深入发掘，开拓创新，其"玄府郁闭为百病之根""开通玄府为治病之纲"的卓越见识日益为学术界所认同；淑芬教授偏重于临床诊疗，对以麻黄为代表的风药应用敢于突破陈规，大胆实践，其"血压高未必忌麻黄""虚喘用麻黄""治血先治风，风去血自通"等用药心法不同凡响，影响甚广。

值得称道的是，经过长期的相互切磋，联袂探索，近十年来他们逐渐将玄府与风药两个领域的研究成果相融合，倡导从玄府理论的新视角重新认识风药，通过风药的"升、散、透、窜、动"开通玄府治诸病，在国内率先提出了"风药开玄论""风药增效论"等创新论述，极富学术价值。本

着为先圣继绝学、为后世立新说的情怀，二位教授在刘完素玄府理论及陈达夫先师开通玄府治疗疑难眼病独特经验基础上，带领弟子们勤求博采，深入研究，初步构建起理法方药较为完善的玄府学理论体系，并在实践中将开通玄府和风药、虫药的临床运用发挥得淋漓尽致，风生水起，形成了"论病着眼玄府，临证首重开通，百病疏风为先，顽症从风论治"的诊疗风格，在国内独树一帜。

作为川南中医的领军人物，明杰、淑芬教授伉俪为泸医（今西南医科大学）中医事业的开创和发展作出了不可磨灭的贡献，可谓桃李满巴蜀，学术传九州。目前，泸州已成为我省除成都之外最大的中医医教研中心，西南医科大学附属中医医院进入全国中医医院百强，并成功入选国家中医药管理局中医药传承创新工程重点中医医院项目。这中间均凝聚着他俩付出的汗水与心血。经过多年来的辛勤培育，薪火相传，一支立足泸州，辐射巴蜀，影响遍及全国的中医学术团队——川南玄府学派正在迅速崛起，其代表性传承人白雪等在玄府理论指导下运用风药组方治疗心脑血管病取得一系列研究成果，近年来接连获得省市乃至国家级层面的科技奖项，凸显该学派的创新活力。

本书依《川派中医药名家系列丛书》体例编写。与他书不同之处在于，本书不仅是两位名家合集，而且是融为一体进行展示。这是本书的一大特点，也是一大难点，对于编写工作要求较高。本书编委会成员均为跟随两位教授医教研工作多年的优秀弟子。主编江花、江玉也是我的学生，具有坚实的中医理论功底与优秀的文献整理研究能力。编委白雪、张琼分别是明杰教授、淑芬教授的首位学术继承人，现为医院名列榜首的两个国家重点专科（脑病科、肾病科）主任与学科带头人。在二位导师的指导下，编者付出了辛勤努力，多方搜集整理临床医案，对其诊治经验进行阐发介绍，通过研读论著讲稿总结其学术思想，进而梳理传承脉络，凝练学派特色，较好地展示了川南玄府学派的传承创新优势。

纵观国内外学界，夫妻二人比翼双飞的例子时有所见，如中国科学院便有 18 对院士夫妻，四川中医界的名医伉俪亦不在少数。由于种种原因，如今夫妻合集《川派中医名家系列丛书》者仅此一家，弥足珍贵。50多年来，明杰、淑芬夫妇在继承发扬祖国医学的事业中志同道合，风雨同舟，砥砺前行，不仅在各自的研究领域硕果累累，而且在此基础上融会贯通，珠联璧合，携手成为一代新兴学派创始人，当为后世留下一段杏林佳话。

中医学的发展，既需要长期临床经验的收集整理，更需要在创新理论指导下的探索总结，需要不同特色的学术流派和诊疗风格百花齐放。本书的出版，不仅体现了由实践经验总结到学术思想凝练的理论升华，而且反映了陈氏眼科学派在更广阔学术领域的传承与发扬。可以认为，川南玄府学派是陈氏眼科学派的分化与发展。读者从本书可以发现中医各学科、各流派之间的差异性与相通性，了解开通玄府、从风论治经验的独特性与普适性。由此，本书提供给读者的已不仅仅是治疗疾病的诸多方法，还有更高层次的创新理论与临证思维。相信读者读到本书，或有相见恨晚之慨，如乐将此书常置案头，沿着书中思路进一步去实践，探索攻治疑难病症的新途径，促进中医学术发扬光大，两位教授之愿足矣！吾愿亦足矣！

是为序。

和中浚
2018年孟冬于成都西郊补拙堂

（六）刘毅《处厚方博：巴蜀名医处方手迹荟萃》序

我校图书馆古籍特藏部近年在不断充实川派中医古籍及名医手稿等馆藏的同时，兼及收集了一大批巴蜀名医处方手迹，我得近水楼台之便，先行鉴赏，手捧前辈手泽，处方用药或见浓郁四川火神派姜桂附用药特色，如卢铸之、吴佩衡、戴云波、曾彦适等；或厚重峻猛，如刘复、戴云波、王渭川等；或轻灵淳正，如沈绍九、卓雨农、蒲辅周等，皆立意高瞻，各领风骚。深感方如其人，字如其人，景仰之情油然而生。名医亲书处方和脉案手迹，就中医学而言，是最为直观地反映医家诊疗思路、风格特点、选方用药独具匠心及其临床治疗效果的原始文献,也是一种高雅而具实用价值的书法艺术,兼具文献、文物和医学的多重价值。它较医案等学术著作而言,是没有经过整理加工过的第一手资料,弥足珍贵。故而程门雪先生看到何鸿舫手书药方笺时,写诗赞曰:"每于烂漫见天真,草草方笺手自亲。不独医林仰宗匠,即论书法亦传人。"

名医处方,亦称方笺,或称脉案,每见混用,少有规范。我感觉处方和脉案是有明显区别的。一般而言,处方指医家为就诊病人所开具用于治疗和养生的药方或针灸穴位,或附有煎法、服用方法等医嘱内容,但不一定记有就诊时的症状,特别是医家对病情的辨证立法、选方用药等分析判断的内容。如方笺写有四诊资料,特别是在方药之外写有医家对病情的理论剖析和辨证思考、诊断结论、前诊服药后的反应以及治疗效果等内容,始可称为脉案。脉案之"脉"是用脉诊指代中医望闻问切四诊,也就是需要记录病人的主诉及症状,"案"指医家的分析判断和辨证结果。两者之间内容多寡尤其是结构形式应有不同。处方亦或记有简略症状,但无辨证断语。有无对病情的分析判断和结论是处方与脉案之间区别的关键,脉案涵盖处方内容,但处方不能等同于脉案。因此,同一医家脉案的中医学术价值要高于处方。

处方上就诊病人的姓名、性别、年龄及时间是必备资料,只是古代或近代多有省略,或仅标其姓,或用左右代称男女,或简称先生或女士等,或只有某月某日而省年号,但医家的亲笔签名必不可少,亦有少数医家钤盖名章或使用专用方笺代替签名。近代以来,在处方上刊印医家专长、名衔、照片,医家诊疗的地址、堂号、电话,侍诊的亲属和弟子姓名,告知病人复诊时须带原方等语也时有所见,如此,处方上的信息量增加,医家有了广告的效应,病家也觉称便,皆大欢喜,各得其所。特别是一些名家的专用处方笺,印制精美,朱印与墨书交相辉映,文化艺术的价值和医学科学的意义珠联璧合,每令人爱不释手。近现代川派医家中,有不少兼擅书法者,如王文选、沈佛愚、萧龙友、李重人、徐庶瑶、戴佛延、傅灿冰等。

名医处方手迹,或称处方真迹、药方手迹,或谓手书处方、手写药方、亲书处方，或谓老笺、方笺，强调的都是名医本人亲笔书写的处方或脉案，它相当于一份原始病历，但远比普通病历更为精彩。病历是原始记录，现在多由年轻的住院医生完成，不一定是名医本人亲书，既没有名医大家高瞻远瞩的意境，文笔的雅旨妙趣，也不具有书法的艺术性。结集出版的医案，早年多系医家亲属或弟子在处方记录簿基础上追忆补充而成，故四诊资料多较简略，文字描述后来或有加工润色。而名医处方手迹，特别是脉案真迹，是病者就诊时医家当场挥毫立就的心血之作，凝结的是医家数十年学术积累的真功夫，其中医学术的历史价值和临床意义都尤其珍贵，是其他任何资料都无法比拟的墨宝。本书的处方和脉案手迹就属于这种情况，它是从成百上千位病者亲属手上收集的，不属于医家后来补写的应酬之作，其原始价值自然不可小觑。特别是绝大多数系首次面世，必将一展"中医之乡"名医耆宿的学术与艺术风采。

本书以成都中医药大学图书馆古籍特藏部收藏的四川近现代名医亲书处方和脉案为主，如沈绍九、李斯炽、刘复、陆仲鹤、卓雨农、唐伯渊、王伯岳、陈达夫、凌一揆、田鹤鸣等50余位前辈，多系四川医林翘楚。出版前又得学校医史博物馆支持，一批四川在全国最有影响的医家如萧龙友、冉雪峰、蒲辅周、吴棹仙、叶心清、龚志贤、熊寥笙、李重人的处方手迹让全书锦上添花。同时得多方支持，新收江尔逊、陈潮祖、李孔定、吴佩衡、叶心清、冉雪峰、龚去非、郑惠伯等处方手迹，使名家手泐涵盖的范围进一步扩大。但仍有一些四川著名医家，因为时间仓促等原因，一时难以收集，不无遗憾！只有留待今后修订再版时进一步补充完善。

现代以来，医家处方为求快捷简便，硬笔书写处方日渐普遍，故冉雪峰、叶心清先生20世纪50年代遗留迄今的成百上千张手书处方均为硬笔。特别是文革之后，门诊使用毛笔者已成凤毛麟角，硬笔早已一统天下，故书中此类处方不少，难以割爱。硬笔在书法上虽难以比拟毛笔的粗细、浓淡、干湿等风韵与变化，但冉雪峰、叶心清、戴佛延、傅灿冰先生等医家的硬笔处方仍能展示其深厚书法的修养，特别是优美的间架结构和潇洒自如的笔画线条。

名医处方和脉案手迹的收集整理是有关中医文化建设的一项长期工作，对传承和发扬中医学术和文化具有重要价值，它既是中医院校图书馆和博物馆的职责，也热望中医界同行和社会有识之士积极参与，将川派中医名家学术通过方笺脉案手迹的传播不断发扬光大。

是为序。

和中浚

2020年10月于成都西郊补拙斋

（七）汪剑《中医脉学文化史》序

汪剑教授主编的《中医脉学文化史》是其继《脉学汇辨》之后有关中医脉学的又一本力作。本书不仅把脉学作为一种中医的主要诊断学方法来研究，而且将其视作一种中国社会独特的历史文化现象来认识，可见《中医脉学文化史》视野相当开阔，视角也比较独到，或许这就是其中标国家社科课题，并在顺利完成之后很快得以出版的原因吧。

中医的专科史以针灸、本草史的研究较为活跃，水平较高，成果卓著，其他专科史有影响者不多。中医脉学史迄今尚付阙如，本书实为其研究的开篇之作。全书共20余万字，从先秦两汉脉学起源论起，历两晋南北朝隋唐五代，宋辽金元到明清，俨然一部完整的中国古代脉学学术史，同时也是一部有关脉学的中国社会文化史。书中以此两条主线索循序展开，以名医的名闻趣事和脉学名著中的脉学成就为亮点，如盛寅诊朱高炽妃闭经一案过程中的惊心动魄、跌宕起伏，其内容引人入胜，又不失学术严谨。让读者对中医脉学的突出学术地位和临床作用效果留下深刻印象。中医凭脉以辨证处方，用脉诊判断生死吉凶预后，医案以脉案为代称，脉学拥有大宗名家著作，中医诊断学以脉学为要点，乃至每用诊脉的形象作为中医最具代表性的特征等，均在本书得以系统展示。一种中医学的诊断方法，在其历史的流传过程中，不断地被赋予各种神奇玄妙的文化色彩，在中国社会广为传颂，早已溢出中医学本身，成为了一种中国特有的文化现象。诸如通过脉诊预判生死吉凶，以脉诊喻政等。它与中国文化千丝万缕的联系，说明其早已深入人心，为大众认可，与人民群众的生活水乳交融，成为了他们生活中的一部分。

全书资料丰富，收罗广泛，从中医典籍到众多脉学专著，从史家名著《史记》《后汉书》到笔记小说《世说新语》《酉阳杂俎》等皆一一涉猎，让人一览无余。其中除人们津津乐道的扁鹊、华佗等名医脍炙人口的诊脉故事外，还有王符《潜夫论》以脉诊喻政，强调通过调查研究发现问题症结，人们常用"把脉"作为掌握情况的代名词等精彩事例。故《中医脉学文化史》不但是一本中医学术著作，同时也是一部中医文化的科普著作，有鉴于此，作者写得自然晓畅，读者读起来也轻松明白。在中医脉学的长期历史发展过程中，通过历代医家的不懈积累和发展创新，脉学早已成为中医学独具特色的诊断方法。同时书中对诸如脉学的考脉陋习和多种荒诞不实的看法拨乱反正，强调脉证合参的正确态度，这正是我们今天对于脉学应有的正确认识，也是本书出版的目的之一。

是为序。

和中浚

2023 年 10 月 31 日

其 他

（一）《临床获效的用方思路——评〈铁杆中医彭坚汤方实战录：疗效才是硬道理〉》

湖南中医药大学彭坚教授的《铁杆中医彭坚汤方实战录：疗效才是硬道理》2019 年 5 月由北京科技出版社出版。该书在临床实战获效医案基础上，讲述其选方用药的思路和经验心得，拜读之后深感受益。

1. 用方思路独到

全书分为内科、妇科、儿科等 8 类病，详细介绍了 200 余首方剂的临床运用心得，重点展示了作者独到的用方思路、临床体验。书中收录医案 140

余则,在每篇医案之后列有专题论述"用方思路",语言精练,直奔要点。该书的"用方思路"以医案中病证处方何以取效为核心,主要论述其辨证选方用药的思路,交代所用方剂的来源,加减变化的原因,其独到的治疗心得体悟,授人取效之"渔"。

作者选方用方思路的基础是医家在临床之前需要在方剂上有厚重积累,这样在临床时方能得心应手,游刃有余。作者不但擅长运用经方和古今名老中医经验方,如书中多案中用国医大师朱良春的经验方,如朱氏舒胃散、仙桔汤、泄化浊瘀汤等。还有一些是作者在前贤名方基础上的自组方,如三合清中汤是其在小陷胸汤、《医学统旨方》清中汤、《张氏医通》清中蠲通汤三方的合方。也有一般医家平时不大留意的方剂,如出于《外科正宗》的六军散、《外科十三方》的金蚣散被他在临床上运用获效。类似此类在内科中用外科方或将外科医家的组方用方思路用于治疗内科病证的例证还不少,如仙方活命饮、阳和汤等。作者临床治病所用丸剂大致占其处方的七八成之多,实属罕见。但他并非不用汤药,而是每每先用汤药开路,取效之后再改为丸药缓图,这是因为他临床"患者中以慢性病居多,宜缓图不宜峻攻"的原因,与其所治病症每多疑难重症有关,也可能与其喜用虫药有关。

作者在中医理论上的不少认识具有一定创新意义,如提出"凡是多年不愈的疾病,多数呈寒热错杂、虚实夹杂,很少有单纯寒证、热证、虚证、实证的",在用柴胡桂枝汤的"和法"治疗中老年病时,提出不宜大补大泻等。

2. 名方连横合纵

作者不但擅用经方、古代名方、现代名老中医经验方,而且注意汲取民间单验方。在临床时强调先要选好方,更要用好方。书中多案中用有张仲景、陈士铎、缪希雍、叶天士等古代名医的名方,或现代名老中医岳美中、朱良春、龚志贤、刘渡舟、蒲辅周等的临床经验方,作者能熟练地将这些名方信手拈来,灵活运用。

作者用方时很少仅用一方,多根据病情选用多方组合,并予以适当加减变化。书中列举了大量使用虫类药止痛、止痒、止咳、止喘、止抽搐、止痉挛的医案。多处注意对与所用效方相类似的方剂进行比较分析,如对黄芩滑石汤与三仁汤临床运用时机的选择，对泰山磐石散与十三太保安胎作用的区别，对用有马钱子的几首不同出处的振痿止痛方剂的比较。其自用修订三痹汤出张石顽，源于陈自明，他分析实为仲景乌头汤、附子汤、真武汤、黄芪桂枝五物汤、当归四逆汤、防己黄芪汤以及玉屏风散熔于一炉等，还有对秘方定振丸不同来源的分析等。更进一步展示了作者对所用方剂组成和配伍的深刻认识，选方用方的临床经验和新思路。"用方思路"部分，在介绍方剂之后，往往要重点谈其用方的心得体会，每用"从我的临床经验来看"开始，如用大剂量仙鹤草治疗慢性结肠炎，对炙甘草汤中几味主药治疗心律失常的认识等。

作者认为中药中的"十八反""十九畏""相恶""相杀"等说法，说明古人确实认识到了某些药物同用会相互激荡，能够使身体产生反应，然而这种反应不一定都是毒副作用，有时甚至可以充分利用。他支持朱良春提出的人参与五灵脂同用，止痛效果会大增的说法，并举《金匮要略》的甘遂半夏汤中甘遂与甘草同用、《伤寒论》小青龙汤的加减法中附子、半夏同用等。

3. 用药举重若轻

作者通常用药轻柔，剂量多在 10 g 左右，以用药的准确和精到取胜，但在病情需要时又敢于下大剂量用猛药。作者自述他在使用补阳还五汤、散偏汤、四妙勇安汤时，其中一味或几味药物剂量特重，如葛根用量强调 60 g 以上，用大青龙汤治疗高热时麻黄一般用 18 g 到 24 g，在使用柴胡加龙骨牡蛎汤治疗顽固性失眠时柴胡用到 75 g 到 125 g 等。

除注意用药剂量外，作者也非常注意煎法，如麻黄、柴胡的煎煮完全按照《伤寒论》的方法处理。书中注意回顾经典，试图从方、证、病机、煎服法、配伍、服药反应等多个环节进行对比和思索，如发现《伤寒论》中几乎所有柴胡方的条文都牵涉到情志的问题，对有严重失眠者且有抑郁倾向的患者用柴胡加龙骨牡蛎汤方，将 12 碗水，只煎 1 次，只在晚上睡前服用，疗效很好，同时提出不可久服。学习后辈柴胡 1 剂重用柴胡 125 g，但只煎一次的方法，用小柴胡汤加鱼腥草、金荞麦退热，柴胡用至 45 g，获得良效。作者以上临床实践，对于"柴胡截阴"的说法从某种程度上予以破除，从而重新挖掘并恢复良药的生机。

该书与其他病案著作的结构形式有所不同，作者选用"用方思路"作为标题，其内容成为全书的核心和亮点，主要内容围绕在选方用方和治疗的心得上面，自与其"汤方实战录"的书名紧扣，有其独到的特色。书中少数医案不标"用方思路"，列"用方思维"或"用方心得"，其内容与其他各案似无根本区别，这样在体例上会显得不尽协调统一，建议对标题名称再作适当推敲。"思路"往往着眼于思考选择方向，较少涉及具体细节，而本书论述的内容不仅涉及病证和医案分析，辨证方法，方剂来源，选方根据、汤方的解析和用方的诀窍，还有治疗的心得体会等多方面的内容，标题是否能够承受内容之重，或有表达概括得不够全面的地方，是否可以考虑对体例稍加调整，如在内容丰富、文字偏多的地方补列"辨证要点""治疗心得"等标题，既能更好地提示读者学习和方便阅读，也能让内容更加醒目和清晰。（和中浚 江花）

原载《中国中医药报》2020-07-09

（二）《以特色促效益，办好中医博物馆》

近年来，随着中医药事业和中医药文化的迅猛发展，中医药博物馆的建设如火如荼，新馆数量已增加到近百座，由既往的以中医院校为主，逐渐向中药企业、中医院，甚至由地方政府主办扩展，如近日江西省政府筹建"中国药都中医药博物馆"等。全国绝大多数省（市、自治区）目前已建有1家或数家中医药博物馆，如多年来山西中医药博物馆一直阙如，但21世纪以后，一下建起4家，仅太原就有山西中医药大学和山西省中医院各1家。其规模和条件也不断提高，如北京、上海、广州、山东等中医药大学博物馆都拥有独立的馆舍，数字化中医药博物馆的建设，新的展示场景和手法等，很多条件都是早年难以想象的。随着其数量的急速增长，其能力的提升和效益的发挥既面临着挑战，也出现新的发展机遇。

1. 突出特色

作为中医药专业博物馆，目前存在的普遍问题是陈列的内容和方法有较多重复，特别是有关中医药史陈列，各馆内容主要按朝代先后排列，难免大同小异，兼之展品的档次参差不齐，很多内容缺乏相应文物和展品，难以充分表现中医药历史的全貌。早期中医院校博物馆为配合医学史教学，医史馆的基本陈列为中医药史无可厚非。现国家级的中医药博物馆陈列呼之欲出，这一重任更多的可考虑由它来全力承担。规模较小者博物馆似应考虑主要立足于本地内容，从突出地方特色出发进行设计。

早年成都中医学院医史博物馆就率先在全国举办地方医学陈列，特别值得一提是其"四川名医陈列"深受观众喜爱。近年山东中医药大学博物馆以"儒家文化""扁鹊故里""针灸发源地"等齐鲁医学特色为主，天津的"津门医萃"等都立足于本地的内容特色和学术资源，既扬长避短，更主题鲜明，令人耳目一新，值得推广。

中药馆的基本陈列以中药标本为主，是迄今在中医药博物馆中仍然占据主流的第二项基本陈列，展品主要以各种药材、蜡叶和浸泡标本，动物标本为主，中药馆的数量一多，内容难免似曾相识。因此，如何避免彼此间展出内容的重复，是提升中医药博物馆陈列水平和展示效果日益紧迫的问题。目前，不少中药馆以本地道地药材为主题，既发挥了当地药物出产优势，展示的内容又得以细化和深入，如成都中医药大学中药馆建有"道地药材馆""濒危生物馆"等陈列，河南中医药博物馆建有"仲景馆""医德馆""河南道地药材馆"等，上海中医药大学博物馆2006年新建有"处方赏析""海洋药用资源""名贵中药材真伪鉴别系统"，这些内容不袭他人窠臼，极富新特色，更令人赏心悦目。

2. 发挥效益

在办出特色的基础上，如何加强中医药博物馆的功能，充分发挥博物馆的效益，是提升中医药博物馆作用的重要工作。多年来，中医药类博物馆的观众有限，主要集中在本专业对象范围中。如何进一步扩大中医药博物馆的功能和影响，需要我们认真思考。博物馆三大功能中，藏品是基础，研究是内涵和动力，宣传展出教育是目的，没有藏品，巧妇难为无米之炊，不开展研究，对藏品的认识有限，陈列宣传教育心中无数，就难以显示学术水平。因此，前面二项工作都要围绕教育功能服务，要让器物和展品"活"起来，动起来。这方面，近年各馆有了不少新的举措，特别是在和观众的互动方面，上海中医药博物馆近年停馆改陈主要就是在此方面下功夫，如其"灵丹妙药动手做""中医四诊体验"等。其次数字化博物馆建设也是非常好的举措，是有条件的中医药博物馆近年开展的一项重要工作，北京、上海、南京等中医药大学博物馆都取得了一些经验，产生了很好的效果，特别是在增加网上观众、拓宽参观时间、范围和渠道、扩大影响等方面有很好的作用。第三是举办一些切合社会热点的临时陈列，非常广受观众欢迎，如浙江中医药博物馆 2020 年推出的"千年抗疫有岐黄"，就及时反映了中医抗疫的历史和优势，充分展现了中医药博物馆在抗击新冠病毒中对相关知识的传承和发扬，受到广泛好评。

3. 办好国家馆

中医药博物馆的建立虽然已有 60 余年的历程，目前数量亦不少，但散布各地，以地方性博物馆为主，亟须一个有代表性的国家博物馆来统率，在历届政协委员的多次提议下，目前终于可望而可及，国家中医药博物馆的启动无疑是一个令人欣欣鼓舞的大好消息。国家中医药博物馆的藏品来源、藏品档次、馆址选定、馆舍建设、经费投入、人员配置、陈列规划等等，都非同小可，需要从长计议，统筹安排，逐步到位。但充分认识其对于中医药事业发展的意义，特别是对其传承发展中医药文化和宣传中医药的意义和价值，是每一个中医药界人士特别是中医药博物馆工作人员需要特别关注的大事，需要大家关心它，爱护它，支持它，使它不断迈出新步伐，尽快成型。（和中浚）

原载《中国中医药报》2021-01-13

(三)《〈六十病方〉与〈治六十病和齐汤法〉书名的比较研究》

成都老官山汉墓医简中有一部医书被先后命名为《六十病方》和《治六十病和齐汤法》,一书两名给研究和使用都造成了较大的困扰。虽两者均列有"六十病",但实际上书名概念和内涵却大不相同,前者强调该书以"病方"为核心,后者强调该书方药的制剂方法。在2023年出版的《天回医简》仍定名为《治六十病和齐汤法》,似成定论。但《治六十病和齐汤法》这一书名显然并不符合该书的内容结构特点,究竟哪种书名更能反映其核心内容?有必要对两种书名进行比较研究。研究的关键问题主要有三:一是该书"目录"是不是具有提示该书内容结构的纲领作用,文献命名应不应该重视目录的作用?二是《治六十病和齐汤法》书名中有病无方,"病方"是不是该书的特点和标志?"病方"是不是汉代方书命名的主要特点?三是"病方"和"合和制剂"谁是该书的核心内容?同时有必要研究该书与《五十二病方》《治百病方》及北大汉简中方书的关系,回顾出土文献书名的命名原则和方法,通过研究发现两种书名哪一种真正名实相符,哪种书名更能概括该书的内容结构和特点,更加客观准确,从而在学术界尽快统一使用《六十病方》的书名,克服目前一书两名的混乱局面。

1. 四次命名过程及主要分歧

2012年7月至2013年8月,成都文物考古工作队和荆州文物保护中心组成联合考古队对位于成都金牛区天回镇老官山一处西汉时期的墓地进行了抢救性考古发掘,其后谢涛等在《考古》发表《成都市天回镇老官山汉墓》文章,言及墓葬M3内发现竹简951支。根据竹简的摆放位置、竹简长度、叠压次序、简文内容和书法风格等,大致分为8部医书和1部律令。原简除《逆顺五色脉臧验精神》外,均未见书名,对出土时未见书名的医书"根据简文内容"初步定名。其中堆放在竹书上部较长的竹简约215支,中间夹杂着约20支较短的竹简,发掘者通过研究,根据简文内容将其初步定名为《六十病方》,而在有关该书内容的介绍中,"15支题名简""共得60个病方""以及200支药方简"等是该书最突出的文献特征,三种内容之间的密切关系一目了然,为其命名为《六十病方》提供了根据。

2016年成都中医药大学李继明等"通过全面释读、字体对比、内容甄别、考察体例行文等，建议将这批医简分为9种"，其中之一命名为《六十病方》，认为"其内容为治疗各类疾病的方剂……但以目录为据，故命名为《六十病方》亦十分合理"，其认识的主要根据同样在目录和病症方剂上。2015—2016年和中浚、赵怀舟等发表多篇文章对其体例、命名及内容特点等进行论述，特别是对该书题名简（今称目录简）的作用与特点，题名简与病方简（正文）的关系等进行了比较研究。认为"病方简是《六十病方》的主体内容，其具体行文大约还是以以病系方的条文方式为主。""所疗之病多以'治某病（方）'的方式加以表达，个别竹简以'已某病（方）的形式加以表达'。"在"四川成都老官山汉墓出土《六十病方》题名简的初步研究"中指出："故有60病症，这就是本书命名为《六十病方》的文献依据。"明确指出其书名与该书"病方"为核心内容之间的密切关系。

2017年柳长华等根据竹简的形制和堆叠情况，结合出土医书体例和传世文献记载，考证其学术源流，认为命名为《治六十病和齐汤法》更为合理，2018年发表《天回医简〈治六十病和齐汤法〉释名考证》进一步论述。2018年黄龙祥依据竹简的规格、编纂体例和内容，再次将其命名为《六十病方》。

由此可见，该书的命名先后经历四批研究团队（个人）和四个阶段，即《六十病方》—《六十病方》—《治六十病和齐汤法》—《六十病方》。其中三个研究团队（个人）都命名为《六十病方》，柳长华研究团队提出了与此前成都文物考古研究所和荆州文保中心，成都中医药大学研究团队以及学者黄龙祥不一致的认识，并在2023年《天回医简》正式出版时再次使用书名《治六十病和齐汤法》，该书先后出现两种不同的书名，分歧主要存在柳长华团队提出的《治六十病和齐汤法》。这一书名是否恰当？是否真实反映了该书的内容和特点？两种不同书名的认识孰是孰非？需要对两种书名进行比较研究后方能明确。

2.《六十病方》与《治六十病和齐汤法》书名的比较

柳长华等先在《天回镇汉墓医简的命名与学术源流》论文中提出了《治六十病和齐汤法》命名的观点，其主要根据是："从内容上看，本篇中的药物制剂已相当成熟和规范。"将该书的"药物制剂"放在最为突出的地位，这就否定了该书以病方为主的特点。该文紧接着说："但其所载药方详于方药描述而略于病证分析，详于方剂组成、药物修制、制剂过程、服用方法及禁忌等，其中内容重在'合和制剂'。"此段文字中前面一句的主要认识与其他三个研究团队（个人）的认识一致，但其话锋一转，"其中内容重在'合和制剂'"就不尽符合该书的内容实际了，因为从其"详于方剂组成、药物修制、制剂过程、服用方法及禁忌等"的整体内容本身来说，"制剂过程"只是其诸项内容之一。何以反映"其中内容重在'合和制剂'"？该文随后提出"可见其书重在'合和制剂'（本篇中'和'字凡出现 22 次，'齐'〈剂〉字凡出现 15 次）"作为重在"合和制剂"的具体根据，但这一理由显然较为牵强，因为如以书中单字出现的频次为据，其研究方法本身就不严谨，不足为凭。事实上全书单字出现频次超过"和"字的 22 次与"齐"（剂）字的 15 次者恐不胜枚举，此说并无说服力，故不赘述。其后，该文又提出"考《史记》载仓公授徒之书中有《和齐汤法》，此书即其类也，故整理定名《治六十病和齐汤法》"这一理由也较勉强，因为两者之间如果没有相关的具体联系根据，就只能属于一种推测，即使仓公有《和齐汤法》，该书也没有理由据此命名。接下来该文中"或是《和齐汤法》之传承，应是专论经方制剂的文献"仍属推测之语，禁不住推敲。

继之，罗琼、顾漫、柳长华又发表《天回医简〈治六十病和齐汤法〉释名考证》对该书的命名进行了进一步的深入论述，此篇与前一篇文章的思路完全一致，即整理者根据其内容重在"合和制剂"，并参《史记·扁鹊仓公列传》对仓公所传医书的著录，将其命名为《治六十病和齐汤法》。文中首先对《和齐汤法》给予释名，其二是论《和齐汤法》的内容特点，认为"'合和之法'指成方中药物的组合配伍"，提出了"成方"的概念。

从上述有关《治六十病和齐汤法》两篇论文的认识来看，存在的主要问题有三：一是忽视该书目录对文献内容结构的统领作用；二是未充分重视该书以病症方剂为核心内容的事实；三是过分夸大书中次要内容"合和制剂"的学术地位，以偏概全。现就这三个问题进行论述。

和中浚、赵怀舟等先后对其"题名简"（今称目录简）在该书中的作用和地位进行了多次充分的论述，认为《六十病方》"其题写病症篇题及其编号的医简共 15 支，相当于全书目录"。发表《四川成都老官山汉墓出土〈六十病方〉题名简的初步研究》，认为"15 枚'题名简'相当于《六十病方》的'目录'，可据此把握全书的体例结构"，其学术价值首先就是"帮助确立书名……其基本内容为病症名称（以病名为方剂名称）""每枚题名简均分 4 栏书写，总计 15 枚，故有 60 病症，这就是本书命名为《六十病方》的文献根据""题名简具有提挈全书正文的整体格局（作用）"，对该书目录的学术地位特别是对目录在该书书名内容结构和命名上的重要作用给予了充分的重视和高度评价。目录中全部记录的是与治"六十病（方）"有关的文字，完全看不出"合和制剂"有关的线索和内容，这就从目录的角度提示"合和制剂"不是该书的主要内容。

成都中医药大学研究团队同时非常重视目录简与病方简的关系，以及对全书内容结构的重要作用，从而明确了该书的主体结构和核心内容。如在 2015 年《老官山汉墓医简<六十病方>体例初考》中就指出"以 15 枚有病方编号的题名简为目录，约 200 支与题名简编号相对应的病方简为正文，二者共同构成了《六十病方》的主体结构"，其"主治病症、药物方剂、制用之法、禁忌事项等书写完整规范"明确阐述了该书的核心内容和主要特点在"病方"而不在"《和齐汤法》"。并认为"《六十病方》也是在每个病名之下收载一条或几条主治接近，或组方类同的方剂（条文）构成全书的主体结构"，清晰地阐明了该书的内容是以治疗"六十（组）病"及其方剂为核心的文献，"方"是全书的核心，"方"字必须在书名中体现，不可或缺。书名《六十病方》充分反映了这一内容特点，概念准确而明晰，已无需再画蛇添足。

成都中医药大学的研究团队近年有关该书的论著全部称其为《六十病方》，在《揭秘敝昔遗书与漆人》的第五章"《六十病方》的主要内容和学术价值"中开篇就提出"因其汇集有共 60 个编号的病方而命名"，然后解释说："全书用标有连续编号的六十个病症名称为纲，采用题名简作为目录和病方简作为正文的文献体例，论及病名（方名）症状、内服外治方法、剂型、禁忌，特别是病方的组成和药物的剂量及炮制等中药方剂的要点和基本元素全部具备，非常明晰，成为出土于西汉时期重要方书。"将全书的主要内容特点进一步加以强调，认为"病方简是《六十病方》的正文，也是全书的主体内容……其主要体例依次为病症名称（方名）、药物及剂量、治疗方法、服药方法、以及预后、禁忌等"。由此可见所谓"合和制剂"只是其诸项内容之一，并不居于主要地位，更不是核心内容。其中"病方简具体行文基本上是以病系方的条文形式为主组成""其中篇题与题名简最大的不同是每多用有一'方'字"，明确点出了"六十"病与其方之间的关系，以上论述无不清楚地阐明了该书的书名完全是从以方为核心的内容结构特点出发而得名。而《治六十病和齐汤法》恰恰缺失了"方"字这一不可或缺的关键信息。

中药的"成方"常常与"制剂"联系在一起，谓之"成方制剂"。然而，既是"成方"，就与医家个人撰写及其在临床中针对病情随时加减变化的常用方剂有一定区别，"成方"应该是比较固定的，为多数医家通用，同时进行大量生产而不能随意加减变化的方剂。这种"成方"与该书记载方剂的情况并不相吻合，如书中有6处"禁"方和3首"精"方，而"禁方"是"要得其人乃传，非其人勿传"，这种医家不轻易传授和公开的方剂，又怎么能作为通用的成方呢？柳氏等同样注意到该书的"禁方"，但没有重视它与作为公开使用的通用成方之间的矛盾。同时，该书中还有方剂药物加减变化的记载，如简195在前方用药的基础上，"节（即）烦心，入白微（薇）一两，十七已"，简133"稍益，以知为济（剂）。可治咳、逆气"这些记载无不清晰表明该书方剂在用药品种及用药剂量上的变化，提示该书不可能是已经定型的成方制剂。

此外，《天回医简〈治六十病和齐汤法〉释名考证》还详细论述其"合和之法"与"制剂之法"等内容，但这些内容比起全书病症和方剂的核心地位而言，已不必再加细辨。

3. 该书与《五十二病方》《治百病方》"北大汉简"的关系

和中浚等在对老官山汉墓《六十病方》和马王堆《五十二病方》比较研究中，发现两书的篇题结构基本一致，《五十二病方》在正文前逐一列有五十二种病症名称作为目录""编排体例大体相同……药物名称大多相同，治法、剂型、制药及剂量相近"，尽管在"病症名称，学科特点及学术水平不同……

重要药物品种及治疗方法不同……方剂的结构和药物配伍不同……理论及学术特点不同……其内容多较《五十二病》更为成熟",但"《六十病方》与马王堆《五十二病方》同为早期方书",成都中医药大学刘兴隆等2016年发表的《成都老官山汉墓出土医简〈六十病方〉方剂剂型考辨》中对该书剂型的内容有详细的论述,但认为"散剂是该书记载数量最大的方,几近全书方剂数量之半,其制备方法和文字描述十分简略",最后提出《六十病方》的剂型特点"极类《五十二病方》"。

赵怀舟、和中浚等在对《成都老官山汉墓〈六十病方〉和〈武威汉代医简〉的比较研究》中认为"两书在方剂的复方结构、主要药物名称及功效、剂型、禁忌等方面有着诸多共性,不同特点主要表现在文献体例以及一些病症的分类名称、方名、方剂治疗病症数量及其加减运用方面",实际上,《武威汉代医简》中《治百病方》是其中最主要的内容,也强调的是病方。

与此类似的还有北京大学汉代医简,该批医简的内容虽迄今尚未正式公布,但从已发布的资料来看,它与《五十二病方》和老官山汉简方书有着非常密切的关系。"这批医简没有书名,根据简文内容,大致可以分为'医方目录''医方甲''医方乙''医经'四类,'医方甲'是'医方目录'的本文",其'医方目录'分上下四栏编写……每栏记一个方名,并有编号",这就与老官山汉简该书的"目录简"的书写格式完全相同,也与其"目录简"与"病方简"相互对应的情况完全相同。北大医简同样"对于药物的制作方法、制作辅料、药剂类型、用药方法、药用计量等也都有详细的记载"但在研究者的初步命名中,其题目仍以"医方"为核心,没有考虑与《和剂汤法》的密切联系。和中浚、赵怀舟等早已指出:"北大医简不论书写年代字体,还是体例格式等方面更接近《六十病方》而不是《五十二病方》……北大医简与《六十病方》有关联的明确证据"。

由上可知,在文献目录、核心内容结构和主要特点上,该书与《五十二病方》《武威汉代医简》中《治百病方》及"北大汉简"医方相似,属于同一类型的方书,虽然他们都不同程度地涉及药物的制备及剂型等方面的内容,但他们都不是以成方制剂内容为主的文献,不可能是《和齐汤法》之类的成方制剂文献。

4. 出土文献书名确定原则和方法回顾

学者耿相新谓："据专家统计，20世纪以来出土的书籍实物有250种左右，其中，发现在篇题或章篇之上另题有书名的有14部左右"，其中医书有书名的为《脉书》《引书》。可见，不论是出土文献，或是出土医学文献，书名缺失者居多，书名的确定是出土文献研究中不能回避的首要问题。

学者章学诚《文史通义》谓："古人著书，往往不标篇名。后人校雠，即以篇首字句名篇。不标书名，后世较雠，即以其人名为书。"提出了给古书命名的原因及其命名方法。余嘉锡亦指出："古书名篇……盖其始本以为简篇之题识，其后遂利用之以表示本篇之意旨。"明确指出文献早期题识系出于方便识别，后来遂用于表达书籍的内容特点和思想主旨，并说："古书之命名，多后人所追题，不皆出于作者之手。""古书多摘首句二字以题篇，书只一篇者，即以篇名为书名。"进一步提出了整理古籍文献的具体命名方法，如该书并无首句中字句可用，就只能根据其内容特点也就是其"意旨"命名，《六十病方》的命名与其原则完全一致。

和中浚等早在2015年就注意到《汉书·艺文志》中方书与《六十病方》的关系，认为"很明显《六十病方》中的方剂属于西汉官修目录学《七略·方技略》分类中的'经方'"，《汉书·艺文志》中有关病方文献较多，其书名体例较有规律，即：五脏六腑+病名+数量+病方，如《五脏六腑痹十二病方》《五脏六腑瘅十二病方》《五脏六腑疝十二病方》等，甚或不标"五脏六腑"，直接称《风寒热十六病方》提示其"（病名）+数量+病方"是秦汉病方文献命名的主要体例，该书与《汉书·艺文志》中文献的时间大致相当，其书的命名体例应该基本相同，特别是其中"方"字不可或缺，是书名中的关键字，而《治六十病和齐汤法》恰恰缺失了书名中"方"字这一要害，也就不尽符合汉代病方文献的命名原则。

马王堆汉墓《五十二病方》原缺书名，整理小组根据该书目录之末所记"凡五十二"四字及全书内容特点，将其命名为"五十二病方"；《脉法》原缺题名，整理小组据原文首句"以脉法明教下"，故定《脉法》为书名。《武威汉代医简》一名《治百病方》，系因其中一简有"右治百病方"而得名。马继兴先生根据《脉书》的内容特点，并与马王堆帛书联系，将其依次分为《病候》《六痛》以及与马王堆出土医书相关的《阴阳十一脉灸经》丙本、《阴阳脉死候》乙本、《脉法》乙本等五种医学文献，由此便利学界进一步开展《脉书》的内容研究及使用该书。

《治六十病和齐汤法》书名是将"治六十病"与"和齐汤法"两者并列，表面上是两项内容兼备，比较全面，前面部分说治疗六十种病，后面是治疗这六十种病的"和齐汤法"，如此两者应该是彼此独立的并列关系，但"治六十病"却缺失了此句中最重要的"方"字。如果两者不是并列关系而是前后联系的关系，用"治六十病"作为"和齐汤法"的前缀，两者之间的学术联系似不够紧密，中间要增加文字过渡，这就让整个书名读起来既拗口，又难于理解。实际上柳氏等对书名中两者的认识属于偏正词组关系，认为《和齐汤法》在两者之中更为重要，除前述之例证之外，2020年该团队发表的文献综述中将《治六十病和齐汤法》简称为《和齐汤法》，就表明他们始终认为《和齐汤法》是该书的核心内容，而前已反复论述这种认识明显不符合该书的内容和特点。这样由"治六十病"与"和齐汤法"两者组合而成的《治六十病和齐汤法》就明显不如《六十病方》的书名清晰明了准确。

由此可见，除据"篇题"和原文首句确定书名外，根据文献的目录和主要内容特点确定书名是学术界普遍采用的方法，据此《六十病方》应是最符合该书内容特点的书名。北大医简的书名还未最后确定和公布，但本文的讨论，或对北大医简等其他出土方书的命名有一定参考价值。

名不正则言不顺。出土文献的书名是对文献著作内容的高度提炼和概括，书名是文献的灵魂，可以直接表达书籍的主题和内容，提示文献的主旨，对全书内容具有提纲挈领的作用，它涉及到目录学等进一步的研究及利用。使用《六十病方》的书名能够更充分反映该书的内容结构、学术特点和核心意旨，故提议该书回归《六十病方》这一更准确的书名。而不再使用《治六十病和齐汤法》这一名不副实，同时造成学术研究混乱的书名。（孟君　和中浚）

本文曾在2023年12月杭州召开的全国中医医史文献学术会上作为大会报告论文。